Herbert Genzmer

Die deutsche Sprache

Herbert Genzmer

Die deutsche Sprache

Ursprünge, Entwicklung und Wandel

marix verlag

Vom Deutschen sagt man, es sei eine merkwürdige Sprache, denn immer dann, wenn es ernst wird, hört man die Leute sagen: »Das kann ja heiter werden.«

Inhalt

Vorwort

Die Geschichte der deutschen Sprache ist, wie die Geschichte jeder Sprache, immer die Geschichte der Menschen, die sie sprechen. Menschen schaffen sich einen sprachlichen Raum, in dem sie leben, arbeiten und sich bewegen. Mit diesen Aktivitäten formt sich die Sprache und bricht sich den Raum, in dem sie lebt. So zeigt die Geschichte der Sprachentwicklung, dass verschiedene nebeneinander existierende Sprachen sich durch ihre Sprecher und deren Verkehr untereinander gegenseitig beeinflussen.

Dieses Buch über die deutsche Sprache befasst sich sowohl mit ihrem inneren wie ihrem äußeren Bau, denn beide haben die Sprache gestaltet und zu dem gemacht, was sie heute ist. Im Laufe der Zeit wechseln die Einflüsse, einmal nimmt die Sprache verstärkt äußere Einflüsse auf, dann wieder gewinnt sie an Selbstständigkeit und strahlt nach außen ab. Dieses dynamische Wechselspiel wird aufgezeigt. Dabei soll und kann ein kompaktes Buch wie dieses nicht mehr leisten als eine Einführung in das Thema. Die Darstellung folgt der deutschen Sprache von ihren indoeuropäischen Wurzeln, dem rekonstruierten Germanischen und den Anfängen des Deutschen – wie wir es heute kennen – über das Alt-, Mittel- und Frühhochdeutsche bis zum Deutsch unserer Gegenwart in der Vielfalt seiner Dialekte. Auch die jüngste Variante, das Kiezdeutsch, wird berücksichtigt. Die Textbeispiele geben dabei ein deutliches Bild von Lautstand und Schriftsprache in ihrer jeweiligen Zeit.

Die zahlreichen Fachbegriffe, die in der Linguistik zur Eingrenzung von Spracheigenschaften und -besonderheiten verwendet werden, sind in einem Instrumentarium am Ende des Buches zusammengestellt, sodass Leser es wie ein Glossar der Germanistik oder der Linguistik für sich nutzbar machen bzw. an entsprechender Stelle im Buch direkt nachschlagen können.

Ich danke Dr. Helga Bister-Broosen für ihre Zeit, die Gespräche zum Thema und ihre vielfältigen Anregungen.

Steckbrief: Deutsch

Als westgermanische Sprache ist es eine indoeuropäische Sprache. Deutsch steht auf Platz 10 der meistgesprochenen Sprachen der Welt.

Sprecher des Deutschen weltweit:

    ca. 105 Mio. Muttersprachler

    ca. 80 Mio. Fremdsprachler, davon 55 Mio. in der EU

Deutsch wird gesprochen in:

    Frankreich (Elsass-Lothringen), Italien (Walser und Zimbern), Kanada, Südafrika, Chile, Brasilien, Russland, Kasachstan, Togo, Paraguay (in den Mennonitengemeinden), den USA

Deutsch ist Amtssprache in:

    Belgien, Deutschland, Liechtenstein, Luxemburg, Österreich, Schweiz, Südtirol, Italien, der EU (Amts- und Arbeitssprache)

Deutsch ist anerkannte Minderheitensprache in:

– Dänemark, Ungarn, Rumänien, der Slowakei, Tschechien, Südafrika

Deutsch hat eine offizielle Stellung in:

– Namibia (Nationalsprache von 1984–90, Amtssprache)

– Polen (Hilfssprache in zahlreichen Gemeinden)

– Krahule/Blaufuß, Slowakei (Amtssprache auf Gemeindeebene)

– Vatikanstaat (Verwaltungs- und Kommandosprache der Schweizergarde)

Von der Entstehung der Sprache

»Schon als Tier hatte der Mensch Sprache.«

Johann Gottfried Herder

In der Entwicklung von menschlicher Sprache spielt die Hand als Instrument eine wesentliche Rolle. Die Hand diente den Primaten zur Fortbewegung, als Arbeitsinstrument und war ihr Mittel zur Verständigung, die ursprünglich gestisch gewesen sein muss. Noch wichtiger wurde dieses Glied, als der Mensch die Angewohnheit des kletternden Tiers aufgab und sich aufrichtete: die Hände wurden frei und konnten noch gezielter als Instrumente eingesetzt werden. Da die Hände aber frei waren, setzte gleichzeitig der Prozess der Rückbildung der Kieferknochen ein, denn Mund und Zähne mussten nicht mehr zum Zerreißen der Nahrung dienen – die Voraussetzungen für eine geordnete Lautbildung waren gegeben. Der Artikulationsapparat bildete sich im Zuge dieser Entwicklung derart aus, dass er überhaupt erst in der Lage war, differenzierte Laute zu produzieren.

So postulierte der amerikanische Linguist Philip Lieberman (* 1934) in seinen Studien über die Entwicklung des Vokaltrakts und dessen Verhältnis zur parallelen Entwicklung des Gehirns und der Sprache, der Neandertaler habe nicht die anatomischen Voraussetzungen für die menschliche Sprache besessen. Andererseits verweisen mehrere jüngere genetische und anthropologische Untersuchungen – bspw. an dem 1983 entdeckten Zungenbein eines Neandertalers – auf die potentielle Befähigung des Neandertalers zur Entwicklung einer Sprache. Ebenso verweisen die Herstellung und der Gebrauch ausgefeilter Werkzeuge sowie die Ausformung eigener Bestattungskulturen darauf, wie ähnlich dieser Zweig der Gattung Homo dem anatomisch modernen Menschen war.

Der russische Sprachwissenschaftler Nikolai Jakowlewitsch Marr (1865–1934) ging in ähnlicher Weise davon aus, dass Gestik allein nicht zur Verständigung ausreichte, sondern dass sie schon früh und in einer zunehmend komplexer werdenden Umwelt von Lauten begleitet wurde. Diese, zu Beginn noch relativ ungeordneten Laute müssen eine Bestärkung der Geste gewesen sein, eine besondere Hervorhebung. Marr stellte die These auf, Laute hätten sich schließlich auf der Ebene magischer oder kultischer Handlungen weiterentwickelt. Mit dem Mund, der zunehmend dazu in der Lage war, wurden zunächst willkürliche Laute hervorgebracht, die die Tätigkeit der kommunizierenden Hände begleiteten. Lexikalisch waren sie Marrs Meinung nach zunächst ohne Bedeutung, hätten aber durch die ständige Wiederholung im Laufe der Zeit an ritualisierter Bedeutung gewonnen, bis ein bestimmter Laut oder eine bestimmte Lautfolge mit einer gewissen Handlung zusammenfiel, damit assoziiert, wiederholt und systematisiert wurde. Daraus ergab sich, dass der Laut, ohne die Anwesenheit des Dings oder des Sachzusammenhangs vorauszusetzen, auf das oder auf den er Bezug nahm, allein darauf verwies – das sprachliche Zeichen war geboren. Mit zunehmender Komplexität verlangte alsdann auch das Lautsystem eine immer größer werdende Differenzierung und Präzisierung; Vokale und

Konsonanten wurden unterschieden – nicht nur gegeneinander, sondern auch innerhalb eines Vokals durch Hervorhebung, Längung und Kürzung.

Den unterschiedlichen Lebensbedingungen mit jeweils anders gearteten territorialen Eigenschaften war es schließlich zu verdanken, dass verschiedene Sprachen entstanden, die alle den einen Apparat zur Produktion von Lauten benutzten, ihn aber unterschiedlich einsetzten. Dagegen führte die zunehmende Mobilität der Menschen dazu, dass sich die Sprachen, so wie auch die Stämme, ihre Träger also, miteinander vermischten. Von nur einer gemeinsamen Ursprache ausgehen zu wollen, kann also nur ein theoretisches Konstrukt bleiben. Kommunikation mag ein Naturgeschenk sein, Sprache ist es aber nicht. Sprache ist das Ergebnis menschlicher Evolution, wenn man will, ist sie eine Schöpfung des Menschen. Er schuf sie sich auf der Grundlage seiner Lebens- und Umweltbedingungen, und je komplexer diese wurden, umso differenzierter gestaltete sich die Sprache.

Wichtige Sprachwissenschaftler des 19. Jahrhunderts und ihre Werke:

Friedrich Schlegel:	*Über die Sprache und Weisheit der Inder.* 1808
Franz Bopp:	*Über das Konjugationssystem der Sanskritsprache in Vergleichung mit jenem der griechischen, lateinischen, persischen und germanischen Sprache.* 1816
Jacob Grimm:	*Deutsche Grammatik.* 1819–34
Jacob Grimm:	*Geschichte der deutschen Sprache.* 1845
Friedrich Dietz:	*Grammatik der romanischen Sprachen.* 1836–44
Karl Brugmann:	*Kurze vergleichende Grammatik der indogermanischen Sprachen.* 1904

1. Vom Indoeuropäischen zum Deutschen

Indoeuropäisch, eine prähistorische Ursprache

Die Geschichte der deutschen Sprache beginnt mit den Indoeuropäern und ihrer Sprache, die, da es keine Dokumente aus dieser Sprache gibt, nur in einer theoretischen und rekonstruierten Version existiert. Wie in jener mystischen Zeit vor dem Bau des Turms zu Babel existiert diese Sprache für unseren Sprachraum monolithisch und unantastbar. Mit ihr und ihren Sprechern jedoch begann das, was in der Geschichte vom Turmbau berichtet wird: die Sprache zerfiel in viele miteinander verwandte Fragmente: Einzelsprachen. Gerade deshalb ist Deutsch, wie jede andere Sprache auch, keine isolierte Sprache, sondern das, was sich heute als Deutsch erweist, ist parallel mit anderen Sprachen gewachsen und hat mit vielen anderen Sprachen derselben Familie im asiatischen und europäischen Raum den einen gemeinsamen Ursprung: Indoeuropäisch. Da Sprache nie statisch, sondern stets dynamisch ist, entwickelt sie sich immer weiter, nimmt neue Impulse auf und lässt Überkommenes hinter sich. Die Sprecher des Indoeuropäischen, dieser prähistorischen Grundsprache, wurden nach den östlichen und westlichen Völkern, Indern und Germanen, benannt, die sich ihrer bedienten; allerdings ist es nie gelungen, neben der Sprache eine Urkultur dieser Völkergruppe zu rekonstruieren.

Indoeuropäisch / Indogermanisch: Vor allem früher wurde ausschließlich der Begriff »Indogermanisch« verwendet, der aber heute weitgehend durch »Indoeuropäisch« ersetzt wurde. Innerhalb Deutschlands findet man ihn auch heute noch vereinzelt, auf internationaler Ebene allerdings spricht man durchgängig von Indoeuropäisch.

Einer der ersten Wissenschaftler, der die Beziehungen zwischen einzelnen Sprachen, hauptsächlich zwischen dem Gotischen, Griechischen, Lateinischen, Keltischen und Sanskrit entdeckte

Darstellung des Verbreitungsraums der indoeuropäischen Sprachfamilie

Verbreitung indoeuropäischer Sprachen

Ostslawisch

Tocharisch*

Aralsee

Yaghnobi

Pamir-Sprache

Kaspisches
Meer

Kasmiri

Armenisch

Ossetisch   Kaspische
Dialekte

Afghanisch

Nepali

Kurdisch

Neupersisch

Assami

Panjabi

Balucisch

Hindu-
Urdu

Sindhi

Gujariti

Bengali

Arabisches
Meer

Oriya

Golf von
Bengalen

Marathi

Singhalesisch

Indischer Ozean

* ausgestorbene Sprachen

bzw. systematisch untersuchte und damit zu einem der bedeutendsten Wegbereiter der Indoeuropäistik/Indogermanistik
wurde, war Sir William Jones (1746–1794). Sein Buch »The
Sanscrit Language« von 1786 gilt als das erste Werk vergleichen-
der Sprachwissenschaft. Es legte den gemeinsamen Ursprung des
Griechischen, Lateinischen und Sanskrit dar und deckte darüber
hinaus die Verwandtschaft mit dem Gotischen, den keltischen
Sprachen und dem Persischen auf.

Sanskrit

»Die Sprache des Sanskrit, wie alt sie auch sein mag, ist von wundervoller
Struktur. Sie ist perfekter als das Griechische, ergiebiger als das Lateinische
und verfeinerter und kultivierter als beide, obwohl sie mit beiden starke
Verwandtschaftsbande sowohl in den Stämmen der Verben als auch in der
Form der Grammatik unterhält. Das kann kein Zufall sein. Die Bande sind
tatsächlich so stark, dass kein Philologe sie je untersuchen könnte, ohne zu
dem Schluss zu gelangen, sie alle müssten von einer gemeinsamen Quelle
stammen, die, mag sein, auch nicht mehr existiert.« (Jones 1786)

Aus der Kenntnis dieser und weiterer Sprachen schloss man
auf eine ihnen zugrunde liegende Grundsprache, die aus den
bekannten Sprachen rekonstruiert wurde. Indoeuropäisch ist also
eine von Sprachwissenschaftlern des 19. Jh.s ausschließlich durch
Rekonstruktion bekannte prähistorische Sprache. Dokumente in
dieser Sprache gibt es nicht.

Völker wandern

Bestimmte Zweige der historischen Sprachwissenschaften betrachten Sprache als einen von Sprechern unabhängigen Mechanismus
oder gar als eigenständigen Organismus. Dabei sind alle Veränderungen, die Sprachen erleben, unabdingbar verbunden mit den
Menschen, die diese Sprachen benutzen. Wie sonst sollte man
sich den Zerfall einer Sprache und das Entstehen verschiedener
neuer Sprachen aus den Resten der anderen vorstellen? Natürlich
dauert ein solcher Veränderungs*prozess*, denn um einen solchen

handelt es sich ja und keineswegs um ein Produkt, wie man oft glauben lassen möchte, lange Zeit. So verhält es sich auch mit dem Indoeuropäischen, der Ursprache zahlloser europäischer und asiatischer Sprachen. Dabei war schon diese vermeintliche Ursprache keine isolierte Sprache, sondern stand bspw. in Kontakt mit dem Babylonischen, von dem sie höchstwahrscheinlich die Ahnen der deutschen Wörter *Stern* und *Beil* und überdies die Grundlagen für ihr duodezimales Zählsystem entlehnte.

Seit ca. 2000 v. Chr. drangen indoeuropäische Völker in die Mittelmeerwelt vor und behaupteten sich in Form neuer indoeuropäischer Reiche neben den schwächer werdenden alten. Auch semitische Völker nutzten den Niedergang der herrschenden Mächte und drangen in deren Gebiete vor – eine Zeit großer Auseinandersetzungen im mittelmeerisch-orientalischen Raum begann. Es war eine wesentliche Begleiterscheinung dieser Entwicklung, dass für mehr Menschen weniger Raum zur Verfügung stand und die politisch-kulturellen Verflechtungen von Völkern und Staaten weitaus enger geworden waren als zuvor. Nach dem Jahr 2000 v. Chr. drangen indoeuropäische Stämme wie Ionier und Achäer in Griechenland ein und gründeten Fürstentümer wie Mykene, Tiryns oder Athen. Diese mykenischen Kulturen hatten etwa von 1600–1200 v. Chr. Bestand. Von dort aus begann ein reger Handel mit den umliegenden Inseln. 1425 v. Chr. eroberten die Achäer zudem Kreta. In der Folge wurden stark befestigte Burgen wie Mykene angelegt, mit gewaltigen Kyklopenmauern und Fresken nach kretisch-minoischem Vorbild. Die Toten begrub man nun in Kuppelgräbern. Kreta und der Peloponnes erlebten mit der kretisch-mykenischen Kultur eine Blütezeit.

Kleinasien wurde seit etwa 1200 v. Chr. von Stämmen erobert, die Kleinstaaten gründeten und sich später zum hethitischen Reich zusammenschlossen. Teile der ostindoeuropäischen Arier drangen bis nach Indien vor und unterwarfen dortige Kulturen. Ein anderer Zweig dieser Gruppe, Meder und Perser, siedelten sich in Mesopotamien an, gewannen aber erst circa tausend Jahre später an Bedeutung. Mit der Zweiten Indoeuropäischen Völkerbewegung setzte die Dorische Wanderung ein, die für die

Bildung der antiken griechischen Staatenwelt entscheidend werden sollte. Die Dorer unterwarfen die Achäer, während die Ionier sich in Attika behaupteten. Gleichzeitig wurde das hethitische Reich von thrakisch-phrygischen Stämmen vernichtet und das phrygische Reich gegründet, welches wiederum um 700 v. Chr. von den Lydern abgelöst wurde. Nach Abschluss der Zweiten Indoeuropäischen Wanderung waren Griechenland, Kleinasien und Italien besiedelt, und die Grundlage für die griechische und die römische Geschichte war geschaffen.

Zeittafel der Völkerwanderungen

seit 2000 v. Chr.	Erste Indoeuropäische Völkerwanderung
1800–1200 v. Chr.	Hethiter in Kleinasien
seit 1600 v. Chr.	Wanderung der Arier nach Indien
1425 v. Chr.	Die Achäer erobern Kreta
seit 1200 v. Chr.	Zweite Indoeuropäische Völkerwanderung
um 375 n. Chr.	Einfall der Hunnen ins Siedlungsgebiet der Goten am Schwarzen Meer und Beginn der germanischen Völkerwanderung
476 n. Chr.	Zerfall des weströmischen Reichs
5. Jh. n. Chr.	Beginn der Besiedlung Britanniens durch die Angelsachsen; Terwingen/Westgoten besiedeln Gallien, werden aber von den Franken nach Hispanien verdrängt
488–493 n. Chr.	Einfall der Ostgoten in Italien und Reichsbildung unter Theoderich dem Großen
um 500 n. Chr.	Expansion der Franken in Gallien unter Chlodwig I.
568 n. Chr.	Die Langobarden besiedeln Oberitalien – die germanische Völkerwanderung endet

In Bezug auf die Sprachentwicklung ist all dies ein äußerst vielschichtiger und komplizierter Prozess, der nur wenig mit den klaren und sauberen Stammbäumen der Philologen zu tun hat. Verschiedene in Kontakt stehende Sprachen beeinflussten sich gegenseitig durch Entlehnungen, veränderte Aussprache und immer neue Sachzusammenhänge in der Welt.

In den folgenden Jahrhunderten gelangten andere Gruppen von Stämmen wie Chauken, Angrivarier, Hermunduren,

Semnonen oder Cherusker nach Nordwesteuropa, in die westliche Gegend der Ostsee, nach Südschweden, Dänemark und Schleswig-Holstein. Hier entwickelte sich im Laufe der Zeit aus dem Dialekt und der Dialektmischung dieser Stämme eine neue Sprache: das Germanische. Zugleich ereignet sich eine ähnliche Entwicklung wie im Süden und Südosten: Es müssen bereits Stämme ansässig gewesen sein, die die Sprache der Eroberer lernten und durch ihren eigenen Sprachgebrauch gleichzeitig veränderten. Zunächst für sich, dann, im Außenkontakt, immer umgreifender.

Völkerwanderungen und die Mischung von Stämmen gab es bis ins Mittelalter hinein, man bezeichnet das 5. Jh. als Übergang von der Spätantike zum Frühmittelalter, eine historische Konstante – vom Einfall der Hunnen ins Gotenreich 375 n. Chr. über die Besiedlung Britanniens durch ein Völkergemisch aus Angeln, Sachsen und Jüten, bis zum Zug des germanischen Stamms der Langobarden nach Italien im Jahr 568 n. Chr. Die Ursachen, die zu dieser lang andauernden, gewaltigen und umwälzenden Bewegung der Völker führten (und heute in neuer Dimension immer noch führen), die Kulturen und Sprachen mischten, gründeten und zerstörten, sind vielseitig: beschleunigtes Bevölkerungswachstum, kriegerische Konflikte mit anderen Völkern oder die Anziehungskraft, die durch die Wirtschafts- und Kulturräume der Griechen und Römer ausgeübt wurde, sind nur einige davon. In der ausgehenden Spätantike ist dieser Prozess zudem gekoppelt an den Zerfall der römischen Verwaltungs- und Militärstrukturen bzw. an das dadurch entstehende Machtvakuum in vielen Teilen Europas.

Germanische Stämme (eine Auswahl)

CHATTEN, lat. Chatti, siedelten im Bereich der Täler von Eder, Fulda und Lahn, also in dem, was heute Nordhessen ist. Möglicherweise – denn die Schreibung ›Ch‹ wurde /x/ gesprochen –, leitet sich der Name »Hessen« von diesem Stamm her.

CHAUKEN, lat. Chauci, siedelten beidseits der Weser. Laut Tacitus gehörten sie zur Gruppe der Ingaevonen.

Angrivarier (oder Engern), lat. Angarii, siedelten an der mittleren Weser und an der Aller, also nördlich der Chauken, in dem, was heute als Lüneburger Heide bekannt ist.

Brukterer, lat. Bructeri, lebten im 1. Jh. ursprünglich zwischen Ems und Lippe. Sie waren ein kriegerischer Stamm, der aber zum Teil im fränkischen Stammesverband aufging.

Hermunduren siedelten am Oberlauf der Elbe. Sie zählen zur Gruppe der Elbgermanen oder Hermionen, die den Römern verbunden waren. In ihrer Nachbarschaft siedelten laut Tacitus (Germania, 42) Markomannen und Quaden.

Usipeter, lat. Usipetes, sind ein in Julius Caesars Buch »De Bello Gallico« belegter Stamm, der auf der rechten Rheinseite dem Niederrhein gegenüber siedelte.

Semnonen, lat. Semnones, waren nach Tacitus (Germania, 39) das Stammvolk der elbgermanischen Sueben. Ab dem 3. Jh. zogen sie zum Oberrhein und gingen im Stammesverband der Alemannen, den späteren Schwaben, auf.

Triboker siedelten etwa ab 70 v. Chr. in der Gegend des heutigen Straßburg am Rhein, in Nachbarschaft zum Schwarzwald (s. auch das heutige Triburg).

Cherusker, lat. Cherusci, siedelten beidseits der oberen Weser und bis zur Elbe, dem heutigen Westfalen. Über die Etymologie des Worts »Cherusker/Herusker« gibt es verschiedene Theorien. Martin Luther glaubte, das Wort leite sich von »Härzer« her, aus dem Harz(gebirge) stammend. Jakob Grimm hingegen sah seinen Ursprung im gotischen Wort *hairus*, Schwert, verkörpert. Die Cherusker sind deshalb von großer Beachtung im deutschen Raum, weil sie durch die Varusschlacht 9 n. Chr, in deren Verlauf sie unter ihrem Führer Arminius drei römische Legionen schlugen, schon früh zur Mythenbildung über »*die* Germanen« beitrugen.

Angelsachsen waren ein Verband verschiedener Stämme, der sich hauptsächlich aus Angeln und Sachsen, aber auch aus Jüten, Friesen und Niederfranken zusammensetzte. Zu Beginn des 5. Jhs. begannen sie Britannien zu besiedeln und verdrängten oder vermischten sich mit der dort ansässigen römisch-keltischen Bevölkerung. In der Geschichte Großbritanniens bezeichnet man die Zeit bis 1066 als angelsächsische Periode. Danach folgte die Eroberung und Landnahme durch die Normannen unter Wilhelm dem Eroberer.

Langobarden, lat. Langobardi, waren ein Teilstamm der Sueben, verwandt mit den Semnonen. Sie siedelten an der unteren Elbe und galten als kriegerisches Volk, das ab dem 1. Jh. fast durch ganz Europa zog. Im 6. Jh. zogen sie über die Alpen nach Italien und besetzten dort große Teile des erst kurz zuvor von Ostrom eroberten Italiens. Im 8. Jh. eroberten die Franken unter Karl dem Großen Norditalien sowie die langobardische Hauptstadt Pavia. Der Stammesname wurde später namensgebend für die heutige norditalienische Region der Lombardei.

FRANKEN, lat. Franci (»mutig, kühn«, »frank und frei« engl. frank), sind ein germanischer Stammesverband, der sich wahrscheinlich aus dem Zusammenschluss verschiedener anderer Stämme wie den Saliern und Rheinfranken herausbildete. Erstmals in römischen Quellen erwähnt werden sie im 2./3. Jh. Im 5. Jh. wurden unter Chlodwig I. aus der Dynastie der Merowinger weite Teile Galliens erobert und damit faktisch das Fränkische Reich gegründet (heute Frankreich). Dieses sollte allerdings erst im 9. Jh. unter Karl dem Großen seine größte Ausdehnung erreichen. Franken und einheimische Bevölkerungsgruppen vermischten sich im Laufe der Zeit sprachlich und kulturell. Im Westen dominierte dabei die galloromanische Sprache, im Osten das Fränkische (heute noch Rhein- und Moselfränkisch). Im 9. Jh. bildete sich schließlich eine Sprachgrenze zwischen beiden Reichshälften heraus. Die Salfranken gingen im Volk der Franzosen und Wallonen auf, während die Salfranken am Niederrhein, an Mosel etc. ihre fränkischen Dialekte behielten. Aus ihnen wurden in der Neuzeit Lothringer, Niederländer und Flamen. Die Bevölkerung im nördlichen Bayern bezeichnet sich heute noch als Franken. Ob es eine direkte Verwandtschaft zu den Franken der Spätantike und des frühen Mittelalters gibt, ist unklar. Eine sprachliche Verwandtschaft existiert jedenfalls nicht.

GOTEN waren ein ostgermanischer Stamm. Tacitus sprach erstmals von Gotonen (Gutonen; vermutlich von gotisch giutan, gießen oder gutans, gegossen). Im Laufe der spätantiken Völkerwanderung und bedingt durch den Einfall der Hunnen in der zweiten Hälfte des 4. Jh.s entwickelten sich zwei getrennte Stammesverbände, die Ostgoten (Ostrogothi) und die Westgoten (Visigothi). Beide Stammesverbände etablierten eigene Reiche auf dem Gebiet des ehemaligen weströmischen Reichs. Mit den Terwingen (später Westgoten) schlossen die Römer 382 n. Chr. die ersten Verträge, sie wurden sog. foederati. Anfang des 5. Jh.s siedelten sie in Gallien, wurden aber von den eindringenden Franken nach Hispanien verdrängt, wo sie das Toledanische Reich gründeten. Dieses erlag erst 711 n. Chr. der arabischen Expansion. Auch die Ostgoten wurden zunächst als Foederaten im Römischen Reich aufgenommen, wenn auch erst in der zweiten Hälfte des 5. Jh.s, und siedelten sich auf Teilen des Balkans an. 488 n. Chr zogen sie im Auftrag des oströmischen Kaisers Zenon nach Italien, eroberten Ravenna und errichteten ein eigenes Reich, das sich vom Balkan und den Alpen über ganz Italien bis nach Sizilien erstreckte. Das Reich der Ostgoten ging schließlich im Zuge der Rückeroberung Italiens durch Ostrom 553 n. Chr. unter.

Verwandtschaftsbeziehungen

Viele der ursprünglich zur Sprachfamilie des Indoeuropäischen gehörende Sprachen sind untergegangen und können nur durch die innere Rekonstruktion (zur Begriffserklärung s. Definitionen S. 214) teilweise wieder sichtbar gemacht werden. Die Existenz des Indoeuropäischen lässt sich einerseits durch die Verwandtschaft zu anderen Sprachen derselben Familie nachweisen oder aber durch Abgrenzung gegen Sprachen anderen Ursprungs. Auf diese Weise kann jene hypothetische Ursprache in Grenzen – auch regionale Grenzen – verlegt und eingeordnet werden. Der Grad der Ähnlichkeit zwischen verschiedenen Sprachen ermöglicht der Untersuchung eine weitere Einteilung in Unter- und Obergruppen. Die rekonstruierte Grundsprache des Indoeuropäischen verfügt über ein Flexionssystem und kennt den Ablaut (s. S. 198). Heute unterteilt man die Sprachen dieser Familie gemeinhin in west- und ostindoeuropäische Sprachen (früher war hingegen eine Unterteilung in Kentum- und Satemsprachen üblich).

Die indoeuropäischen Sprachen gliedern sich in die folgenden großen Untergruppen und Einzelsprachen:
- Albanisch
- Armenisch
- Baltische Sprachen (Lettisch, Litauisch)
- Germanische Sprachen (Dänisch, Deutsch, Englisch, Färöisch, Friesisch, Isländisch, Jiddisch, Niederländisch, Norwegisch, Schwedisch)
- Griechisch
- Iranische und Indische Sprachen
- Keltische Sprachen (Bretonisch, Gälisch, Irisch, Kornisch [Cornwall], Kymrisch [Wales])
- Lateinisch und die daraus hervorgegangenen romanischen Sprachen (Französisch, Italienisch, Katalanisch, Portugiesisch, Rätoromanisch, Rumänisch, Spanisch)
- Slawische Sprachen (Polnisch, Slowakisch, Tschechisch; Bulgarisch, Russisch, Serbokroatisch, Slowenisch, Ukrainisch)

Die Verwandtschaft zwischen diesen Sprachen und Sprachgruppen zeigt sich in Wortschatz, Lautstand und in der grammatischen

Struktur. Nehmen wir das Wort *Vater* in seiner Geschichte und Verbreitung: dt. *Vater*, niederl. *vader*, engl. *father*, schwed. *Fader*. Aber auch in nichtgermanischen Sprachen treten ähnliche Formen auf: lat. *pater*, griech. *patér*, altind. *pitá*, altirisch *āthir*.

Kentum- und Satemsprachen: In der vergleichenden Sprachwissenschaft wurde aufgrund von Lautrekonstruktionen eine Unterteilung in eine westliche und eine östliche Sprachgruppe vorgenommen, die nach ihrer Bezeichnung für »hundert« unterschieden wurden: »hundert« ist im Lateinischen *centum*, in Sanskrit *satám*. Daraus entwickelten sich die sogenannten Kentumsprachen (Germanisch, Lateinisch, Griechisch, Keltisch etc.) und die danach benannten Satemsprachen (Albanisch, Indisch, Iranisch, Slawisch etc.). Als Gesetzmäßigkeit wurde postuliert, dass der palatale Verschlusslaut [k] durchgängig dem [s] der Satemsprachen entspricht. Diese postulierte Gesetzmäßigkeit wurde durch die Entdeckung und Entschlüsselung zweier Sprachen widerlegt:
- Hethitisch (entdeckt Anfang des 20. Jhs.) – eine hauptsächlich in Kleinasien verbreitete und inzwischen ausgestorbene Sprache mit den ältesten Schriftbelegen aus dem 18. Jh. v. Chr.
- Tocharisch (entdeckt Ende des 19. Jhs.) – eine aus dem Tarimbecken (heute autonomes Gebiet Xinjiang im Westen der Volksrepublik China) überlieferte Sprache, deren zahlreiche Handschriftenfragmente überwiegend aus dem 5. bis 8. Jh. n. Chr. stammen.

Beide Sprachen waren in Asien beheimatete Kentumsprachen, wodurch die Unterteilung in geographische und phonologische (s. S. 213) Sprachgruppen weitgehend widerlegt wurde.

Die Verwandtschaftsbeziehungen zwischen den einzelnen Sprachen des Indoeuropäischen wurden 1853 erstmals von dem deutschen Sprachwissenschaftler August Schleicher (1821–1868) in einem Stammbaum dargestellt, wie er in der Biologie z. B. von Charles Darwin (1809–1882) als schematisierendes Mittel verwendet wurde, um Beziehungen zwischen verschiedenen Arten zu zeigen. Sprache unterlag für Schleicher, ebenso wie biologische Zusammenhänge, der Gesetzmäßigkeit der natürlichen Evolution, weshalb er die Linguistik als einen Teil der Naturwissenschaften betrachtete und, daraus folgend, Sprache als natürlichen Lebensbestandteil. Von Schleicher stammen die noch heute verwendeten Bezeichnungen wie »Abstammung« oder »Verwandtschaft« in Bezug auf Sprache und deren Entwicklung.

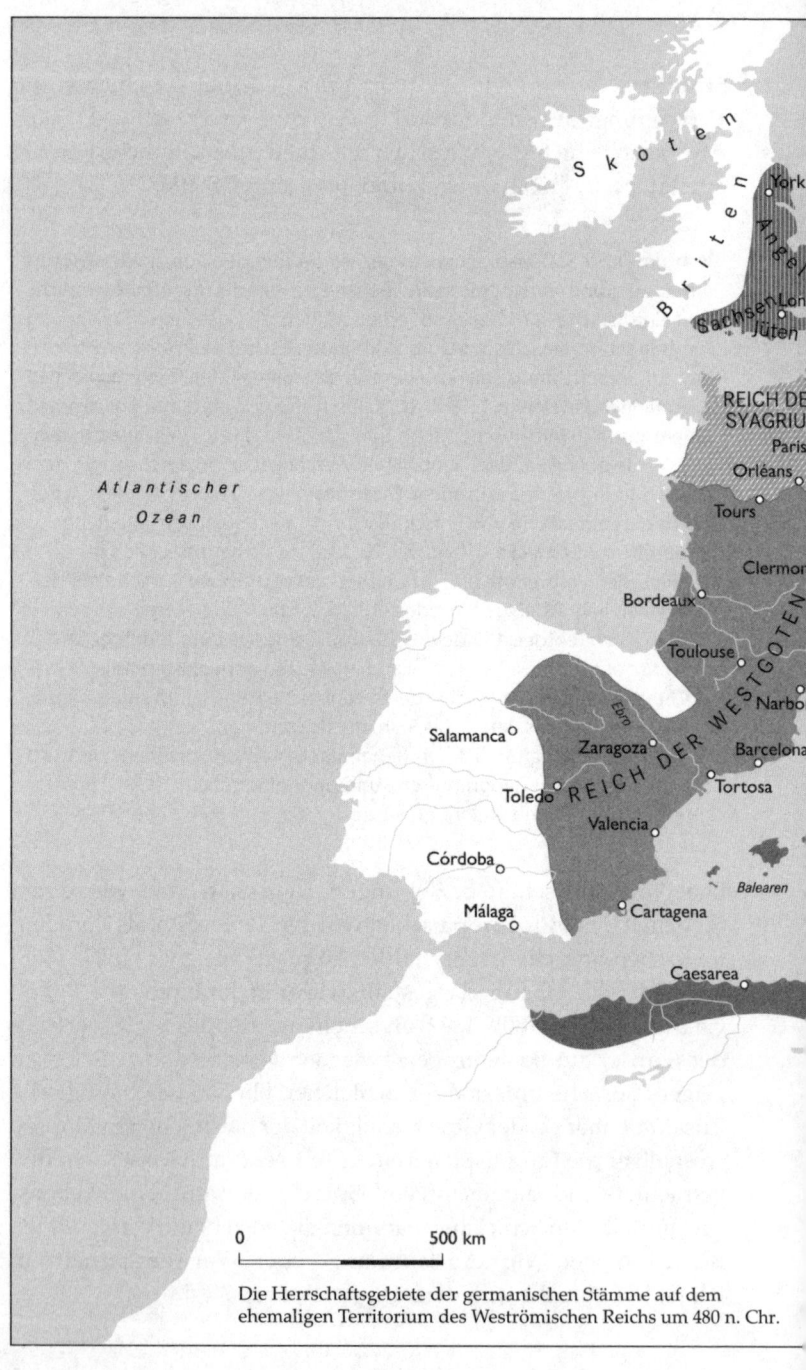

Skoten

York

Briten

Angel

Sachsen Lon
Juten

REICH DE
SYAGRIU

Paris

Orléans

Tours

Clermon

*Atlantischer
Ozean*

Bordeaux

Toulouse

R E I C H   D E R   W E S T G O T E N

Narbo

Salamanca

Ebro

Zaragoza

Barcelona

Toledo

Tortosa

Valencia

Córdoba

Balearen

Málaga

Cartagena

Caesarea

0   500 km

Die Herrschaftsgebiete der germanischen Stämme auf dem
ehemaligen Territorium des Weströmischen Reichs um 480 n. Chr.

Demnach bildeten die oskisch-umbrischen Dialekte gemeinsam mit dem Lateinischen das Ur-Italische. Diese Sprache wurde aus dem Vergleich der beiden vorgenannten rekonstruiert. Da aber die oskisch-umbrischen Dialekte nur aus vereinzelten Inschriften und aus Angaben bei griechischen und römischen Autoren bekannt sind, bleibt die rekonstruierte Ursprache nur fragmentarisch. Bereits an dem Wenigen aber, was sich rekonstruieren lässt, zeigt sich deutlich, dass Griechisch und Ur-Italisch in »geschwisterlicher Verbindung« zueinander stehen.

Aus dieser naturwissenschaftlichen Betrachtungsweise von »Familienzugehörigkeit« in jener Zeit um die Mitte des 19. Jh.s., wie sie Schleicher prägte, bildeten sich auch andere grammatische Bezeichnungen und Begriffe wie »Geschlecht – weiblich, männlich, sächlich« etc., die gerade heute in einer neuen und zeitgemäßen Betrachtung von Geschlecht und Gender oft zu Verständniskomplikationen führen.

Volk und Sprache

Bei allgemeinen sprachwissenschaftlichen Betrachtungen über die Ursprache geht man ebenfalls von einem sogenannten Urvolk aus, dessen Sprache Indoeuropäisch war. Es bleibt jedoch zweifelhaft, ob es sich dabei um ein Volk im modernen Verständnis des Wortes handelte, also um eine Gruppe von Menschen, die durch eine gemeinsame Sprache und eine gemeinsame Kultur verbunden war. Wie bereits weiter oben dargelegt wurde, lässt sich nämlich keine gemeinsame Urkultur historisch bzw. archäologisch nachweisen bzw. aus der rein linguistischen Rekonstruktion erschließen.

Der russische Sprachforscher Nikolai Sergejewitsch Trubetzkoy (1890–1938), dessen Hauptverdienst es war, die Linguistik um die Phonologie bereichert zu haben, kam durch komparative Studien zu dem Ergebnis, die Urheimat der indoeuropäischen Sprachgruppe müsse zwischen Nordsee und Kaspischem Meer angesiedelt werden, zwischen den finno-ugrischen und den mediterranen oder kaukasisch-semitischen Sprachgruppen. Geographisch befindet sich der Kern dieses Gebiets nördlich und westlich des Schwarzen Meers und um die beiden Flüsse Dnjepr und Donau. In der Archäologie bringt man die spätsteinzeitliche Schnurkeramik mit diesem indoeuropäischen Urvolk in Verbindung. Sprachlich sind überdies die Verbreitung von Flussnamen und die Bezeichnungen für Flora und Fauna wegen ihrer großen Ähnlichkeiten im bezeichneten Gebiet auffällig.

Linguistische Kriterien
zur Bestimmung der Urheimat

Mit an Sicherheit grenzender Wahrscheinlichkeit kann man davon ausgehen, dass es keine schriftlichen Funde über die Zeit des indoeuropäischen Urvolkes und *aus* dieser Zeit geben wird, darum stehen für eine Bestimmung dessen, was das Volk ausmacht, seine Sprache und seine Kultur, fast ausschließlich linguistische Kriterien zur Verfügung. Sprachwissenschaftler gehen davon aus, dass bestimmte Wörter schon bei diesem Urvolk vorgekommen sein mussten, wenn sie später in anderen indoeuropäischen Sprachen weiter existierten. Man vermutet, dass das Urvolk den Wagen und das Rad kannte, denn Wörter wie *Nabe, Rad, Wagen* gehen aus einer gemeinsamen Wurzel hervor. Auch das Pferd muss nicht nur als Arbeitstier, sondern darüber hinaus als Streitross wichtig gewesen sein. Überhaupt existierte ein großer gemeinsamer Wortschatz aus dem Bereich der Viehzucht und der Tierhaltung allgemein (Vieh, Kuh, Stier, Ochse, Pferd, Fohlen, Schwein, Hund, Biene, Gans, Ente, Herde, Wolle, melken, etc. – nicht dagegen Katze und Esel), der darauf schließen lässt, dass man es mit einer Hirtenkultur zu tun hat. Zur Erhärtung dieser Vermutung kann man aus der Herleitung von lat. *pecus*, Vieh, zu lat. *pecunia*, Geld, ersehen, dass Reichtum über den Besitz von Vieh angezeigt wurde. Da es keinen gemeinsamen Wortschatz von Bäumen, Wald, Nutzholz etc. gibt, liegt die Vermutung nahe, dass es sich um ein Volk handelte, dass in Savannen- oder Heidegebieten lebte. Es gab zudem Wörter für Gold und Silber, doch für Eisen existierte kein gemeinsames Wort. Die Verarbeitung von Eisen muss demnach aufgekommen sein, als die Trennung zwischen verschiedenen Teilen jenes Volkes schon weit vorangeschritten war, wodurch sich Begriff und Wort separat formierten. Aus archäologischen Funden weiß man, dass Eisen um ca. 2000 v. Chr. aufgekommen sein muss. Das legt den Schluss nahe, dass das Indoeuropäische spätestens zu diesem Zeitpunkt keine gemeinsame und einheitliche Sprache mehr war. Der Linguist Paul Thieme (1905–2001) siedelte in den 1950er-Jahren die Urheimat der indoeuropäischen Ursprache im Gebiet der in die Nord- und Ostsee mündenden Lachsflüsse an und begründete diese Theorie mit der auffallenden Gemeinsamkeit des Wortes für Lachs, *laksos, in räumlich sehr weit voneinander entfernt liegenden indoeuropäischen Sprachen. Für diese Annahme sprechen auch die oben erwähnten zahllosen Beispiele von Gemeinsamkeiten der Gewässernamenskunde (Hydronymie). Die Gewässernamenskunde dringt bis zu den ältesten überlieferten Namen vor, nämlich bis an den Zeitpunkt, als die verschiedenen Einzelsprachen sich aus der angenommenen Ursprache ausgliederten. Dabei ist es wichtig zu wissen, dass dieser Zeitpunkt nicht bei allen Einzelsprachen gleich war. Beispiele für Flüsse sind Rhein (*reinos), Main (*moin), Elbe (*albia), Oder (*odra), Weser (*wisura), Saale (*sala) oder Flussnamen keltischer Herkunft wie Donau (*danovios) oder Inn (*enos). Diese gehen auf indoeuropäische Flussnamen zurück und müssen somit von vorgermanischen bzw. vorkeltischen Bewohnern stammen. Sie sind folglich älter als die älteste uns bekannte Sprache in diesem geographischen Raum. Dabei sind die Namen von Gewässern relativ beständig. Flüsse, vor allem große Flüsse, waren immer starke und oft unüberwindliche Grenzen, nicht nur für Menschen, sondern auch für deren Kultur und deren Sprache. An den Ufern der Flüsse hingegen siedelten von alters her Menschen. Auch wenn diese Siedlungen natürlich häufig keine Siedlungskontinuität aufwiesen, so hatten die Wasserläufe selbst dennoch stets Bestand. Flüsse waren allerdings nicht nur natürliche Grenzen sondern auch Transportwege, an denen entlang sich auch Verkehrswege für Menschen, Waren und Sprachen bildeten. Ihre Namen überdauerten – wenn auch bisweilen in verschiedenen Abschnitten –, selbst wenn neue Siedler hinzukamen oder alte abwanderten bzw. verdrängt wurden (z. B. während der Völkerwanderung). Kamen neue Siedler, so übernahmen sie die bereits existierenden Namen und auf diese Weise blieben sie über Jahrtausende im Sprachgebrauch erhalten. Erst in späteren und neueren Jahrhunderten standardisierte man die Namen, aber die Namen der Abschnitte lassen sich weiterhin aufspüren. Ein Beispiel für einen Abschnittsnamen ist die Gera, die durch Erfurt fließt:

> »Aufgrund alter Belege für den Ortsnamen Erfurt (1244 *Erphort*, 742 *Erphesfurt*), Vergleichsnamen (die Flüsse *Erf* und *Erfa*), sprachgeschichtlicher Gesetzmäßigkeiten und dem Wissen um das Wesen der Gewässernamen ließ sich für Erfurt eine alte Form *Erpesa* rekonstruieren. Die logische Folgerung war, dass *Erfurt* die Furt durch die *Erpesa* ist. *Erpesa* war also ein früherer Abschnittsname des Flusses Gera. (Die Wurzel ›erph‹ deutet dabei auf ein bräunliches, dunkles Gewässer hin.)«
>
> (s. http://www.onomastik.com/gn_besonderheiten_alter.php)

Die folgenden Beispiele verdeutlichen durch Rekonstruktion die nachgewiesenen Verwandtschaftsbeziehungen zwischen wichtigen indoeuropäischen Sprachen:

neuhochdeutsch	Mutter	Vater	drei	neu	ist	gebäre (= trage)
englisch	mother	father	three	new	is	bear
gotisch	---	fádar	þreis	niujis	ist	baira
russisch	matj	---	tri	novij	jestj	beru
griechisch	mētēr	patér	treīs	néos	esti	phéro
lateinisch	māter	pater	trēs	novus	est	ferō
altindisch	mātár	pitár	trēs	návya	asti	bhárāmi
indoeuropäisch	*mātér	*pitár	*treies	*néuo	*esti	*bhérémi

Sprache als eigenständiger Organismus

Bei frühen Arbeiten der Philologie legte man besonderes Augenmerk auf die Lautveränderung bei der Entwicklung von einer Sprache in eine andere. Man ging davon aus, dass diese Veränderungen bestimmten Gesetzmäßigkeiten unterlagen, die, wie Naturgesetze, fast als unabhängig von den jeweiligen Sprechern der Sprache zu existieren schienen. Jedes Auftreten einer Ausnahme von der Regel erklärte man durch Analogien (s. Definitionen S. 198).

In den 70er-Jahren des 19. Jh.s formierte sich in Leipzig eine Gruppe von Sprachwissenschaftlern, die als Leipziger Schule oder Junggrammatiker bekannt wurde. Ihre Hauptvertreter waren Karl Brugmann (1849–1919), Eduard Sievers (1850–1932), Hermann Paul (1846–1921), Wilhelm Braune (1850–1926), Hermann Osthoff (1847–1909), Otto Behaghel (1854–1936), Karl Verner (1846–1896), Sophus Bugge (1833–1907) und Graziadio Isaia Ascoli (1829–1907). Die Untersuchung von Sprache mittels der Beschreibung ihres geschichtlichen Wandels war das Hauptziel der Gruppe. Im Zuge dessen stellten die verschiedenen Vertreter die Gesetze des Lautwandels auf und postulierten deren Ausnahmslosigkeit. Die Ergebnisse, zu denen man dabei kam, beruhten auf dem Vergleich verschiedener Sprachen sowohl in dem zur Zeit der Junggrammatiker angewandten Zustand als auch auf früheren Stufen.

Diese sogenannte diachrone Sprachbetrachtung der Junggrammatiker ging davon aus, dass es zum Verstehen einer Sprache in ihrer aktuellen Form nicht ausreiche, ihre gegenwärtige Erscheinung aufzuzeigen, man müsse vielmehr ihre Entwicklung betrachten, um verbindliche Aussagen machen zu können. Systemwidrigkeiten – das sind Ungereimtheiten und Unregelmäßigkeiten – sind nur einzuordnen und zu verstehen, wenn man begreifen und analysieren kann, dass sie oftmals auf althochdeutsche oder gar germanische Zeiten zurückgehen. Die Sprachwissenschaft der Junggrammatiker wollte also das Werden und die Entwicklung von Sprache allgemein ebenso sichtbar machen wie konkret bei einer Sprache.

Ferdinand de Saussure (1857–1913)

Der Genfer Linguist Ferdinand de Saussure gilt als der Gründer der modernen Linguistik. In seinem postum herausgegebenen Hauptwerk »Cours de linguistique générale« (1916) entwickelte er nicht nur eine allgemeine Theorie von Sprache, die sich deutlich von der rein historischen Betrachtung der Junggrammatiker absetzt, sondern darüber hinaus eine brauchbare

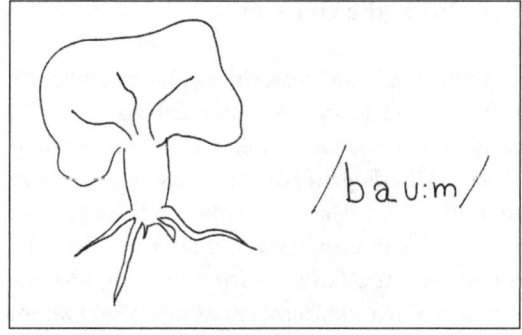

Bildliche Darstellung
von Saussures *Signifikat*
(= Bild/ Zeichnung
von einem Baum)
und *Signifikant*
(= Lautschriftdarstellung
des deutschen Wortes
BAUM /bau:m/)

Methode, Sprache als systematisches Zeichensystem zu analysieren. So unterscheidet er *langage* (Sprache) nach drei wesentlichen Dichotomien (Zweiteilung, Gliederung nach zwei Gesichtspunkten):

a) die von Konventionen gesteuerte und als soziales Produkt gewachsene, aber nicht unmittelbar sichtbare *langue* im Gegensatz zu den tatsächlichen Äußerungen von Sprechern, *parole*;

b) die Teilung des Zeichens in eine Wechselbeziehung von *Signifikat* (Bezeichnetes = Objekt oder Sachverhalt in der Wirklichkeit) und *Signifikant* (Bezeichnendes = sprachliches Zeichen); Bedeutung existiert ausschließlich im Kontrast zu anderen Zeichen und nicht in den Objekten und Sachverhalten der Wirklichkeit;

c) synchrone Sprachbetrachtung, d. h. zu einem bestimmten Punkt in der Zeit, vs. diachrone Sprachbetrachtung, d. h. die historischen Entwicklung über einen Zeitraum hinweg.

Für Saussure ist das sprachliche Zeichen die Verbindung aus der geistigen Vorstellung eines Symbols und dem Lautbild, das mit diesem Symbol verbunden ist.

Das sprachliche Zeichen hat zwei Eigenschaften, es ist willkürlich und linear.

Willkür bedeutet für Saussure, dass es keine natürliche Beziehung zwischen den Lauten und dem Bezeichneten gibt. Auf dieser Basis erklärt er die Existenz mehrerer Sprachen. Gleichzeitig jedoch fußt die Verbindung auf Konventionen, denn eine einmal zugewiesene Lautfolge ist für jeden Sprecher einer Sprache verbindlich und muss eingehalten werden; z. B.: Es gibt keinen nachvollziehbaren Grund, warum ein »Tisch« »Tisch« heißt, soll die Kommunikation aber funktionieren, kann und darf er nicht willkürlich »Stuhl« genannt werden.

Sprachwandel und die damit verbundene Veränderung von Sprache, ihren Formen oder z. B. auch ihrer Aussprache, ist immer zeitlich bedingt. Saussure nennt diese Entwicklung »linear«.

Kein Volk: die Germanen

Die Germanen als ein Volk mit einem Staat, einer Sprache und einer Identität im modernen Verständnis, das sich auch selbst so bezeichnet hätte, hat es nie gegeben. Im Gegenteil: Die verschiedenen Stämme, die unter diesem Überbegriff zusammengefasst werden, bekämpften sich untereinander über Jahrhunderte hinweg.

Das Wort *Germanen* taucht zum ersten Mal um das Jahr 80 v. Chr. bei dem griechischen Geschichtsschreiber Poseidonios (135–51 v. Chr.) auf und wird seitdem verwendet; vor allem aber fand es durch die Aufzeichnungen von Gaius Julius Cäsar (100–44 v. Chr.) über den Gallischen Krieg (58–51/50 v. Chr.), »De bello gallico« (geschrieben 52/51 v. Chr.), Verbreitung. »Cäsar hat die Germanen erfunden« sagt Mischa Meier, Professor für Alte Geschichte (Plötz 1991:28–37).

Dabei waren es nicht nur »Barbaren«, die sich dort im feindlichen (aus römischer Sicht) Norden Europas befanden. Es war eine Gesellschaft, die sich in Gefolgsverbänden organisierte. Sie bestand aus freien Bauern und Viehzüchtern, die aber nie ein Volk im heutigen Sinn darstellten. Die Beziehung zwischen beiden Teilen – dem Norden und dem Süden – war mehrschichtig. Einerseits lud der durch seinen Reichtum lockende Süden mit seiner wirtschaftlichen Überlegenheit immer wieder zu Raubzügen ein, andererseits waren die »Barbaren« des Nordens, wie sie jene Menschen nannten – wobei *Barbar* zunächst nur einen Menschen bezeichnete, der nicht der griechischen bzw. der lateinischen Sprache mächtig war – auch Handelspartner Roms. So traten bereits früh Germanen in den römischen Militärdienst, sicherten dessen Grenzen und Außenposten und stützten somit den römischen Herrschaftsanspruch. Dennoch wussten die südeuropäischen Hochkulturen der Griechen und Römer nur verhältnismäßig wenig über diese »Barbaren« des Nordens. Lediglich militärische und kriegerische Auseinandersetzungen gab es relativ häufig, wenngleich, wie gesagt, auch andere, bspw. wirtschaftliche Kontakte existierten.

Besonders prägend für seine Zeitgenossen, aber auch für viele nachfolgende Generationen war das Bild, das der Ex-Senator und Schriftsteller Publius Cornelius Tacitus (um 58 – ca. 120 n. Chr.)

von den Germanen zeichnete. In seinen beiden Büchern »Germania – De origine et situ Germanorum (Über die Herkunft und die
Lage der Germanen)« und »Annales« schilderte er die Barbaren
des Nordens als eine Ethnie, einen geschlossenen Verband,
ein Volk – obwohl er zugleich die Unterschiede der einzelnen
Stammesgruppen untereinander genau beschrieb. Zudem hielt
er die »edlen Wilden« des Nordens und ihre Lebensweise seinen
Landsleuten als Gegenentwurf vor. Anders als die Römer seien
diese nicht der Korruption und Dekadenz verfallen, die er im
römischen Staatswesen seiner Zeit zu erkennen glaubte. Dem
entgegen steht bei Tacitus ihr kriegerisches Potenzial, dass sie als
eine echte Gefahr der römischen Vorherrschaft erscheinen ließ
und sie auf eine Stufe mit Karthagern, Parthern und Galliern stellt.

Das von Tacitus entworfene Bild, das auch die Geschichts-
wissenschaft über lange Zeit maßgeblich beeinflusste, entspricht
nach heutigem Erkenntnisstand allerdings eher einer Fiktion
als den tatsächlichen Gegebenheiten. Bei der Erstellung seines
Werks stützte sich der Autor zwar einerseits auf die Aussagen
ihm vorliegender Quellen und mündliche Berichte, verband diese
jedoch andererseits mit einem ideologischen Überbau, um die
eigene Kritik an den Verhältnissen der römischen Gesellschaft zu
kommunizieren. Circa anderthalb Jahrtausende später griff der
Humanismus auf das von Tacitus entworfene Bild zurück und
benutzte es als Grundlage für ein territoriales Modell und für eine
kulturelle Einheit, die so nie existiert hat, welche aber zur Recht-
fertigung der germanisch-deutschen Nation instrumentalisiert
wurde. Natürlich stellte dieses Betrachtungsweise die Deutschen/
Germanen in eine Reihe mit anderen antiken Großreichen wie
Griechen und Römern. Aber es war Tacitus, der *die* Germanen mit
Attributen wie *tapfer, treu, gerecht, ehrenwert* und *rein* ausstattete.
Besonders im Verlauf des 19. Jh.s sind den Deutschen diese
Eigenschaften sehr geläufig geworden und sie haben sie kultiviert
bzw. instrumentalisiert. Auf diese Weise wurde aus dem guten
»Germanen ein guter Deutscher, aus germanischem Blut, deut-
sches Blut, aus germanischem Boden, deutscher Boden«, schreibt
Georg Bönisch (Pötzl/Salzwedel 2013:19). Diese Mythologisierung
wurde in Hitlers »Mein Kampf« zur »germanischen Revolution«

und Heinrich Himmler, der Reichsführer SS, nannte Hitler analog den »Führer des Großgermanischen Reichs«.

Germanen blieb ein Oberbegriff für verschiedene Stämme, die sich ab circa dem zweiten Jahrtausend v. Chr. im Gebiet der unteren Elbe (heutiges Dänemark), in Südnorwegen, Südschweden und zwischen den Flüssen Donau, Weichsel und Rhein niederließen bzw. herausbildeten (s. oben S. 16 f.). Der Begriff *Germanen* jedoch kann kaum von den Menschen stammen, die so bezeichnet wurden, denn sie identifizierten sich ausschließlich über ihre Stammes- und Sippengemeinschaften, nannten sich selbst aber nicht »Germanen«. Die Forschung des 19. Jh.s. bestimmte die ethnische Identität dieser Menschen über die Sprache, die sich in ihrer rekonstruierten Form über die Erste (Germanische) Lautverschiebung definiert. Das Urgermanische, das sich so aus dem Indoeuropäischen entwickelte, bildete mit den Ursprachen der slawischen und baltischen Sprachen eine gemeinsame Dialektgruppe, bevor letztere sich auch aus dieser Gruppe lösten.

Das Wort **Barbar** stammt vom altgriechischen *bárbaros*, das wiederum dem Sanskrit-Wort *barbarāh* (Plur.) »Stammler, Laller« entspricht – das griechische Wort bedeutet wortwörtlich übersetzt: br-br-Sager. So nannte man immer schon Stotterer, Stammler und vor allem *bárbaros*, fremde Völker, die des Griechischen nicht mächtig waren. Dasselbe Wort floss ins Lateinische und die Römer gebrauchten es ebenso für fremde, das Lateinische nicht sprechende Völker – z. B. die, die später Germanen genannt wurden.

Heute verwenden wir Barbar für »Unzivilisierte, Ungebildete«. Auf diese Art werden nicht nur anders sprechende Menschen bezeichnet, sondern auch Menschen anderer Kulturen bzw. Religionen; d. h. die einen nennen die anderen so und umgekehrt.

Der Germanenmythos

Selbst der Name *Germanen* ist nicht eindeutig belegt. Julius Caesar beschrieb die Völker rechts des Rheins in Kontrast zu seinen »germanischen« Hilfstruppen, den Stämmen an Niederrhein und Nordseeküste. Diese Bezeichnung wird auf den bereits genannten griechischen Geschichtsschreiber Poseidonios zurückgeführt, der die um 80 v. Chr. in diesen Gebieten lebenden Völker so bezeichnet haben soll. Da dessen Werk allerdings verloren ist, handelt es sich hierbei um eine bloße Hypothese. Einer anderen Annahme folgend, stammt die Bezeichnung Germanen von »Ger«, dem Wurfspieß jener Völker des Nordens, und die Germanen sind die Ger-Mannen – die mit dem Wurfspieß Ausgerüsteten.

Erwähnenswert in diesem Zusammenhang ist der Umstand, dass das Wort *Germanist* ursprünglich einen Spezialisten in deutschem Recht bezeichnete. Es war Jakob Grimm, der 1846 und während der neuen Beschäftigung mit allem, was deutsch war, eine neue Bedeutung für dieses Wort schuf: die des Forschers deutscher Sprache, deutscher Religion, deutscher Wirtschaft und des deutschen Staats.

Niemand hatte sich zuvor mit derartigen Dingen beschäftigt. Wenn überhaupt waren Reichs- oder Kirchengeschichte Gegenstand *wissenschaftlicher* Untersuchungen gewesen. Zugleich ist das Wort »wissenschaftlich« in diesem Zusammenhang nur mit Vorsicht zu gebrauchen, da es sich bei den Autoren in erster Linie um Mönche, Geistliche und/oder Juristen handelte.

Das Werk von Tacitus und seine Rezeption stachelten über die Zeitalter hinweg den deutschen Patriotismus an. Deutschland als Nation wurde zum Wunschtraum. Pan-Germanische Bewegungen sollten bzw. wollten die Grenzen des fiktiven Reichs neu erstellen und für die deutsche Bildungselite stimmte die Formel: germanisch = deutsch!

Eine besondere Rolle im aufkeimenden Nationalismus kam dabei der Figur des Arminius zu, der im Jahre 9 n. Chr. mit seinen germanischen Truppen drei römische Legionen unter dem Kommando des Statthalters Varus vernichtete und somit die Ausweitung des römischen Einflussbereichs über den Rhein zur Elbe verhinderte – jüngere Forschungen messen der Varusschlacht allerdings eine geringere Bedeutung bei. Im Zuge des erwachenden Deutschtums wurde Arminius zum deutschen Helden Hermann stilisiert, der das Vaterland, das »Freie Germanien«, vor dem Zugriff der Fremdmächte rettete. Schon Luther hatte geschrieben: »Wenn ich ein poet wer, so wolt ich den celebrieren. Ich hab in von hertzen lib. Hat Hertzog Herman geheißen.« (zit. n. Bönisch, in: Pötzl/Salzwedel 2013:22).

Diesem Arminio, Arminius aka Herman wurde im Teutoburger Wald ein gewaltiges Denkmal gesetzt. Erbaut wurde es zwischen 1838 und 1875 nach Entwürfen von Ernst von Bandel, eingeweiht am 16. August 1875. Mit einer Gesamthöhe (mit Sockel) von 53,46 m ist es die höchste Statue Deutschlands und war bis zur Erbauung der Freiheitsstatue 1886 die höchste der westlichen Welt. Aber nicht allein das Denkmal trieb die Fiktionalisierung und Mythologisierung weiter voran:

Ernst Moritz Arndt (1769–1860) schrieb: »An der Schlacht im Teutoburger Wald hing das Schicksal der Welt, darum ist Hermann Weltname geworden; er ist […] etwas Ewiges und Wirkliches, weil […] ohne ihn vielleicht seit sechszehnhunderten Jahren kein Teutsch gesprochen sein würde.« (zit. n. Bönisch, in: Pötzl/Salzwedel 2013)

Die Germanen waren geschaffen worden und wurden entsprechend beschrieben, so im Brockhaus des Jahres 1834, »mit trotzigen, blauen Augen, hochgelben Haaren, von starkem Körperbau und riesenhaftem Wuchs«.

Nach der Gründung des Deutschen Reichs 1871 floss viel Energie in die Historisierung des Germanen-Mythos. Der gebürtig englische, aber deutschsprachige Autor Houston Stewart Chamberlain (1855–1927) stilisierte *den* Germanen, respektive *den* Deutschen sogar zum Retter der Welt. Der Rest ist bekannt: Es entwickelte sich ein durch biologische und rassistische Elemente geformtes Germanenbild, das schließlich den NS-Faschismus befeuerte. Hitler teilte selbstverständlich die Germanenbegeisterung, er war davon überzeugt, dass die germanische Rasse allen anderen Rassen überlegen sei. So gab er bspw. Wandteppiche, Gobelins mit Bildern bedeutender deutscher Schlachten in Auftrag, und zu Beginn stand die Varusschlacht.

Exkurs: Die Hunnen

»Das Volk der Hunnen […] lebt im Zustand unbeschreiblicher Wildheit. Da gleich nach der Geburt in die Wangen der Kinder mit dem Messer tiefe Furchen gezogen werden, damit der zu bestimmter Zeit auftretende Bartwuchs durch die runzligen

Narben gehemmt wird [...]. Alle besitzen sie gedrungene und starke Glieder und einen muskulösen Nacken und sind so entsetzlich entstellt und gekrümmt, dass man sie für zweibeinige Bestien oder Figuren aus Blöcken halten könnte, wie sie für die Seitenbegrenzungen von Brücken roh behauen werden« (zit. n. von Rummel 2007), schrieb der römische Geschichtsschreiber des 4. Jahrhunderts Ammianus Marcellinus, vermutlich ohne je einem Hunnen begegnet zu sein.

Der Name *Hunnen* gilt als Sammelbegriff für zentralasiatische, nomadische Reitervölker, deren Herkunft und ethnische Zugehörigkeit indes unbekannt sind. Es existieren nur sehr wenige Sprachüberreste von ihnen, die eine präzise Zuordnung nicht zulassen. Einige Hypothesen gehen davon aus, dass sie eine Turksprache sprachen. Vermutlich jedoch diente der Begriff *Hunnen** für all jene Völker, für die man in der zivilisierten Welt des späten Roms keinen anderen Namen zur Verfügung hatte. Die Stilisierung der Hunnen jedoch zu Monstern scheint hauptsächlich daher zu rühren, dass die verschiedenen Geschichtsschreiber sich jeweils der Werke der anderen Schreiber bedienten. Auf diese Weise wurden und werden Mythen geboren und Monster erschaffen. In diesem Sinne beschrieb der gotische Geschichtsschreiber Jordanes († nach 552 n. Chr.) die Hunnen auf folgende Weise: »Sie hatten ein schreckliches, schwärzlich Aussehen [...] einen abscheulichen Klumpen und kein Gesicht, eher Punkte als Augen.« (zit. n. Bruhns 2013:168). Weiter sagte er diesen »Bestien auf zwei Beinen« nach, sie würden halbrohes Fleisch essen, nachdem sie es zwischen den Beinen und dem Rücken der Pferde gehalten hatten. Dem Hörensagen nach erklärte er, die Hunnen stammten von »Haliurunnae« ab, »hässlichen und kleinen« (zit. n. Bruhns 2013:170) gotischen Zauberfrauen. Sidonius Apollinaris (432–479 n. Chr) bezeichnete die Hunnen als ein Piratenvolk zu Land. Er schrieb dazu: »Ihre Hände sind furchtbar, treffsicher mit ihren Geschossen senden sie unfehlbar den Tod, in ihrer verbrecherischen Kampfwut verfehlen sie nie ihr Ziel.« (zit. n. Bruhns 2013:170 f.)

---

* Im englischen bzw. amerikanischen Sprachraum ist *The Hun* oder *Hun* seit dem Ersten Weltkrieg eine pejorative Bezeichnung für Deutsche.

Die Stämme jedoch, die als Hunnen in die Geschichte eingingen, lebten Mitte des 4. Jh. zwischen den Flüssen Don und Wolga und zogen schließlich nach Westen, wobei dies jedoch nicht unter einheitlicher Führung geschah. Ab 375/76 n. Chr. fielen sie in das Reich der Goten (Greutungen) unter Emmerich ein, dessen Kerngebiet sich zwischen den Flüssen Dnjepr und Dnjestr in der heutigen Ukraine erstreckte. Bei ihrem Vorstoß setzten sie eine neue, damals unbekannte Reiterkampftechnik ein, die es ihnen ermöglichte, binnen weniger Jahrzehnte große Teile Ost- und Südosteuropas unter ihre Kontrolle zu bringen. Bis zur Mitte des 5. Jh.s spielten sie dort eine bedeutende Rolle im politischen Geschehen und drangen bei verschiedenen Vorstößen tief in den römischen Herrschaftsbereich ein – zeitweise erhoben sie angeblich sogar Anspruch auf die Hälfte des weströmischen Territoriums. Mit dem Tod Attilas 453 n. Chr., ihres mächtigsten Anführers, und der Niederlage in der Schlacht am Nedao zerfiel ihr Reich jedoch in kürzester Zeit. Die Überlebenden der als Hunnen bekannten Stämme zerstreuten sich daraufhin. Historisch fassbar sind lediglich einige hunnische Hilfstruppen, die als Soldaten oder Söldner bis ins 6. Jh. in oströmischen Diensten standen.

Interessant ist die Herkunft des Namens ihres schrecklichen Anführers, Attila. Es gab zahlreiche Spekulationen über dessen Herkunft. So äußerte Wilhelm Grimm in diesem Zusammenhang die Vermutung, der Name entstamme der gotischen Sprache (die ja in Form der Wulfila-Bibel gut belegt ist). Danach handelt es sich bei Attila, dem »Schrecken der Welt« (Rosen 2016), um ein Diminutiv des Wortes atta (= Vater), zu Deutsch also »Väterchen« oder »kleiner Vater«. Da die Goten nach 375 n. Chr. offenbar vielfach Verbindungen mit Hunnen eingingen und in historischen Quellen Goten mit hunnischen und Hunnen mit gotischen Namen belegen, wird der gotischen Herkunft des Namens ein hohes Maß an Plausibilität eingeräumt. Trotz dieses eher anheimelnden Namens, »Väterchen, kleiner Vater«, hat man ihn dennoch stets dämonisiert; der deutsche Maler und Bildhauer Ludwig Buchhorn (1770–1856) stellte Attila 1820 in einem Kupferstich mit zwei Teufelshörnern auf dem Kopf dar.

Diese Reitervölker oder Hunnen waren Analphabeten. Sie konnten sich selbst nur in mündlicher Überlieferung an die Nachwelt weitergeben und also gingen alle Berichte über sich selbst mit ihnen unter. Es blieben die anderen, die Auskunft über sie gaben und die in ihnen lediglich wilde Barbaren sahen – eine existenzielle Bedrohung der zivilisierten Welt, aus denen man die Monster machen konnte, die gerade passten.

Urgermanisch

Als rekonstruierte Sprache und Vorläuferin aller germanischen Sprachen, zu denen heute neben anderen Deutsch, Englisch, Niederländisch und Schwedisch gehören, bleibt das Urgermanische eine Hypothese, denn ebenso wie beim Indoeuropäischen gibt es keine schriftlichen Artefakte bzw. Belege. Diese Vorstufe der deutschen Sprache wurde als eine der Fortsetzungen des Indoeuropäischen aus den bekannten und durch Textzeugnisse belegten frühesten altgermanischen Einzelsprachen rekonstruiert sowie durch vergleichende Studien mit den anderen Zweigen des Indoeuropäischen. Das Urgermanische wird zeitlich zwischen dem 5. Jh. v. Chr. und der Zeitenwende verortet.

Die Trennung vom Indoeuropäischen vollzog sich durch einen durchgängigen Wandel bestimmter Konsonanten und Vokale. Da diese Lautwandel nur aus dem Vergleich von frühen germanischen und nichtgermanischen Zeugnissen feststellbar sind, bleibt eine zeitliche Einordnung schwierig. Man vermutet jedoch, dass sie sich bereits ab dem zweiten Jahrtausend vor Beginn unserer Zeitrechnung zu vollziehen begannen. Das Warum des Wandels, den die Junggrammatiker noch als ausnahmslos und quasi naturgesetzlichen Vorgang betrachteten, der sich zudem losgelöst von den Sprechern vollzog, muss mit sprachlicher Mischung oder Analogiebildung bei der Unterwerfung fremder Völker bzw. der allmählichen Genese von Völkern erklärt werden. Es ist einleuchtend, dass eine Sprache aus dem Mund eines Fremden durch dessen Muttersprache gefärbt sein muss, außerdem müssen sich für den Wandel bereits im Indoeuropäischen vorhandene

dialektale Unterschiede mit der Nordwestwanderung der Germanen bemerkbar gemacht haben. Die Wandlungen, die zur Konstituierung des Germanischen führten, sind die folgenden:
- Erste oder Germanische Lautverschiebung, die alle plosiven Konsonanten betraf
- Eine Reihe von Vokalverschiebungen
- Fixierung des Akzents auf der Stammsilbe eines Wortes
- Große Reduktion der Formen in Konjugation und Deklination.
- Entwicklung einer zweiten oder »schwachen« Adjektivdeklination
- Entwicklung »schwacher« Verben

Es ist nicht klar, wie lange diese Wandel bis zu ihrer Vollendung brauchten und nicht alle waren abgeschlossen, als sich die germanischen Sprachen weiter teilten. Man geht jedoch davon aus, dass die Erste Lautverschiebung um 500 v. Chr. begann und etwa im 1. Jh. v. Chr. abgeschlossen war. In jedem Fall vollzog sich dieser Prozess, bevor die germanischen Stämme in andauernden Kontakt mit den Römern traten. Man kann sich dieser Zeitspanne relativ sicher sein, weil keines der Lehnwörter aus dem Lateinischen im Germanischen je von diesem Wandel betroffen war.

Substrattheorie

Gemäß dieser Theorie ist der sprachliche Wandel auf Sprachaustausch bzw. Sprachübertragung zurückzuführen. Durch Sprachkontakt und Sprachmischung wird die Sprache eines z. B. durch kriegerische Auseinandersetzungen unterlegenen Volkes (lat. *sub-* = unter, *stratum* = Schicht) von der Sprache der Eroberer oder Sieger überlagert und damit durchsetzt. Gleichzeitig wirkt die Sprache der Unterlegenen auf die Sprache der dominierenden Gruppe zurück und beeinflusst sie.

Die Erste Lautverschiebung

Der Ausdruck Lautverschiebung beruht auf der Annahme, dass bestimmte Konsonantengruppen beim Übergang vom Indoeuropäischen zum Urgermanischen wechselseitig die Plätze getauscht, sich »verschoben« haben. Als auffälligster Wandel vom Indoeuropäischen zum Germanischen gilt der Konsonantenwechsel, den Jacob Grimm (1785–1863) definierte. Man nennt diesen Wandel, bei dem die indoeuropäischen Verschlusslaute betroffen sind bzw. Veränderungen erfahren, die Erste Germanische Lautverschiebung oder Grimmsches Gesetz: die stimmlosen Verschlusslaute (Tenues) **p, t, k** und die stimmhaften behauchten Verschlusslaute **ph, th, kh** werden zu den stimmlosen Reibelauten (Spiranten oder Frikativen) **f, þ, x**, z. B.:

- griech. *treīs*, got. *Þreis* (**Þ** wird wie das stimmlose engl. **th** gesprochen) – nhd. *drei*
- lat. *pater*, got. *Fadar* – nhd. *Vater*
- lat. *pisci* – nhd. *Fisch*
- lat. *cornu* – nhd. *Horn*

Es gibt jedoch Ausnahmen von dieser Regel:

Stimmlose Verschlusslaute ändern sich nicht nach Frikativen (Reibelauten) und in **sp, st, sk** bleiben **p, t, k** auch im Germanischen erhalten:

- lat. *spuere*, got. *speiwan* – nhd. *speien*
- lat. *hostis* (Feind, eigentlich Fremdling), got. *gasts* (Fremdling, Gast) – nhd. *Gast*
- lat. *miscēre*, ags. *miscian*, ahd. *miskan* – nhd. *mischen*

Auch bleibt das **t** nach **p** und **k** unverschoben, z. B.:

- lat. *Octo*, got. *Ahtau*, ahd. *Ahto* – nhd. *Acht*
- lat. *neptis*, ahd. *Nift* – nhd. *Enkelin*

Die stimmhaften Verschlusslaute (Mediae) **b, d, g** werden zu den stimmlosen Verschlusslauten **p, t, k**, z. B.:

- griech. *Baita* (Lederrock), got. *Paida* (Rock)
- lat. *decem*, engl. *ten* – nhd. *Zehn*
- lat. *genu*, dt. *Knie* – nhd. *Knie*

Die stimmhaften behauchten Verschlusslaute (Aspiranten) **bh, dh, gh** werden zu den stimmhaften Reibelauten (Spiranten) **b, đ, g**, die später größtenteils zu **b, d, g** werden, z. B.:

- altind. *bhrātar-*, griech. *phrātōr*, lat. *frāter*, got. *brōthar*, engl. *brother* – nhd. *Bruder*

- altind. *dvárah* (Nom. Pl.), griech. *thýrā*, lat. *fores* (Pl.), got. *daúrōns* (Pl.), ags. *duru*, engl. *door* – nhd. *Tür*
- griech. *khórtos*, lat. *hortus*, got. *gards* (Haus, Familie, Hof), as. *gardo*, engl. *garden* – nhd. *Garten*

Als systematisierte Regel kann gelten:

i. e.	**T**	germ.	**A**
i. e.	**A**	germ.	**M**
i. e.	**M**	germ.	**T**

p, t, k = T / bh, dh, gh = A / b, d, g = M

(A = Aspiranten; M = Media; T = Tenues)

Das Vernersche Gesetz

Der dänische Sprachwissenschaftler Karl Verner formulierte 1875 eine Ausnahme der Ersten Lautverschiebung, die in der Gruppe der Junggrammatiker als Vernersches Gesetz postuliert wurde. Nach diesem Gesetz werden die nach der Ersten Lautverschiebung im Germanischen vorhandenen stimmlosen Frikative (Reibelaute) in einer stimmhaften Umgebung ebenfalls stimmhaft, wenn sie nicht unmittelbar auf einen Akzent folgen. Vgl: *Schnitt* aber *schneiden*, *Nerv* aber *nervös*.
Also wurden **f, þ, x, s** zu **b, d, g, z**; z. B.:
griech. *patér* (Akzent auf dem **e**), got. *fadar* – nhd. *Vater*
aber:
altind. *bhrātar-* (Akzent auf dem ersten **a**), got. *Brōthar* – nhd. *Bruder*

Der veränderte Luftdruck, bedingt durch die jeweilige Position des Akzents erklärt diesen Wandel auch physiologisch. Jacob Grimm hatte dieses Phänomen nicht schlüssig erklären können und es »Grammatischen Wechsel« genannt (von griech. *gramma* = Buchstabe), also Buchstabenwechsel. Als Fremdwort an sich ein eher irreführender Begriff!

Ein gutes Beispiel dieses Akzentwechsels und seiner Auswirkungen auf die Stimmhaftigkeit des Reibelauts, das noch heute im

Deutschen beobachtet werden kann, ist der Wechsel von *Hannover* zu *Hannoveraner*. Durch den Akzentwechsel wird der Reibelaut in der Bezeichnung für die Bewohner der Stadt Hannover (mit stimmlosem v = Reibelaut) stimmhaft.

Besondere Auswirkungen hatte das Vernersche Gesetz auch auf die Partizipformen der starken Verben.

Änderung der Akzentverhältnisse

Im Indoeuropäischen konnte je nach Länge des Wortes jede Silbe die Betonung tragen, denn der Wortakzent war frei. Die Flexibilität der Betonung zeigt sich am lat. *Róma, Románus, Romanórum, Romanorúmque*. Dies wurde zugunsten der Initialbetonung (Anfangsbetonung), wo sich meist auch die Wurzelsilbe befand, aufgegeben (Eine Ausnahme ist z. B. Úrlaub, weil dieses Wort zur Zeit der Änderung schon gebildet war). Diese Entwicklung war nach Meinung vieler Linguisten weit folgenschwerer als die Konsonantenverschiebungen, denn sie führte in der Entwicklung der Sprache zur Änderung des Lautbestands und darüber hinaus zu einer Reduzierung der Wortendungen und damit morphologisch (zur Definition von Morphologie, morphologisch s. S. 210) wichtiger Teile der Wörter, die die grammatische Funktion anzeigen, wie Flexions- oder Pluralendungen. Durch dieses »Abschleifen« der Endungen änderte sich der gesamte Bau der Sprache selbst. Allmählich ging die synthetische Struktur verloren, in der die grammatische Funktion jedes einzelnen Wortes sichtbar gemacht wurde, und eine analytische Struktur (s. Definition analytisch vs. synthetisch S. 216 f.) gewann langsam die Oberhand. Allerdings trat diese Akzentverschiebung nicht gleichzeitig mit der Ersten Lautverschiebung auf und so sollte es noch bis ins Mittelalter und in die Neuzeit dauern, bis dieser Wechsel seine volle Wirkung zeigte.

Exkurs: Englisch vs. Deutsch! Warum das Deutsche verschiedene Artikel hat, während das Englische mit nur einem auskommt

Das Althochdeutsche hat insgesamt und seiner Funktion nach vierundzwanzig Artikel: jeweils Nominativ, Akkusativ, Genitiv, Dativ (die vier Fälle) für Maskulinum, Femininum, Neutrum in Singular und Plural. Übrig geblieben sind im Neuhochdeutschen noch die folgenden Formen der bestimmten Artikel: der, die, das, des, dem, den. Es reicht also heute die relativ begrenzte Menge von sechs Formen, um die vierundzwanzig Funktionen des bestimmten Artikels im Deutschen eindeutig anzuzeigen. Das Englische im Gegenzug verfügt lediglich über eine einzige Form des bestimmten Artikels: *the*.

Beispiel: Der Mann streichelt den Hund.
              The man caresses the dog.

Durch seine noch relativ intakte Deklination hat die deutsche Hochsprache eine größtmögliche Flexibilität im Satzbau, denn auch alle folgenden Formen dieses Beispielsatzes sind korrekt:
              Streichelt der Mann den Hund?
              Streichelt den Hund der Mann?
              Der Mann den Hund streichelt.
              Den Hund der Mann streichelt.
              Den Hund streichelt der Mann.

Diese große Freiheit in der Wortstellung verdankt das Deutsche seiner synthetischen Struktur, d. h. der klaren Markierung, dass der Nominativ (*der*) den Handelnden anzeigt, während der Akkusativ (*den*) den Empfänger dieser Handlung benennt. Weil diese Markierungen intakt sind, ist die Position im Satz gleichgültig.

Verändert man im Englischen den Satzbau, verändert man zwangsläufig die Bedeutung des Satzes, z. B.:
              The dog caresses the man.

Denn nun ist es nicht mehr der Mann, der etwas tut (streicheln), sondern es ist der Hund. Im Englischen gilt durch den starren Satzbau Subjekt, Prädikat, Objekt (S P O), dass immer der, der in erster Position steht, der Handelnde ist, während das Objekt (an letzter Stelle) immer empfängt (hier: gestreichelt wird). Das Englische, das nicht mehr über intakte Deklinationsformen verfügt, muss zum Zwecke der Eindeutigkeit zu einem analytischen Mittel greifen.

Das Deutsche ist allerdings besonders in der Pressesprache auf dem Weg zu dieser (englischen) Situation, die durch den Wegfall der Artikel das Verstehen nicht eindeutig macht:

»Mutter gleitet Baby aus dem Arm.«
Wer gleitet? Die Mutter oder das Baby?

»Verkehrstod Kampf angesagt.«
Der Kampf dem Verkehrstod? Der Verkehrstod dem Kampf? Dem Verkehrstod den Kampf? Und überhaupt: Von wem?

Die Bildung der schwachen Verben im Germanischen

Jacob Grimm wählte den Ausdruck *schwache Verben* und *starke Verben* als formale Klassifizierung nach dem Muster der Konjugationsformen. Grimm wollte damit ausdrücken, dass ein starkes Verb »aus eigener Kraft« in der Lage war, seine Präteritumform durch eine Veränderung der Wurzel zu bilden (singen, sang; riechen, roch; etc.). Im Gegensatz dazu benötigen die schwachen Verben ein formales Element zur Markierung des Präteritums, als Zusatzelement dient das Suffix *-te* (sagen, sagte; nähen, nähte; etc.). Aus sprachgeschichtlicher Sicht sind die starken Verben die älteren, während die schwachen Verben eine germanische Neubildung darstellen und vielfach aus den Stammformen der starken Verben abgeleitet oder Ableitungen aus anderen Wörtern sind.

Als Ableitungen bedienen sie sich des *-te* (germ. *-de*), um das Präteritum zu markieren. Dieses *-te* ist vermutlich ein Überbleibsel von ahd. *tuon*, dt. *tun*, i. e. **dhe*. Da diese Verben als solche gekennzeichnet werden mussten, wurde ihr **Tun** durch dieses Verb gekennzeichnet, wie es z. B. im Türkischen bei entlehnten Verben oft durch das Verb *yapmak* (machen, tun) geschieht.

Im Vergleich zu früheren Stadien der deutschen Sprache gibt es im Neuhochdeutschen relativ wenige aktive starke Verben, Augst (1975) nannte ca. 160 starke Verben, deren Menge aber heute, fast fünfzig Jahre später, weiter abgenommen hat. Tendenziell nehmen sie zugunsten der schwachen Verben weiterhin ab. Heute sind nur noch die schwachen Verben produktiv, d. h. sie sind es, die Neubildungen schaffen und alle Lehnwörter (Wortübertragungen, Wortübersetzungen, etc.) werden automatisch schwach. Darüber hinaus sind viele ehemals starke Verben heute schwach, z. B. *backen, nagen, bellen, jäten, kreischen, schmerzen,* und den Sprechern sind die starken Formen nicht mehr geläufig oder es koexistieren starke und schwache Formen wie in *glimmen* (glomm vs. glimmte); *schaffen* (schuf vs. schaffte); *backen* (buk vs. backte).

Die Präterito-Präsensverben

Es gibt eine weitere Gruppe von Verben – ebenfalls bis heute erhalten –, die präteritale Flexionsformen in präsentischer Bedeutung und die neu gebildeten schwachen Präteritumformen, die sogenannten Präterito-Präsensverben (Gegenwart durch Vergangenheit): *dürfen, können, mögen, müssen, sollen, wissen, wollen.* Das Gotische kannte noch elf, das Althochdeutsche schon nur noch neun dieser ursprünglich starken Verben. Sie sind älter als die schwachen Verben, wahrscheinlich sogar aus dem Indoeuropäischen überliefert, denn Vieles spricht dafür, dass es sich dabei nicht um unvollständige grammatische Formen – wie man eine Zeit lang annahm –, sondern um tatsächliche Bildung in dieser Art handelt. Formen wie griech. *óida* (ich habe gesehen = ich weiß), ist lat. *vidi* (ich habe gesehen), ahd. *ich weiz* und nhd. *ich weiß,* sind etymologische, semantische und morphologische Entsprechungen. Das verlorene Präteritum wird hier analog zum schwachen Präteritum neu gebildet. Diese Verben zeichnen sich durch zwei Gemeinsamkeiten aus:

a) 1. und 3. Pers. Sing. Präsens sind endungslos (*ich/er darf, kann, weiß* etc.); und

b) unterscheidbare Vokale in Sing. und Plur. Präsens (ehemals Präteritum) (*ich darf, wir dürfen; ich kann, wir können; ich weiß, wir wissen* etc.)

Von diesen Verben gibt es nur eine kleine Zahl, aber sie werden sehr häufig verwendet, und es mag daran liegen, dass sie ihre unregelmäßig scheinenden Formen bis heute behalten haben. Darüber hinaus bekommen sie durch ihre Verwendung als modale Hilfsverben eine spezifische Funktion, die sie unerlässlich für die Sprache macht, wodurch ihre Anwendungshäufigkeit sehr hoch liegt.

Das Verbalsystem reduziert sich

Im Verhältnis zum Germanischen verfügte das Indoeuropäische noch über sechs grammatische Zeiten (Tempora). Die Frage, warum es im Germanischen nur noch zwei Tempora gab, nämlich das Präsens, das gleichzeitig auch als Futur diente, und das Präteritum, das alle Vergangenheitsformen einschloss, ist schwer zu beantworten. Am einleuchtendsten ist es, den Grund in der fehlenden Notwendigkeit dafür zu sehen. Die Lebensumstände der Sprecher und ihre Art, die Welt zu sehen und zu begreifen, müssen Ursache für diesen Schwund gewesen sein. Auch andere verbale Kategorien gingen im Germanischen verloren, sie wurden auf Indikativ, Optativ und einen unvollständigen Imperativ beschränkt. Erst in späteren Zeiten bildeten sich zusätzliche, auf analytische Weise gebaute Zeitenformen mit *haben* und *sein* heraus.

Entwicklung der Nomina

Ebenso wie die Konjugation bei den Verben erfuhr auch die Deklination im Germanischen eine umfangreiche Reduktion bei gleichzeitiger Beibehaltung der indoeuropäischen Wortstruktur, bestehend aus Stamm, Themazeichen und Flexionsendung. Aber auch hier machte sich, wie weiter oben beschrieben, durch die

Akzentverschiebung auf den Wortanfang neben anderen Phänomenen die sogenannte Auslautverhärtung bemerkbar. Ebenso änderten sich die Themavokale im Falle der aus dem Lateinischen bekannten Deklinationsklassen, so wurde aus der i. e. o-Deklination die germ. a-Deklination und aus der i. e. â-Deklination die germ. ô-Deklination. Alle anderen (i-, u- und n-Deklination) blieben gleich. Weiterhin kam es zu einer Reduzierung auf vier Fälle: Nominativ, Akkusativ, Genitiv, Dativ – der Ablativ oder Instrumentalis fiel weg.

Wie das Germanische sich gliederte und zu Deutsch wurde

Es muss noch einmal darauf hingewiesen werden, dass Germanisch, Ur- oder auch Gemeingermanisch nur theoretische, d. h. angenommene Stufen der deutschen Sprache sind, die eine Trennung vom Indoeuropäischen markieren. Es gibt aus dieser Zeit außer einzelnen Wörtern bei Cäsar oder Tacitus keine Belege. Die Ausnahme bildet ein 1812 nordöstlich von Maribor, in der Nähe von Negau, Slowenien, gemachter archäologischer Fund von 26 Bronzehelmen aus dem 3. oder 2. Jh. v. Chr. Einer dieser Helme, der sogenannte Negauer Helm B, trägt die germanische Inschrift »harigastiteiwa«. Es handelt sich somit um das einzige germanische Sprachdenkmal vor der Zeitenwende – Aufschluss bietet diese Inschrift indes nicht. Robert Nedoma (* 1961) vermutet, dass es sich um einen germanischen Doppelnamen handelt, dass also der Text, der überdies an unspektakulärer Stelle angebracht ist, nichts weiter als eine Version der germanisch gebräuchlichen Doppelnamigkeit ist und den Besitzer oder einen Träger des Helms ausweist.

Durch spätere umfangreiche Sprachfunde in unserer Zeitrechnung (n. Chr.) kann man darauf schließen, dass schon früh erhebliche Unterschiede zwischen den einzelnen Sprachen bestanden haben müssen, es sich also nie um eine homogene Sprache handelte. Grundsätzlich teilt man das Germanische in drei Gruppen:

- **Ostgermanisch** ist die Variante, die jene Völker wie Burgunden, Gepiden, Goten, Heruler, Rugier und Wandalen umfasst, deren älteste bekannte Siedlungsgebiete östlich der Oder verortet werden. Alle Sprachen dieses Zweigs sind ausgestorben. Lediglich das Gotische ist in ausreichend schriftlicher Form überliefert.
- **Nordgermanisch** bezeichnet die Sprachen des nördlichen Europas wie Dänisch, Färörisch, Isländisch, Norwegisch, Schwedisch (Wer hier Finnisch vermutet, muss bedenken, dass es sich dabei nicht um eine Indoeuropäische Sprache handelt).
- **Westgermanisch** umfasst das Deutsche (Ober-, Mittel-, Niederdeutsche), Englische, Friesische und Niederfränkische (Niederländisch und Flämisch).

Diese hier angebotene Gliederung wird von verschiedenen Wissenschaftlern noch differenziert bzw. in weitere Gruppen unterteilt. Da es aber hier um eine Gliederung des Germanischen im Hinblick auf das Deutsche geht, soll die genannte Aufteilung als verbindlich gelten. Man geht davon aus, dass nach dem Abwandern der Angelsachsen nach Britannien ab dem 5. Jahrhundert n. Chr. Prozesse zwischen dem Nordseegermanischen (Sächsisch), dem Weser-Rhein-Germanischen und dem Elbgermanischen (später Oberdeutsch) einsetzten, die sich innerhalb des Althochdeutschen in den dort repräsentierten verschiedenen Dialekten spiegelten, aber eine erste (weitgehend) einheitliche deutsche Sprache schufen.

Exkurs: Das Wort *deutsch*

»Diutischin sprechin, Diutischin liute, in Diutischemi lande« – Diese Zeile aus dem Annolied, das zwischen 1077 und 1081 vermutlich von einem Mönch im Kloster Siegburg verfasst wurde, behandelt in 878 Versen das Leben und Wirken Annos II., der von 1056 bis 1075 Erzbischof von Köln war. Dies ist die erste Quelle, in der *diutisc*, deutsch, auf Sprache, Volk und Land gleichzeitig angewendet wird. Vorher hatten weder Sprache noch Land oder Leute eine echte und gebräuchliche Bezeichnung.

Erstmals taucht das Wort in lateinischer Form 786 auf, als der päpstliche Botschafter Georg von Ostia Papst Hadrian I.

die Berichte von zwei Synoden in England vorlegt. Alle dort gefassten Beschlüsse sollten in Latein, der Sprache der Kirche, und in der Sprache des Volkes vorgetragen werden, *latine et theodisce*, damit sie allseits verstanden werden konnten. Belege für dieses lateinische Wort *theodiscus* sind im Mittellateinischen des 9. Jh.s häufig. Wörtlich übersetzt ist es das gelehrte Wort für *gentilis*, völkisch, heidnisch und stammt vom germanischen *Þeudô*, Volk (an dieses Wort wird noch die Adjektivendung *-iska* gehängt, was dem neuhochdeutschen *-isch* entspricht). Zunächst noch bezeichnete dieser Ausdruck aber nichts weiter als eben die germanische Volkssprache im Gegensatz zum Lateinischen. Sie wurde in den folgenden Jahrhunderten nur sehr selten verwendet und immer nur für die Sprache, nie für Land oder Volk. Ebenfalls war im 9. Jh. das althochdeutsche Wort *frenkisg* (*fränkisch*) für die Sprache gebräuchlich. Erst als die romanisch sprechenden Franken im Westreich dieses Wort für sich selbst verwendeten, setzte man **theodisc* als Kontrast bzw. Markierung für die andere Sprache dagegen. Gleichzeitig blieb das althochdeutsche Wort germanischen Ursprungs *diutisc* selten in seiner Verwendung. Es dauerte einige Jahrhunderte, bis es sich durchsetzen konnte – dies aber immer nur bezogen auf die Sprache. Mit dem umfassenden Bezug auf das Land und die Bevölkerung kam es erst im eingangs zitierten Annolied voll zum Einsatz. Im Ostfränkischen bezeichnete man die Sprache als *thiotisk*, abgeleitet vom ahd. *thiot*, Volk – eben *Sprache des Volks*. Noch zum Ende des 9. Jh.s erschien parallel dazu ein aus dem Lateinischen stammender Konkurrent von *theodiscus*: *teutonicus, Teutoni*, der aber zur Zeit des Annolieds um 1050 zum letzten Mal belegt werden kann. Im Mittelhochdeutschen wandelte es sich zu *tiutsch* oder *diutsch*, woraus schließlich *deutsch* wurde.

Der Name für »die Deutschen« in den anderen Sprachen leitet sich jeweils von dem Wort ab, das in dem germanischen Stamm verwendet wurde, mit dem das jeweilige Volk/die jeweilige Sprache zuerst Kontakt hatte. So wurde aus dem im Süden gebräuchlichen *alemant* (heute noch *Alemannen*) franz. *Allemagne* oder span. *Alemania*. Aus *germanen* wurde ital. *Germania*, engl. *Germany*, griech. Γερμανία oder russ. Германия. Aus *teutschen* (*diutisk, theodisk, tuitsch, duitsch* etc.) wurde schwed./dän. *Tyskland* und niederl. *Duitsland* (sprich: *deutsland*). Manche Sprachen verwenden verschiedene Wortursprünge für unterschiedliche Inhalte. In Italien bezeichnet man das Land als *Germania*, nennt aber seine Bewohner *tedesco*. Im Russischen hingegen ist der Begriff *Germanija* für den Staat aber *nemez* für die Bevölkerung gebräuchlich. Dieses letztere Wort für die Deutschen leitet sich aus dem Tschechischen *nemec*, der Stumme, her. Man geht davon aus, dass im Mittelalter deutsche Stämme in tschechischen Gebieten lebten. Die slawische Bevölkerung verstand sie ebenso wenig wie die deutschen Stämme die Slawen nicht verstanden. Da sie somit an den Gesprächen zwischen den Slawen nicht teilnehmen konnten, betrachtete man sie als Stumme. Diese ursprünglich tschechische Bezeichnung setzte sich dann im gesamten slawischen Sprachraum durch. Auch das Ungarische, das ja keine indoeuropäische Sprache ist, hat das Wort als Lehnwort eingeführt und übernommen. So heißt es tschech. *němec*, ungar. *német*, serb. *nemački* und eben russ. *nemez*.

Eine weitere interessante Besonderheit, ist im »Land der aufgehenden Sonne« zu finden. Das japanische Wort für Deutschland *Doitsu* ist eine Entlehnung aus dem Niederländischen. Dies ist auf den Umstand zurückzuführen, dass die Niederländer die einzigen Europäer waren, denen die japanische Regierung während der über 250 Jahre andauernden Isolierung des Landes von der Außenwelt eine Handelsniederlassung auf der Insel Deshima zugestanden hatte.

Gotisch

Gotisch war vermutlich die gemeinsame Sprache von ost-(ostro-) und west-(wisi-)gotischen Stämmen, die in Südskandinavien ansässig waren und um die Zeitenwende nach Süden an die Weichselmündung zogen. Ab 200 n. Chr. wanderten sie weiter in das Gebiet der südlichen Ukraine, wo sie eine eigene Herrschaft errichteten. Nach dem Einfall der Hunnen 375 n. Chr. und dem Untergang ihres Reichs, kam es zu einer Aufspaltung in Ost- und Westgoten. Letztere drangen ein Jahr später über die Donau und schlugen die Römer bei Adrianopel. Dabei fiel auch der oströmische Kaiser Valens. Es folgte ihr Zug nach Italien und die

Plünderung Roms unter König Alarich I. sowie ihre Ansiedlung als Foederaten im heutigen Südfrankreich, wo es zu einer neuerlichen Reichsbildung kam.

Die gotische Bibelübersetzung des westgotischen Missionsbischofs Wulfila (311–383 n. Chr.) ist das früheste Dokument germanischer Sprachen. Erhalten ist es in Fragmenten im kostbaren *Codex Argenteus*. Als Sprache weist das Gotische bereits einige Abweichungen vom rekonstruierten Germanisch auf, aber es bleibt das wichtigste Zeugnis für die Entwicklung der deutschen Sprache nach der Ersten und Zweiten Lautverschiebung. Grammatisch umfasst das Gotische fünf Fälle (Nominativ, Akkusativ, Genitiv, Dativ und Vokativ), zwei Zeiten (Vergangenheit und Nicht-Vergangenheit) und drei Numeri (Singular, Plural und Dual, um die Paarigkeit des Subjekts auszudrücken). Der Dual ist einzig noch im heutigen Bairischen in der Form *enk* (euch), auch in *enker* (euer) erhalten.

Pfiad's enk! – (Führe euch! Behüt euch!) im Sinne von »Auf Wiedersehen«.

Krimgotisch, eine ausgestorbene Inselsprache

Durch die Wanderung der Goten in das Gebiet der heutigen Ukraine gibt es schon aus dem Jahr 258 n. Chr. Zeugnisse von gotischen Siedlern auf der Halbinsel Krim am Schwarzen Meer. Diese »Gothi« werden noch im Mittelalter erwähnt. Als im 16. Jh. Kaufleute aus Nürnberg an die Küsten der Krim verschlagen wurden, begegneten sie einem jungen Mann, mit dem sie sich auf Deutsch unterhalten konnten. Aus der gleichen Zeit, 1562, liegt der Bericht Ogier Ghislain de Busbecqs (1522–1592) vor, eines Gesandten am kaiserlichen Hof in Konstantinopel, in dem Wörter und Wendungen aus dieser, später Krimgotisch genannten Sprache, aufgezeichnet sind. Bis zum 18. Jh. wurde das Gotische jedoch vom Tartarischen verdrängt. Das vorliegende Material ist nicht ausreichend, um Rückschlüsse auf spätere phonologische Veränderungen des Gotischen zu ziehen. Es dient einzig dazu, um zu zeigen, dass dort Gotisch tatsächlich als Inselsprache, d. h. losgelöst von Raum und Zeit anderer Sprecher, überlebt hat.

Wulfila (griech. *ulfilas*; 311–383 n. Chr., Diminutivform von got. *wulfs*, Wolf) stammte als Arianer von kappadokischen Christen ab und kam um das Jahr 337 n. Chr. nach Konstantinopel, wo er ca. 341 n. Chr. zum Missionsbischof für die Goten geweiht wurde. Als er nach siebenjähriger Tätigkeit zusammen mit seiner Gemeinde vertrieben wurde, suchte er Zuflucht im Römischen Reich. Seine herausragende Leistung war neben der Bibelübersetzung aus dem Griechischen ins Gotische, dass er für deren Niederschrift eine von ihm eigens aus germanischen Runenzeichen und griechischen Buchstaben entwickelte Schrift verwendete. Dieses älteste schriftliche Denkmal einer germanischen Sprache ist einzigartig. Weitere spätere Textdenkmäler stammen fast alle aus Italien, wo die Ostgoten unter Theoderich (* 526 n. Chr.) um das Jahr 500 n. Chr. ein eigenes Reich errichteten. Es finden sich Zeugnisse des Gotischen in zahlreichen Namen, in einer Verkaufsurkunde aus Ravenna, dem Bruchstück eines gotischen Kalenders, der sogenannten *Skeireins,* und in schriftlichen Deutungen des Johannesevangeliums. In Osteuropa finden sich überdies einige wenige Runeninschriften.

Während Renovierungsarbeiten in der Afra-Kapelle des Speyerer Doms wurde 1970 das letzte Blatt des *Codex Argenteus* entdeckt. Es enthält das Ende des Markus-Evangeliums und beschreibt den auferstandenen Jesus und dessen Himmelfahrt. Ursprünglich bestand die Wulfila-Bibel aus 336 Blättern, von denen 149 verloren gingen. Das Faksimile des Speyerer Blatts ist in der Domschatzkammer im Historischen Museum der Pfalz in Speyer zu sehen. Alle anderen Blätter befinden sich in Uppsala.

Exkurs: Entwicklung der Schrift

Schrift ist ein System graphischer Zeichen zur Aufzeichnung gesprochener Sprache. Dieses System wurde konventionalisiert und standardisiert, um innerhalb einer bestimmten Sprachgemeinschaft benutzt werden zu können. Die Schrift wurde schon sehr früh in der Geschichte der Menschheit entwickelt und benutzt. In vorschriftlichen Gesellschaften aber dominierte das Ohr und Völker ohne Schrift hatten bzw. haben normalerweise ein genaues und fähiges Erinnerungsvermögen. Reime – auch jene gewaltiger Werke wie Homers Odyssee – halfen der Erinnerung und der Geschichtenerzähler war in der Lage, ein solches Werk vorzutragen, denn er konnte es nur erinnern, solange es sich reimte. »Bis zur Erfindung der Schrift lebte der Mensch in einem grenzenlosen, richtungslosen und horizontlosen Raum, in einer Welt von

Gefühlen, ursprünglichen Intuitionen und Angst.« (McLuhan 1967:46) Das Alphabet verdrängt das Ohr zu Gunsten des Auges. »Der Mensch bekam ein Auge für ein Ohr«, schrieb Marshall McLuhan. Der Federkiel beendete das Gerede und mit ihm begann der Kreislauf der Zivilisation, der Schritt aus dem Dunkel ins Licht des Geistes. Über die Schrift schrieb Platon in seinem berühmten Werk »Gastmahl«:

> »Als er aber auf die Schrift kam, da rief Theut, der Gott, gleich: ›König, wenn deine Ägypter die Schrift lernen, dann werden sie weiser sein und ein besseres Gedächtnis haben. Mit der Schrift habe ich ein Mittel für beides gefunden: für die Weisheit und das Gedächtnis. Denke!‹ Der König erwiderte: ›O du überaus kluger Theut, eine Kunst erfinden und den Nutzen und Schaden berechnen, die aus der Kunst für denjenigen entspringen, der sie üben will, das ist nicht dasselbe! Du bist der Vater der Schrift, aber aus Liebe zu deinem Kinde erwartest du von ihm gerade das Gegenteil dessen, was dieses geben kann. Wer die Schrift gelernt haben wird, in dessen Seele wird zugleich mit ihr viel Vergesslichkeit kommen, denn er wird das Gedächtnis vernachlässigen. Im Vertrauen auf die Schrift werden sich von nun an die Menschen an fremden Zeichen und nicht mehr aus sich selbst erinnern. Theut, du hast ein Mittel für die Erinnerung und nicht für das Gedächtnis gefunden. Theut, du bringst deinen Schülern den Schein einer großen Weisheit und nicht die Wahrheit. Deine Menschen werden jetzt viel, sehr viel lernen, aber alles ohne zugleich darüber eigentlich belehrt zu werden; die Menschen werden jetzt viel zu wissen meinen, während sie nichts, nichts wissen. Theut, und du beschwörst uns damit ein lästiges, geschwätziges Geschlecht, ein Geschlecht von Scheinweisen, ein Geschlecht, das kein wahres Wissen mehr hat.‹«

König Thamos war ein Mensch der Macht und als solcher musste er die Schrift ablehnen, denn er erkannte, dass der lesende Mensch sich zurückziehen, dass er die Masse verlassen kann, dass jeder, der das neue Medium beherrscht, inspirieren, aber auch konspirieren kann.

Mit den kulturhistorischen Mitteln, die den Schreibern zur Verfügung standen, veränderten sich im Lauf der Geschichte die Mittel zum Schreiben, das Material, das beschrieben wurde und, vor allem, die Schrift selbst. Waren die ersten Untergründe Felswände und die ersten Malinstrumente Kohlestücke, die schon im 15. Jh. vor der Zeitrechnung entstanden, wurden daraus später Ton- oder Wachstafeln, Leder, Knochen, Pergament und Papier. Erste Schreibwerkzeuge dienten zum Ritzen, spätere zum *Be*schreiben mittels Farben und Tinten. Solange die Kommunikation auf die Gemeinschaft eines Stammes im überschaubaren Raum beschränkt blieb, reichte das gesprochene Wort aus. Sobald aber die Notwendigkeit erwuchs, historische, wirtschaftliche oder Verwaltungsdaten zu bewahren und diese über weite Entfernung zu kommunizieren, mussten Mittel gefunden werden, um das leicht vergängliche, gesprochene Wort zu fixieren. Bilderschriften waren die ersten Schriften, aus denen sich schon bald eine Wort- und Silbenschrift entwickelte, denn die Aufgabe von Schrift ist einerseits, die lautliche (phonetische) Wirklichkeit zu spiegeln, andererseits die Einheiten zu systematisieren, die bedeutungstragend sind (Morphologie). Die frühesten Schriftzeichen dienten allerdings weniger für die genannten Zwecke, sondern primitiven Religionsvorstellungen und waren immer stark mit magischen bzw. mystischen Bedeutungsinhalten verbunden. Das Phänomen Schrift entwickelte sich parallel bei verschiedenen Völkern auf der ganzen Welt: bei den Ägyptern, den Chinesen, den Sumerern und den Mayas in Mexiko.

Die älteste noch heute im Gebrauch befindliche Schrift ist die chinesische; sie ist seit dem zweiten vorchristlichen Jahrtausend belegt. Eine andere Schrift, die sich ebenfalls über viele Jahrtausende gehalten hat, ist die ägyptische Hieroglyphenschrift (aus griech. *hieros*, heilig, und *glyptos*, in Stein geschnitten). Sie hat ihre Ursprünge im dritten Jahrtausend und blieb bis ins 3./4. Jh. n. Chr. unverändert. Die Hieroglyphen-Schrift ist eine Bilderschrift, die auf Monumente geschrieben wurde. Als man die Mittel besaß, um auf Papyrus zu schreiben, veränderte sie sich zur hieratischen und, in einer noch vereinfachteren Form, zur demotischen Schrift. Alle drei Formen koexistierten in Ägypten für lange Zeit, wobei das Demotische am längsten überdauerte, nämlich bis ins 5. Jh. n. Chr.

Eines der ältesten überlieferten Schriftsysteme ist die sumerische Keilschrift, die mittels eines Holzgriffels in weichen Ton gedrückt wurde. Die Tontafeln brannte man anschließend, um sie so bewahren zu können. Dort, wo der Griffel tiefer in den Ton gedrückt wurde, entstand ein dickerer Strich, der wie ein Keil erscheint – daher der Name »Keilschrift«. Ursprünglich verfügte das Sumerische über etwa 2000 verschiedene Zeichen, die im Laufe der Zeit auf etwa 350 reduziert wurden.

Für die Geschichte der Schrift sind die westsemitischen Konsonantenschriften am wichtigsten, denn sie systematisierten stärker und reduzierten das Zeicheninventar. Die wichtigste dieser Schriften war die phönizische. Wie die modernen arabischen oder hebräischen Schriften bestand sie nur aus Konsonanten. Die heute auf dem lateinischen Alphabet beruhenden Alphabetentypen gehen auf die griechische Schrift zurück, die wiederum eine direkte Beziehung zur phönizischen Schrift hat. Dafür gibt es eine Reihe von Beweisen:
- die Griechen nannten ihre Schrift selbst phönizisch
- die Schriftzeichen lassen sich leicht von den phönizischen herleiten
- die Reihenfolge des Alphabets ist gleich und auch die Buchstabennamen haben große Übereinstimmungen: *alpha, beta, gamma, delta* vs. *aleph, beth, gimel, daleth*

Sehr lange jedoch blieb die Schrift ein Handwerkszeug für Eingeweihte, Priester, Schamanen und Wahrsager. Nur sie waren in der Lage, die geheimnisvollen Zeichen zu interpretieren bzw. überhaupt zu erkennen. Je unwissender ein Volk, umso größer war die Gewalt der Schriftzeichen.

Das älteste germanische Alphabet ist das runische. Die Wurzel von *rune* bedeutet »geheim« oder »geheimnisvoll«, das deutsche Wort *raunen* lässt sich daraus herleiten. Ursprünglich bedeutete es das Hersagen von Beschwörungen oder Zaubersprüchen. Das deutsche Verb *lesen* bedeutete seinerseits ursprünglich »aussuchen, wählen« (daher auch die gängige Bedeutung von »auslesen«), denn es war der Priester, der die Runen auswählen und interpretieren konnte. Diese Tradition des Priesters als Mittler, als *Schriftgelehrter*, der zu lesen und zu interpretieren versteht, hat sich in Judaismus, Islam und Christentum bis heute bewahrt.

Die Goten auf dem Balkan verwendeten die Runen als ihr Schriftsystem, und wie schon weiter oben gesagt, war es Wulfila (nhd. *kleiner Wolf*), der erste Bischof des Stamms der Terwinger, der die Bibel ins Gotische übersetzte und sich dazu eines von ihm selbst entwickelten Alphabets bediente, das er aus dem Griechischen und der Runenschrift schuf. Im Westen jedoch war es nicht das Griechische, sondern das Lateinische, das von denen, die die Schrift beherrschten, also von Priestern und Mönchen, verwendet wurde. Latein war bis ins 20. Jh. hinein die Sprache der Kirche, der Bildung und der Macht von Lehre, Literatur, Jurisprudenz und Regierungsangelegenheiten. Als man begann Deutsch zu schreiben, war es nur folgerichtig, dass man sich des lateinischen Alphabets bediente, denn es war das einzige, das die, die lesen und schreiben konnten, beherrschten. Dort, wo sich Schwierigkeiten bei der Umsetzung deutscher Laute ergaben, wurde die Schrift bisweilen holprig, undeutlich, vor allem aber gefärbt vom Dialekt des jeweiligen Schreibers, was bis heute eine reiche Quelle für das Studium der alten Sprachstufen und ihrer dialektalen Vielfalt darstellt.

Als Johannes Gutenberg (ca. 1400–1468) um 1450 in Mainz die Druckkunst mit beweglichen Typen erfand, war dies für die Schrift wohl ein ebenso revolutionärer Schritt wie die Erfindung der Schrift selbst vor Tausenden von Jahren. Nach vielen verschiedenen Druck- und Schrifttypen führte man die Deutsche Schrift ein, die heute kaum noch verwendet und in wenigen Jahren ebenso zu einem Museumsstück geworden sein wird, wie ihre Vorgängerinnen in der Geschichte der Schrift.

Die Erfindung der elektrischen Schrift (Computer), die Verwendung des Internets, der direkte und zu jeder Zeit mögliche Zugang zum geschriebenen Wort an jedem Punkt der Welt stellt die bisher letzte und wohl größte Revolution in der Entwicklung der Schrift dar. So wie König Thamos in der Erfindung der Schrift ein Mittel zur Konspiration erkannte, ein Potential von Revolution, wird auch ihre bis dato letzte Form von vielen Staaten als mögliches revolutionäres Mittel erkannt und unterdrückt.

2. Das Mittelalter – Althochdeutsch

Das Ende der Antike

Der Anfang vom Ende der Antike wird häufig mit der im 4. Jh. beginnenden Völkerwanderung gleichgesetzt. Bereits hundert Jahre zuvor war jedoch deutlich geworden, welche Gefahr von den germanischen Stammesverbänden ausging. 260 n. Chr. hatten alemannische Verbände den obergermanisch-rätischen Limes durchbrochen und waren plündernd durch Gallien bis nach Norditalien gezogen. Infolge dieses Vorstoßes waren die Römer gezwungen, sich aus dem heutigen Südwesten Deutschlands hinter die natürlichen Grenzen von Donau und Rhein zurückzuziehen.

Eine völlig neue Qualität erhielt diese Bedrohung für das Römische Reich jedoch mit dem Einfall der Hunnen 375 n. Chr. in den Herrschaftsbereich der Goten, auf dem Gebiet der heutigen Ukraine. Einzelne Germanenstämme drängten verstärkt nach Süden und Westen, um fernab von den vorstoßenden Hunnen Aufnahme im Römischen Reich zu finden.

Diese Bewegung der Völker schuf die Voraussetzungen für eine neue Ordnung der bestehenden Machtverhältnisse: Auf dem Gebiet des weströmischen Reichs entwickelten sich nach und nach eigenständige germanische Herrschaften, denen die zunehmend geschwächten administrativen und militärischen Strukturen Westroms keinen effektiven Widerstand entgegenzusetzen vermochten.

Auf der iberischen Halbinsel etablierten die Westgoten eine beständige eigenständige Herrschaft. Die ehemals römischen Gebiete südlich der Donau, Sizilien, Teile des westlichen Balkans sowie Italien selbst gerieten unter ostgotische Kontrolle. Im Norden hatte das bereits seit 407 n. Chr. militärisch weitgehend entblößte Britannien dem Vorstoß der Angeln, Sachsen und Jüten nichts entgegenzusetzen. Es bildeten sich auch hier von Rom unabhängige Herrschaften, die die alten Verwaltungsstrukturen zunehmend verdrängten. In Gallien konnten sich bis zum Ende des 5. bzw. zu Beginn des 6. Jh.s die Franken als bestimmender

Machtfaktor durchsetzen. Insbesondere durch den Sieg über Syagrius in der Schlacht von Soissons 486/487 n. Chr. gelang es Chlodwig I. die letzten Reste römischer Herrschaft zu beseitigen. Mit diesem und weiteren militärischen Erfolgen legte er den Grundstein für das spätere Reich Karls des Großen (747–814). Im Laufe dieser und vieler anderer Prozesse erodierten die römischen Verwaltungsstrukturen oder wurden im Zuge gewaltsamer Auseinandersetzungen zerstört. Immer mehr wurde die Antike ab dem frühen 5. bis zum späten 8. Jh. von dem abgelöst, was wir heute als Mittelalter bezeichnen – eine epochemachende Zeit begann.

Sprache und Text

Die Geschichte der deutschen Sprache als eigenständige Einheit setzt erst mit der Ausgliederung der deutschen Dialekte aus dem Germanischen ein. Die Zweite oder Hochdeutsche Lautverschiebung markiert diesen Übergang sowie die systematische Verwendung des Volksnamens *deutsch*, ahd. *thiudisk*. Man unterschied von da an zwischen der germanischen Volkssprache und der romanischen Sprachform des fränkischen Reichs sowie der lateinischen Kirchen- und Verwaltungssprache. In den Studien der historischen Linguistik des 19. Jh.s zeigt sich aber, dass diese *theodisca lingua* (deutsche Sprache) weit davon entfernt war, einheitlich zu sein.

Auch die textliche Überlieferung in den verschiedenen althochdeutschen Dialekten begann erst im 8. Jh. n. Chr. Aus diesen Dialekten entwickelte sich später das Mittelhochdeutsche mit seinen Variationen. Alle Texte, die zwischen dem 8. und 11. Jh. in dieser »Sprache des Volkes« geschrieben wurden, befassen sich mit den praktischen Aspekten des Lebens der Zeit, und dazu gehören vor allem Religion, Krieg und Recht.

Gleichzeitig fixierten die schriftlichen Texte zum ersten Mal all das, was in einer bisher von mündlicher Überlieferung bestimmten Welt als Dichtung existierte, obwohl der mündliche Vortrag und die mündliche Weitergabe von Texten noch jahrhundertelang mit der schriftlichen Überlieferung koexistierten. Man darf nicht vergessen, dass in der Gesellschaft des frühen Mittelalters nur die Kirchenmänner der Schrift kundig waren, wohingegen die Mehrheit der Bevölkerung auf mündliche Überlieferung angewiesen war. In der Betrachtung der verschiedenen Handschriften fallen die teilweise großen Abweichungen auf. Auch hier bleibt zu bedenken, dass ein existierender Text oft von einer Vielzahl von Mönchen unterschiedlichster Herkunft *ab*geschrieben wurde, um ihn an verschiedenen Orten zugänglich zu machen. Daraus ergeben sich große Abweichungen in Wortwahl, Umfang und sogar im Inhalt der einzelnen Werke. So existieren z. B. vom »Nibelungenlied« 34 Handschriften und Bruchstücke, von Wolfram von Eschenbachs »Parzival« 83, von Gottfried von Straßburgs »Tristan« 20. Die Handschriften wurden jeweils einzeln mit Feder und Tinte auf Pergament und ab der Mitte des 14. Jh.s meist auf Papier geschrieben. Nie zuvor und danach existierte ein ähnlicher Gleichstand von Schriftsprache und gesprochener Sprache.

Handschriften in anderen Sprachen

Mit dem Althochdeutschen koexistierten im germanischen Sprachraum fünf große Sprachblöcke: Altenglisch, Altfriesisch, Altniederfränkisch, Altnordisch und Altsächsisch. Von allen diesen Sprachblöcken sind schriftliche Zeugnisse überliefert.

ALTHOCHDEUTSCH ist die älteste schriftlich überlieferte Form (ca. 8. bis Mitte 11. Jh.) der Sprache all jener Völker, die sich selbst als deutsch bezeichneten. Der Begriff grenzt sich gegen das Mittel-, Früh- und Neuhochdeutsche ab, die spätere Epochen der Sprachgeschichte darstellen. Zugleich bezeichnet er einen geographischen Bereich im Gegensatz zum Niederdeutschen, wie es heute heißt bzw. zum Altsächsischen und Altniederfränkischen, wie es im Mittelalter genannt wurde. Die Zweite oder Althochdeutsche Lautverschiebung markiert die Grenze zwischen den hochdeutschen und den niederdeutschen Sprachen, dabei sind Alemannisch, Bairisch, Mittelfränkisch, Ostfränkisch und Rheinfränkisch hochdeutsche Dialekte.
Folgende Bedingungen markieren das Althochdeutsche:

- die Zweite Lautverschiebung
- die Bildung des Artikels aus dem Demonstrativpronomen
- die Herausbildung eines umschriebenen (analytischen) Perfekts, Futurs und Passivs
- die Vermehrung schriftlicher Zeugnisse oder größere Verschriftlichung
- die Ablösung des Stabreims durch den Endreim
- das Nebeneinander verschiedener Dialekte ohne verbindende Hochsprache

ALTENGLISCH, oft auch Angelsächsisch genannt nach den dominierenden Stämmen der Angeln und Sachsen, die die keltisch-römische Bevölkerung zunehmend in geographische Randgebiete drängten. Nach ihnen wurde schließlich die gesamte britische Insel im 10. Jh. benannt – lat. *Anglia*. Mit der Etablierung eigenständiger Herrschaften im Zentrum der Insel kam es auch zu einem allmählichen Rückzug der keltischen Sprachen nach Schottland, Cornwall und Wales.

Die wichtigsten Werke aus dieser Zeit sind das germanische Heldenepos »Beowulf«, das um 1000 geschrieben wurde; das »Exeter-Buch« als Sammlung von kirchlichen und weltlichen Dichtungen und der »Codex Vercellensis« mit Predigten und kleinen Dichtungen.

Der Englische Vokalwechsel

Lautwandlungen gab es nicht nur im Deutschen. Der altenglische Vokalwechsel, der sich etwa zwischen dem 12. und 16. Jh. im Süden Englands vollzog, markierte den entscheidenden Unterschied zwischen Mittelenglisch und modernem Englisch; an ihm lässt sich die oft schwer nachvollziehbare Orthographie dieser Sprache erkennen, die eine Schreibung beibehalten hat, die seit dem Vokalwechsel nicht mehr mit der Aussprache übereinstimmt. Im Groben erlebte das Englische folgende Wechsel:

make /mæːk/ war ursprünglich /a/
feet /fiːt/ war ursprünglich /feːt/
time /tajm/ war ursprünglich /tiːm/
boot /buːt/ war ursprünglich /boːt/
mouse /maus/ war ursprünglich /mus/

Dieser Wandel ist jedoch nicht überall gleich vollzogen worden; in regionalen Dialekten, z. B. im Dialekt von Schottland, blieben die Vokale oft unverschoben.

Verursacht wurde dieser sich erstaunlich schnell vollziehende Lautwechsel vermutlich durch eine massenhafte, durch die Pest ausgelöste Immigration nach Südengland. Dieses plötzliche Zusammentreffen sehr vieler und an sich unterschiedlicher Dialekte des Englischen auf kleinem Raum, zusammen mit einer nie gekannten und sehr großen sozialen Mobilität, die eine neue Mittelschicht gebar, bewirkte einen Drang zur Standardisierung der Aussprache, die sich in den folgenden Jahrhunderten von London aus ausbreitete. Der Dialekt Londons war zum Standard des britischen Englisch geworden.

Altfriesisch ist die Sprache der Nordseeküste (der Nordseeinseln und des Teils, der heute Nordholland oder Friesland ist). Die Zeugnisse beschränken sich auf Gesetzestexte, die allerdings erst seit dem 13. Jh. bekannt sind. Es ist interessant, dass die Bezeichnung Altfriesisch (die bis ins 15. Jh. hinein anhält) parallel mit dem steht, was Mittelhochdeutsch und Mittelniederdeutsch genannt wird.

Altniederfränkisch (oft auch Altniederländisch) ist in nur sehr beschränktem Umfang aus dem 9. bis 12. Jh. überliefert. Aus diesem Dialekt entstanden die beiden Dialekte von Brabant und Holland, die Grundlage des modernen Niederländisch; darum die Gleichsetzung der Begriffe. Es wird im heutigen Holland und am Niederrhein gesprochen.

Altnordisch ist der Sammelbegriff für die skandinavischen Sprachen; Isländisch und Norwegisch als Westnordisch sowie Dänisch und Schwedisch als Ostnordisch. Die alten Zeugnisse dieser Sprachen waren Runeninschriften. Bedeutendstes Zeugnis der Literatur aber ist die »Ältere« oder »Lieder-Edda«, die im späten 13. Jh. verschriftlicht wurde. Sie enthält 30 Götter- und Heldenlieder aus der Wikingerzeit. Als die »Snorri-Edda« aus dem Jahr 1220 bezeichnet man die Mythendichtung von Snorri Sturluson († 1241).

Altsächsisch ist auf dem europäischen Kontinent ebenso wie Altenglisch und Altfriesisch ein Teil des Nordseegermanischen. Diese Sprache unterscheidet sich vom Althochdeutschen hauptsächlich durch die Tatsache, dass sie die Zweite Lautverschiebung nicht mitgemacht hat. Die wichtigste schriftliche Überlieferung dieser Sprache ist die um 840 verfasste Bibeldichtung des

»Heliand«. Darin wird Jesus als strahlender germanischer Held, Heerführer und Fürst dargestellt, dessen Gefolgsleute und Krieger seine Jünger sind.

Die Zweite oder Althochdeutsche Lautverschiebung

Ähnlich der Ersten Lautverschiebung veränderte sich in der althochdeutschen Lautverschiebung die Lautqualität von germanischen Reibelauten **p-, t-, k-**:

– zu Doppelfrikativen *ff, zz, hh* nur nach Vokal im gesamten hochdeutschen Gebiet;
– zu den Affrikaten (Verbindung eines Verschlusslauts mit einem Reibelaut) *pf, tz (z), kch (ch)* im Anlaut, bei Konsonantenverdopplung und nach Konsonanten.

Die geographische Ausdehnung dieses Wandels erstreckte sich bei den drei Konsonanten jeweils unterschiedlich weit (s. Rheinischer Fächer S. 64).

p > pf (um das 6./7. Jh. nur im oberdeutschen Gebiet = Bairisch, Alemannisch, Ostfränkisch):
germ. **plegan*, ahd. *pflëgan* – nhd. *pflegen*
germ. **appla*, ahd. *apful* – nhd. *Apfel* (vgl. engl. *apple*)
germ. **scarpa*, ahd. *scarpf* – nhd. *scharf* (vgl. engl. *sharp*)

t > tz (um das 5./6. Jh. im gesamten ahd. Gebiet):
germ. **taiknam*, ahd. *Zeihhan* – nhd. *Zeichen*
germ. **satjan*, ahd. *Settian* – nhd. *setzen*
germ. **holta*, ahd. *holz* – nhd. *Holz*

k > kh (um das 7./8. Jh. nur im Bairischen und Alemannischen):
germ. **korna*, fränk. *korn*, abair. *kchorn* – nhd. *Korn*
germ. **werka*, fränk. *wërk*, abair. *Wërkch* – nhd. *Werk*
germ. **quekka*, fränk. *quëc*, abair. *kchwëk, kchwëch* – nhd. *lebendig*
(vgl. engl. *quick*; und die deutsche Dopplung: *quicklebendig*)

Die germ. Medien (stimmhafte Verschlusslaute) **b, d, g** werden etwa um das 8./9. Jh. zu den Tenues **p, t, k** verschoben.

b > p nur im Alemannischen und Bairischen mit einigen Ausnahmen

d > t im Oberdeutschen und teilweise im Rheinfränkischen: as. *dag*, ahd. *tag* – nhd. *Tag* (vgl. engl. *day*), auch: as. *blōd*, ahd. *Bluot* – nhd. *Blut* (vgl. nengl. *blood im Vergl. zu aengl.* /blu:d/)

g > k nur im Bairischen fast voll durchgeführt:
abair. *Kot* – nhd. *Gott*
abair. *Perg* – nhd. *Berg*

Der Umlaut

Als Umlaut bezeichnet man den Prozess der Angleichung des Vokals der Haupttonsilbe an den Vokal der folgenden (unbetonten) Silbe. In gewisser Weise wird der Ton der Folgesilbe vorweggenommen. In allen germanischen Dialekten (außer dem Gotischen) kommt der sogenannte »i-Umlaut« vor, der seit etwa 750 n. Chr. durch ein **i, ī** oder **j** in der Folgesilbe zur Umlautung des vorausgehenden Vokals führt. Der Begriff stammt von Friedrich Gottlieb Klopstock (1724–1803), der damit ursprünglich jede Art von Vokalwandel in Kurzsilben bezeichnete. Jacob Grimm wandte ihn erstmals auf das hier beschriebene Phänomen an. Dieser Vokalwandel zeigt sich wie folgt:

a > e (ä)	ahd. *faran* – nhd. *fahren, ferit* – nhd. *er fährt*
	ahd. *gast* – nhd. *Gast, gesti* – nhd. *Gäste*
	ahd. *māhtic,* mhd. *mähtec* – nhd. *mächtig*
a > ẹ	*fẹrit, gẹsti, mähtẹc*
ā > æ	ahd. *māri,* mhd. *mære* – nhd. *Erzählung*
u > ü	ahd. *ubir,* mhd. und nhd. *über*
ū > iu	ahd. *hlūten,* mhd. *liuten* – nhd. *läuten*

ō > œ   ahd. *skōni*, mhd. *schœne* – nhd. *schön*
ou > öu   ahd. *loufit*, mhd. *löufet* – nhd. *er läuft*
uo > üe   ahd. *guotī*, mhd. *Güete* – nhd. *Güte*

Auslösender Faktor für den Umlaut (der systematisch vollzogen wurde) war der Endsilbenverfall, bei dem die i-haltigen Silben verloren gingen. Heute ist er nicht mehr produktiv, unterscheidet aber immer noch zwischen verschiedenen (morphologischen) Kategorien wie der zweiten und dritten Person bei den starken Verben (ich fahre, du fährst, er fährt; ich laufe, du läufst, er läuft), zwischen Plural und Singular (Mutter, Mütter; Apfel, Äpfel; Haus, Häuser) und zwischen Positiv und Komparativ (groß, größer; jung, jünger; hoch, höher).

Gründe für die Verschiebung

Der Grund für die Zweite Lautverschiebung ist umstritten, wieder führt man die Substrattheorie als Erklärungsversuch an (s. S. 38). Vor allem auch, weil es schon erste Belege für frühe Verschiebungen in Norditalien gibt, wo sich in germanischen Wortformen bereits im 6. Jh. bestimmte Tenues-Verschiebungen finden. In jedem Fall aber hat sich die Verschiebung wellenförmig von Süden nach Norden ausgedehnt, war im Alemannischen am stärksten und wurde, je weiter sie sich nach Norden erstreckte, umso schwächer, was man noch heute in den deutschen Dialekten nachvollziehen kann – man vergleiche das Schweizerdeutsch mit dem Dialekt, der z. B. in Hamburg gesprochen wird. Bei dieser Süd-Nord-Entwicklung verlor die Veränderung je weiter sie nach Norden vordrang an Kraft, am Rhein fächerte sie sich im sogenannten »Rheinischen Fächer« in einer Reihe von Isoglossen (Sprachgrenzen) aus.

Erhalten blieb der größte Unterschied zwischen Nieder- und Hochdeutsch, denn die niederdeutschen Dialekte weisen keins der Merkmale auf, das die Zweite Lautverschiebung mit sich brachte. Ebenso verhält es sich mit dem Niederländischen und dem Englischen.

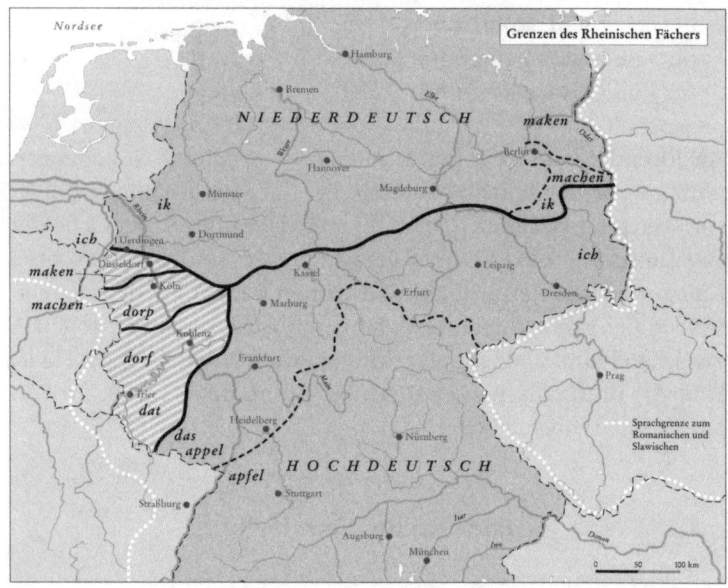

Die geographische Grenze des Rheinischen Fächers

Der Rheinische Fächer

Die Verdichtung von Isoglossen oder Mundartgrenzen, die durch die unterschiedliche Entwicklung bzw. das unterschiedliche Voranschreiten der Zweiten Lautverschiebung entstanden, bildeten eine sogenannte Staffellandschaft. Diese Staffellandschaft in Form eines Fächers mit ihrem Drehpunkt im Rothaargebirge und ihren Ausläufern am Rhein, wo die Wirkung abschwächt und sich deshalb zerfasert, nennt man den Rheinischen Fächer (R. F.).

Der R. F. setzt sich aus den folgenden Hauptisoglossen zusammen (Kontrast jeweils Nord/Süd):
– Uerdinger Linie – ik / ich (Niederfränkisch)
– Benrather Linie – maken / machen (Südniederfränkisch)
– Eifelschranke – dorp / dorf (Ripuarisch, z. B. Kölsch, Bönnsch etc.)
– Hunsrückschranke – dat / das (Moselfränkisch)
– Speyerer Linie – Appel / Apfel (Rheinfränkisch [z. B. Pfälzisch, Südhessisch etc.])

Dabei ist die Uerdinger Linie die jüngste Lautverschiebungsgrenze des R. F., die sich aus der im 13. Jh. ausgeformten Benrather Linie ausfächerte und im 15. Jh. Halt machte.

Artikel aus Demonstrativpronomen

Das Indoeuropäische vereinigte noch in einem Wort alle Angaben zu Geschlecht, Fall, Zeit, Beziehung zu anderen Wörtern usw. Durch die Abschwächung der Endsilben jedoch, die durch die Verschiebung des Akzents hervorgerufen wurde, der somit auf der ersten Silbe lag (s. S. 63), fiel laut Gerdes und Spellerberg (1983:22) mehr als die Hälfte des althochdeutschen Formenbestands zusammen. Diese gravierende Veränderung führte zu einem großen Wandel des Systems. Die Bedeutung der Endsilbenabschwächung durch die Akzentverschiebung kann dabei nicht genug herausgestrichen werden. Auswirkungen hatte dies auch auf die Art, wie man mit Substantiven umging. Das Germanische kannte, wie andere indoeuropäische Sprachen auch, ein dem Substantiv vorausgehendes Wort, allerdings hatte es stets eine (hin)weisende oder hervorhebende Funktion – es war ein Demonstrativpronomen. Durch den Wandel des Systems diente dieses Pronomen plötzlich nicht mehr allein zur Hervorhebung, sondern auch zur Markierung der grammatischen Eigenschaften des Hauptworts, vor das es gestellt war – es bekam eine neue Funktion und wurde zum Artikel. Dieses Pronomen als Artikel wurde im Laufe der Zeit so stark, dass es schließlich ständige Verwendung fand und zur alleinigen Markierung für das Substantiv wurde – d. h. nicht mehr das Substantiv trug, wie noch im Indoeuropäischen, die Information bzgl. z. B. Geschlecht, Fall, Zeit, sondern der Artikel. Das Substantiv war meist bis auf die Unterscheidung Singular vs. Plural markierungslos.

Ursprünglich war der bestimmte Artikel mit dem Demonstrativpronomen identisch, von dem es die schwache bzw. die unbetonte Form ist. Die Endungen sind mit denen der Pronomen der 3. Pers. gleich:

Sing.	mask.	fem.	neut.	Pl.	mask.	fem.	neut.
Nom.	der	diu	daʒ	Nom.	die	dio	diu
Akk.	den	dia	daʒ	Akk.	die	dio	diu
Gen.	des	dera	des	Gen.	dero	dero	dero
Dat.	demu	deru	demu	Dat.	dêm	dêm	dêm
Inst.	*diu		*diu				

Dieses neue Wort ermöglichte auch die Substantivierung von Nichtsubstantiven, von Verben, Adverben, Personalpronomen oder Adjektiven, eine bis dahin unbekannte Ausdrucksvariante, die im Lauf der Zeit sehr produktiv wurde.

> Das **Gehen** fiel ihm schwer. (substantiviertes Verb)
> Das **Schöne** jedoch beflügelte seinen Schritt. (substantiviertes Adjektiv)
> Dabei lebt er nur im **Heute**. (substantiviertes Adverb)
> Auf diese Weise wächst sein **Ich** in ungeahnter Weise. (substantiviertes Personalpronomen)

Im Althochdeutschen gibt es zunächst jedoch noch viele Verwendungen ohne diesen noch sehr neuen Artikel:

> ahd. *Man giang aftar wege, zôh sîn hros in handum.* (keine Artikel)
> nhd. **Ein** Mann ging **den** Weg entlang, führte sein Pferd an **der** Hand.

In wörtlicher Übersetzung müsste es heißen »*zog sein Ross in Händen*«, was nicht möglich ist, darum die Übersetzung mit dem bestimmten Artikel. Allerdings gibt es im Deutschen auch heute noch feste und nicht analysierte Formen, die ohne Artikel auskommen und als idiomatische Formen behandelt werden: Sie hält sein Glück **in Händen**, er tritt es **mit Füßen**.

Andere idiomatische Beispiele als Überbleibsel einer Zeit vor den Artikeln, die sich im Neuhochdeutschen bewahrt haben, sind z. B.: Mann und Maus, Tag für Tag, über Berg und Tal, nach Hause gehen, zu Hause sein, zu Bett gehen, zu Bett liegen, bei Tisch sitzen, mit Kind und Kegel (Bedeutung s. S. 107 f.).

Das althochdeutsche Demonstrativpronomen im Nom./Akk. Sing. Neut. *ditz*, ist durch eine gesonderte Entwicklung entstanden.

Dialekte im althochdeutschen Sprachgebiet

Der Unterschied zwischen den verschiedenen deutschen Dialekten und die Aufteilung des Sprachraums existieren seit dem Mittelalter und haben sich im Bereich der gesprochenen Sprache nur wenig verändert. Was die Schriftsprache angeht, haben große Veränderungen durch Standardisierungen eingesetzt, aber das gesprochene Wort unterscheidet sich in den heutigen Versionen der Dialekte nur wenig von denen vor hunderten Jahren. Alle regionalen Umgangssprachen sind stark von den jeweiligen Dialekten gefärbt, obwohl durch die zunehmende Mobilität der Sprecher eine Annäherung zu beobachten ist. Eine einheitliche deutsche Aussprache gibt es tatsächlich erst seit 1898, als unter Leitung des Sprachwissenschaftlers Theodor Siebs (1862–1941) mit der »Deutschen Bühnenaussprache« das erste Standardwerk für die deutsche Aussprache veröffentlicht wurde. Das Wort *Bühnenaussprache* wurde erst 1969, in der 19. Auflage weggelassen und auf *Deutsche Aussprache* verkürzt.

Aus dem Mittelalter kennen wir die geschriebene Sprache als Schriftdialekte. Gleichzeitig kann man für diese Zeit das Lateinische als vereinende Sprache der Verwaltung und der Kirche betrachten; als *lingua franca*. Was man also als Althochdeutsch bezeichnet, entspricht nicht einem Konzept, wie wir es heute im Neuhochdeutschen haben: Es gab keine althochdeutsche Sprache in diesem Sinn und schon gar keine standardisierte Sprache. An den schriftlichen Dokumenten können wir den Unterschied zwischen den einzelnen Dialekten in Wortwahl, in Flexion- und Wortbildung, im Satzbau und überhaupt im Wortschatz erkennen. Allerdings muss man sich auch bewusst machen, dass diese Texte nicht die Sprache der Menschen spiegeln, sondern die der Mönche. Geistliche waren aber eine Art von Bildungselite, und schon deshalb muss sich ihre Sprache von der des »gemeinen Volkes« unterschieden haben – wenn nicht im Dialekt, so bestimmt in der Wortwahl und in der Komplexität der Sätze und Diskurse. Diese Mönche und Priester orientierten sich am jeweiligen Dialekt der Region, in der sie schrieben, aber auch, und nicht unmaßgeblich, an dem Dialekt der Gegend, aus der sie stammten – was ja nicht ein und derselbe Ort gewesen sein muss. Einerseits folgten diese Personen also ihrer eigenen Veranlagung und andererseits *be*folgten sie die Auflagen des jeweiligen Klosters. Aus diesem Umstand ergaben sich nicht unwesentliche Unterschiede. Weiterhin wurde die Sprache innerhalb des Klosters in Orthographie, Grammatik und Wortwahl standardisiert, bisweilen innerhalb eines Kreises von Klöstern, die miteinander im Kontakt standen und sich gegenseitig schriftlich austauschten. Einige dieser »schriftlichen Dialekte« haben ihren eigenen Standard teilweise unverändert über mehrere Generationen bewahrt, weil sie ihn einer ständigen strengen Kontrolle unterzogen. Dennoch traten bei den Abschriften immer wieder Probleme auf, die mit der schriftlichen Umsetzung vom einen in einen anderen Dialekt einhergingen oder mit der Umsetzung vom Lateinischen in den jeweiligen Dialekt. So schrieb der Mönch Wisolf, Schreiber des »Georgslieds«, ans Ende seiner Arbeit »ich kann nicht mehr« – und das tat er auf Lateinisch, denn darin gab es keine Probleme für ihn.

In der Forschung des 19. Jh.s war es besonders Karl Lachmann, Zeitgenosse der Gebrüder Grimm, der die alten Texte systematisierte, deren Rechtschreibung normalisierte und bahnbrechende Arbeiten im Bereich der Textrekonstruktion und -edition leistete.

Karl Lachmann

Der Königsberger Altphilologe Karl Lachmann (1793–1851) zählt zu den Begründern der historisch-kritischen Editionspraxis. Bei mehrfach variierenden Texthandschriften, die bei der älteren Dichtung fast immer vorkamen, ging es ihm um die Überlieferungsgeschichte und die älteste vorhandene Abschrift, den Archetypus. Die Analyse der verschiedenen »Fehler« der Schreiber sollte ihn an die ursprüngliche Version heranführen, denn aus den »Fehlern« gelang die vollendete Textkonstruktion. Fehler wird hier in Anführungsstriche gesetzt, weil diese »Fehler«, da sie oft auf den Dialektmerkmalen der jeweiligen Schreiber beruhten bzw. durch sie hervorgerufen wurden, besonderen Aufschluss über Abschrift, ihren Schreiber und vor allem über den jeweiligen Dialekt lieferten.

Schreiber und Schreibsprache

Der einzige Standard (im engeren Sinn), der im gesamten althochdeutschen Sprachgebiet gesprochen wurde, war die von Mönchen und Priestern verwendete *lingua franca*: Lateinisch. Diese Personen waren wohl auch neben Regierungsbeamten die einzigen, die eine gewisse Mobilität besaßen und reisten. Die meisten Menschen jedoch hatten in einem aufblühenden Feudalsystem wenig Interesse an Angelegenheiten, die sich außerhalb ihres Dorfes abspielten, auch wenig Kontakte, die nicht aus dem Dorf oder der näheren Umgebung kamen – vor allem aber fehlte es ihnen wohl an Möglichkeiten.

Man vermutet aber, dass Rheinfränkisch, das am Hofe Karls des Großen gesprochen wurde, als Sprache des »karolingischen Hofs« in gewisser Weise alle Bedingungen erfüllte, um zu einer Art von Standard zu werden. Der Aachener Hof des im Jahre 800 gekrönten fränkischen Kaisers war schnell das Zentrum des kulturellen Lebens geworden; hier sollten nach antikem Vorbild Wissenschaften, Bildung und Künste gefördert und zusammengeführt werden. Der Kaiser umgab sich mit den wichtigsten Wissenschaftlern der Epoche und sie arbeiteten an seiner Hofakademie oder in den Klöstern des Reichs. Die *theodisca lingua*, die deutsche Volkssprache, förderte man dabei sogar per Dekret. In der *Admonitio Generalis* von 789 wurde sie in der Verkündung des Christentums stark in den Vordergrund gestellt und das Lateinische verlor an Raum – deutsche Sprache und Kultur wurden in nie gekannter Weise belebt.

Mit Blick auf einen Standard bedeutete dies allerdings bestenfalls, dass die Sprache des Kaisers über einen gewissen Zeitraum großes Prestige genoss, sich aber letztlich nicht als Standard durchsetzen konnte. So blieb Latein die einzige, alle Dialekte übergreifende Sprache.

Wie schon oben gesagt ist die Schriftsprache der vorhandenen Dokumente nicht unbedingt die Sprache der Menschen der Epoche, sondern vielmehr ein Spiegel der Sprache der Geistlichen, die sie schriftlich fixierten, wobei sie gleichzeitig weiterhin beständig vom Lateinischen bestimmt und beeinflusst wurden.

Früher Tourismus: Reisen im Mittelalter

Das Mittelalter zeichnete sich nicht durch große regionale Mobilität aus; im Gegenteil. Die große Mehrheit der Menschen bewegte sich so gut wie gar nicht. Längere und weitere Reisen waren »in der Regel nur einem sehr begrenzten Personenkreis möglich: den jeweiligen Herrschern und ihrem Gefolge, hohen geistlichen Würdenträgern, Missionaren, Boten oder Kaufleuten«, schreibt Klaus Herbers (1991:23). Die einzige Möglichkeit des Reisens für Mitglieder anderer sozialer Elitegruppen, eben des »gemeinen Volkes«, war die Pilgerfahrt oder die Wallfahrt, obwohl sich beide Anlässe voneinander unterscheiden. Pilgerfahrten waren Reisen zu heiligen Stätten, an denen sich Reliquien von Heiligen befanden. Jerusalem, Rom und das spanische Santiago de Compostela waren die am meisten bereisten Ziele. Reliquienschreine wurden bereits seit dem 4. Jh. bereist. Durch die an diesen Orten eintreffenden Fremden (peregrinus = der Fremde, woraus sich das deutsche *Pilger* herleitet) veränderte sich vor allem der besuchte Ort. Es mussten Herbergen oder andere Unterkünfte bereitgestellt, für Verpflegung musste gesorgt werden – Gäste, wenn man so will Touristen, mussten untergebracht und ernährt werden. Als im 16. Jh. die Zahl der internationalen Pilgerreisen zurückging, rückten Nahziele in den Vordergrund. Diese »Bittgänge, Flurprozessionen, Heiligtumsfahrten, Ablasskonkurse und Bruderschaftszüge« (Robert Plötz, 1991:31) wurden zunehmend populär und in der Folge Wallfahrten genannt. Hans Dünninger definiert Wallfahrten als »außerlithurgische, gemeinschaftliche und daher in der Regel prozessionsweise, in regelmäßigen Zeitabständen (meist alljährlich zu einem bestimmten Termin) unternommene Bitt- oder Bußgänge zu bestimmten Gnadenstätten [...] Die Wallfahrt ist ein volksfrommes Brauchtum, an dessen Entstehung und Fortbestand Privatfrömmigkeit, Volksglaube und kirchliche Autorität gleichermaßen beteiligt sind.« (zit. n. Plötz 1991)

Pilgerreisen und auch Wallfahrten waren indes nicht gefahrlos, denn Wegelagerer und Räuberbanden machten es den Gläubigen schwer. Susan Morrison (2000:57) berichtet von Emma, Frau von William Bole aus Walsingham, die 1398/9 auf der Wallfahrt nach Canterbury überfallen, vergewaltigt und ausgeraubt wurde. Mit dem Leben jedoch kam sie davon. Ein Glück, das nicht allen Opfern beschieden war, denn gerade auf langen Pilgerfahrten verloren viele nicht nur durch Überfälle oder Gewalt ihr Leben, sie erlitten Unfälle, erlagen Krankheiten oder ertranken, denn nur wenige Menschen konnten schwimmen.

Textsorten

Zu den verschiedenen Textsorten, die während der Periode des Althochdeutschen hauptsächlich in Benediktinerklöstern produziert wurden, gehören vor allem **klerikale Texte**, Beicht-, Segens- und Taufformeln, Gebete und Evangelienharmonien.

Eine andere Textsorte waren **Glossen**, d. h. in den lateinischen Handschriften vorkommende Übersetzungen, Erklärungen oder Erläuterungen bestimmter, schwer verständlicher Textstellen. Sie dienten auch zum Erlernen des Lateinischen und wurden oft in Geheimschrift in **Glossaren** gesammelt, also Wörterbüchern, die entweder zu bestimmten Themen zusammengestellt wurden wie der Hilfswortschatz für Reisende, das »Vocabularius St. Galli«, oder alphabetisch geordnet wie der »Abrogans«, ein spätlateinisches Synonymlexikon, das seinem Titel dem ersten Eintrag verdankt.

Glossare geben heute wichtige Aufschlüsse zur Kultur- und Sprachgeschichte, man kann sie als eine frühe Stufe der Lexikographie verstehen.

Arten von Glossen

Bei den Glossen unterscheidet man zwischen:
a) Marginalglossen, die an den Rand der Texte geschrieben wurden;
b) Kontextglossen, die direkt in den lateinischen Fließtext eingefügt wurden und entweder mit einem *t* (teutonice) einem *f* (francisce) oder mit lat. *id est* (dt. d. h.) gekennzeichnet waren;
c) Interlinearglossen, die zwischen die Zeilen geschrieben wurden (daher stammt die Redewendung: zwischen den Zeilen lesen).

Abrogans: Dieses Glossar ist das älteste Sprachdenkmal in deutscher, d. h. in althochdeutscher Sprache. Die Niederschrift erfolgte auf Pergament in der zweiten Hälfte des 8. Jh.s vermutlich in Freising und enthält ca. 3670 Begriffe und 14 600 Belege. Das Original befindet sich in der Stiftsbibliothek St. Gallen. Der erste Eintrag lautet:

Abrogans. dheomodi. (niedrig, demütig) humilis: samftmoati. (sanftmütig)
abba. faterlih (väterlich) pater. fater: (Vater)
abnuere. ferlaucnen. (verleugnen) renuere. pauhnen. (abweisen) recusare.
[faruuazzan] (zurückweisen)

Dichtungen machen eine weitere Textsorte dieser Epoche aus. Dazu gehören Zaubersprüche, z. B. die »Merseburger Zaubersprüche«, das um 870 in Fulda entstandene »Muspilli«, ein Gedicht über Endzeit und Weltgericht, dessen stabreimende Langzeilen bereits erste Ansätze zum Endreim zeigen, und das beeindruckende »Hildebrandslied«, ein Heldenlied, das um 780 entstand.

Das uns heute vorliegende schriftliche Material macht allerdings nur noch einen Bruchteil dessen aus, was in jener Zeit tatsächlich geschrieben wurde. Vor allem durch die Bemühungen Karls des Großen Schulen, die Wissenschaften und die Ausbildung allgemein in einem vorher nicht gekannten Maß zu fördern, um dem Volk kirchliche und erbauliche Texte zugänglich zu machen und damit die Position der Kirche zu stärken, wird die Sprache der Epoche erheblich verschriftlicht.

Andere Textsorten sind Übersetzungen, die sich wiederum in verschiedene Arten gliedern. So finden sich als früheste Formen die sogenannten »Interlinear-Übersetzungen«, in denen jedes einzelne Wort übersetzt wurde. Daraus entwickelten sich im Lauf der Zeit die ersten freien Übersetzungen und Umdichtungen, die als eigenständige Texte gelten.

Es findet sich auch die sogenannte Mischliteratur, darin stehen lateinische neben althochdeutschen Texten bzw. beide Sprachen werden gemischt und so als Stilmittel eingesetzt. Das um das Jahr 1000 im altniederfränkischen Dialekt in Thüringen entstandene Gedicht »De Henrico« ist ein gutes Beispiel eines solchen Textes.

Eine letzte Textsorte enthält Rechts- und Gerichtstexte, außerdem gibt es eine Vielzahl an Namen, Urkunden und Reden, z. B. Nekrologe.

Der Einfluss anderer Sprachen

Da Latein als eine Art Standard fungierte, wundert es nicht, dass es die junge deutsche Schriftsprache beeinflusste. Anders als die Kapitelüberschrift suggeriert, sind es somit im eigentlichen Sinn auch nicht »andere Sprachen«, sondern in jener Epoche vornehmlich das Lateinische, welches das Althochdeutsche prägte. Die Schreiber waren auf der Suche nach neuen Wörtern, die dem lateinischen Ausdruck, für den es keine direkte Übersetzung ins Deutsche gab, entsprechen sollten. Die Klöster waren Orte lateinischer Bildung und erst in zweiter Linie galt es hier, Deutsch zu (er)schaffen. Der deutsche christliche Grundwortschatz existierte nur in sehr bescheidenem Maße und die deutschen Wörter beschränkten sich auf einige wenige: *Kirche* aus griech. *kyriakē*, *Bischof* aus lat. *episcopus*, *Pfaffe* aus lat. *papa* etc. Diese Wörter stammten wohl von germanischen Stämmen, die auf römischem Boden mit dem Christentum in Berührung gekommen waren. Dabei waren derartige konkrete Begriffe relativ leicht in die Sprache zu integrieren, ungleich schwerer war es, die neuen abstrakten Begriffe und Wertvorstellungen in die Sprache und das Denkschema der germanischen Nicht-Christen zu übertragen.

Bei der Wahl oder Schaffung der (neuen) deutschen Wörter ging es indes immer um eine mehr oder weniger große Annäherung an das lateinische Original. Aus den bekannten Handschriften geht man (nach Werner Betz, 1965) für das Althochdeutsche von folgender Verteilung aus (Zur Erklärung der Begriffe: Lehnwort, -bildung und -bedeutung, s. S. 206):
- Lehnwörter ca. 3%
- Lehnbildungen ca. 10%
- Lehnbedeutungen ca. 20%.

Viele der neuen Wörter kann man nur wenige Male – im Extremfall nur einmal – belegen, sie verschwinden wieder, weil sich bessere Vorschläge leichter durchsetzen konnten oder eine bestimmte Version zu regional begrenzt war. Auf diesen ständigen Prozess ist es jedoch zurückzuführen, dass manchmal bis zu zehn verschiedene Begriffe für eine Sache nebeneinander standen, wie z. B. lat. *resurrectio*, ahd. *urrist, urrestī, urstant, urstōdalī, irstandinī, arstantnessi, erstantnunga, ūferstēnde* – nhd. *Auferstehung*.

Lehnwörter aus dem Lateinischen:
Die Klosterkultur des frühen Mittelalters hat in einer Reihe von Bereichen unzählige Lehnwörter aus dem Lateinischen eingeführt, etwa in:
Religion und Kirche: lat. *propōsitus*, ahd. *Prōbōst* – nhd. *Probst*; lat. *pelegrinus*, ahd. *Piligrīm* – nhd. *Pilger*; lat. *templum*, ahd. *Tēmpal* – nhd. *Tempel*; lat. *cella*, ahd. *Cella* – nhd. *Zelle*; lat. *ite missa est contio* (Endformel der Messe), ahd. *missa, mёssa* – nhd. *Messe*; lat. *matutina*, ahd. *mettīna, mattīna* – nhd. *Mette*; lat. *firmare*, ahd. *Firmōn* – nhd. *firmen*; lat. *domus* ahd. *Tuom* – nhd. *Dom*; lat. *praedicare*, ahd. *Prēdigōn* – nhd. *predigen*
Schrift und Volksbildung: lat. *schōla*, ahd. *Scuola* – nhd. *Schule*; lat. *tincta*, ahd. *Tincta* – nhd. *Tinte*; lat. *tabula*, ahd. *Tavala* – nhd. *Tafel*; lat. *magister*, ahd. *Meistar* – *Meister*; lat. *breve*, ahd. *Briaf* – nhd. *Brief*; lat. *graphium*, ahd. *Griffil* – *Griffel*; lat. *sigilum*, ahd. *Insigili* – nhd. *Siegel*; lat. *pergamentum*, ahd. *Pergamīn* – nhd. *Pergament*
Obst und Gartenbau: lat. *lilium*, ahd. *Lilja* – *Lilie*; lat. *rosa*, ahd. *Rōsa* – nhd. *Rose*; lat. *petrosilim*, ahd. *Petersilia* – nhd. *Petersilie*; lat. *salvegia*, ahd. *Salbaia* – nhd. *Salbei*; lat. *cipolla*, ahd. *Cibolla* – nhd. *Zwiebel*

Schreiborte

Die Orte, an denen die Schriften entstanden, sind von entscheidender Bedeutung für Wortwahl, Satzbau, Formenwahl und Klang, d. h. der Dialekt des jeweiligen Schreibers ist, geprägt durch seine Art zu sprechen, in den einzelnen Texten deutlich sichtbar. Insofern unterscheiden sich die Texte je nach Ort, an dem sie entstanden sind. Die wichtigsten Schreiborte und damit Dialektvariationen und die dort entstandenen Hauptwerke waren:

Alemannisch
Alemannisch ist eine oberdeutsche oder hochdeutsche Mundart, die noch heute im Elsass, der Nordschweiz, Südbaden, Württemberg und dem Regierungsbezirk Schwaben gesprochen wird. Hauptort der Schrift war St. Gallen; dort finden sich neben Gebeten vor allem kommentierte Übersetzungen antiker Werke. Einer der Hauptschreiber war Notker Labeo. Ein weiterer an Handschriften, besonders an Glossaren und Interlinearversionen der Benediktinerregel reicher Ort ist Reichenau, mit seiner Blütezeit im 9. Jh. Aus dem Kloster Murbach stammen vor allem Hymnen.

BAIRISCH

Bairisch ist ebenfalls ein hochdeutscher Dialekt. In Regensburg wurden im 9. Jh. das »Samanunga«, eine gekürzte Version des »Abrogans«, und das »Muspilli« (s. S. 78/79) geschrieben. In Mondsee verfasste man den »Isidor«, in Salzburg und am Tegernsee finden sich hauptsächlich Glossen und in Freising wurden die berühmte Version des »Abrogans«, das endreimende »Petruslied« aus dem Jahr 850 und das erste deutsche Kirchenlied schriftlich fixiert.

SÜDRHEINFRÄNKISCH

Der Mönch Otfried verfasste in diesem oberdeutschen Dialekt im Kloster Weißenburg um 865 in endreimenden Langzeilen den »Weißenburger Katechismus«, ein Glaubenskompendium für Priester mit einer kommentierten Übersetzung des »Vaterunser« und andere religiöse Texte.

MITTELFRÄNKISCH

Schriftliche Dokumente in diesem mitteldeutschen Dialekt stammen aus Köln, Trier und Echternach. Hier entstand Mitte des 11. Jh.s der lat.-dt. Mischtext »De Henrico«, ferner die »Trierer Kapitulare«, die Übersetzung von Gesetzestexten Ludwigs des Frommen aus dem 10. Jh. sowie Gebete wie der »Trierer Pferdesegen« oder die »Trierer Sprüche wider den Teufel« aus dem 9. Jh.

OSTFRÄNKISCH

Hauptort dieses mitteldeutschen Dialekts war Fulda, wo zahlreiche Übersetzungen von Evangelienharmonien entstanden. Eine Evangelienharmonie ist ein Text aus Teilen der vier kanonischen Evangelien, der in fortlaufender Weise das Leben Jesu erzählt; wenn man so will eine Neufassung der Evangelien. In Fulda entstanden auch Übersetzungen des Syrers Tatian aus dem 4. Jh. Aus Würzburg kennt man Grenzbeschreibungen vom Ende des 10. Jh.s und aus Bamberg die »Cantilena de miraculis Christi« (dt. *Lied über die Wunder Christi*) oder die nach vorchristlicher Überlieferung bekannten »Merseburger Zaubersprüche« in Stabreimen.

Rheinfränkisch

Rheinfränkisch war der mitteldeutsche Dialekt des kaiserlichen Hofs Karls des Großen mit den wichtigsten Schreiborten Worms, Speyer, Mainz und Lorsch. Hier entstanden vorwiegend Beichtformeln und verschiedene andere religiöse Texte. Weiterhin bekannt sind die »Straßburger Eide« aus dem Jahr 841 (s. S. 79 f.).

Die Texte

Die folgende Auswahl der wichtigsten Texte in der Originalversion und ihrer Übersetzung soll einen Eindruck von der darin verwendeten Sprache vermitteln:

Das Hildebrandslied

Dieser in vieler Hinsicht faszinierende Text zweier Mönche aus dem Kloster Fulda ist das einzige Heldenlied in althochdeutscher Mundart, das germanisches Gedankengut beschreibt. Der Text ist mit seinen 68 Zeilen unvollendet, weist Lücken auf und ist auf seine Weise ein Kuriosum, denn er wurde auf die Deckelinnenseiten einer theologischen Handschrift geschrieben, als wäre der Platz ausgegangen, weshalb den Lesern das Ende versagt bleibt. Das Hildebrandslied entstammt vermutlich dem Sagenkreis um Theoderich, Odoaker und Attila. Die bairische Fassung, die um 770/780 entstand, wurde auf der Grundlage eines gotischen oder langobardischen Urtextes verfasst: Der alte Hildebrand, ein Gefolgsmann Dietrichs von Bern, kehrt nach dreißig Jahren in die Heimat zurück und begegnet seinem Sohn Hadubrand, der ihn nicht als seinen Vater erkennt. Die Ehre zwingt die beiden zu unterschiedlichen Lagern gehörenden Krieger zum Zweikampf. Das Gedicht wurde in Dialogform verfasst und ist, wenn man so will, der erste Krimi der deutschen Literatur. Da der Text plötzlich abreißt, weiß man aber bis heute nicht, »wer der Täter ist«, also, was passiert und wer von beiden stirbt. Wir müssen davon ausgehen, dass die Schreiber das Ende nicht bewusst verheimlichten; der Ausgang ist gefroren in der Zeit, weil ihnen der Platz ausging und kein weiteres Papier – mag sein – für einen derart mondänen Text zur Verfügung stand.

Stilistisch sind jeweils zwei Kurzzeilen durch den Gleichklang im Anlaut miteinander verbunden und bilden so eine Langzeile. Der sogenannte Stabreim oder die Alliteration wird durch den Reim gleicher Konsonanten und Vokale zu Beginn der Zeilen erzeugt.

Das Ende des Gedichts lautet:

do stoptun to samane staim bort chludun,
heuwun harmlicco huitte scilti,
unti imo iro lintun luttilo wurtun,
giwigan miti wabnum [...]

Da ritten sie gegeneinander, spalteten farbige Schilde,
schlugen gefährlich auf weiße Schilde,
bis ihnen ihre Lindenschilde zu Bruch gingen,
zerstört von den Waffen [...]

An dieser Stelle bricht der Text ab. Niemand wird wohl je den Ausgang der Geschichte erfahren.

Stabreim oder Alliteration:
Der Stabreim wird vorwiegend in Heldengedichten verwendet. Die zwei oder drei Stäbe tragen die Hauptbedeutung, wodurch sie gleichzeitig die wichtigsten Stellen hervorheben. Eine Alliteration ist ein Gleichklang im Anlaut von Silben und Ton: (z. B. aus dem Hildebrandslied) H*iltibrand gimahalta*, H*eribrantes sunu* – her *uuas heroro man* – oder auch: *Mann und Maus, Himmel und Hölle.* Diese Form des Reims schafft durch einen straffen Rhythmus Regelhaftigkeit und Klarheit.

MERSEBURGER ZAUBERSPRÜCHE

Diese beiden magischen germanischen Sprüche wurden im 9. Jh. in einem Kodex mit ausschließlich kirchlichen Texten des Merseburger Domkapitels in ostfränkischem Dialekt niedergeschrieben und dort 1841 von dem Historiker Hans Waitz entdeckt. Es sind die einzigen überlieferten Zaubersprüche in althochdeutscher Sprache, die beide in stabreimenden Langzeilen verfasst wurden.

Die »Merseburger Zaubersprüche« zeigen noch die Nähe der heidnischen Vergangenheit in der sich etablierenden neuen christlichen Welt. Über die Funktion von Zaubersprüchen schrieb Rudolf Simek (1995), dass sie dazu dienten, »durch die Macht des gebundenen Wortes die magischen Kräfte, die sich der Mensch dienstbar machen will, nutzbar zu machen«.

Der erste Meserburger Zauberspruch:
Eiris sazun idisi, sazun hera duoder.
suma hapt heptidun, suma heri lezidun,
suma clubodun umbi cuoniouuidi:
insprinc haptbandum, inuar uigandun.

Einst ließen sich die Idisen nieder,
setzten sich hierhin und dorthin
Einige fesselten, andere hielten das Heer auf,
wiederum andere lösten die Fesseln:
löse dich aus den Fesseln, entflieh dem Feind!

Die Idisen sind germanische Halbgöttinnen, die zum Schutz angerufen wurden. Sie sind nicht identisch mit den Walküren. Der Zauberspruch ist eine Anrufung, um gefangene Krieger aus der Gefangenschaft zu befreien. Erst die letzte Zeile formuliert die eigentliche magische Anrufung.

Muspilli

Dieses Fragment einer aufrüttelnden Schilderung vom Ende der Welt wurde um 870 in altbairischem Dialekt im Kloster Fulda geschrieben. Über Herkunft und Bedeutung des Titels weiß man nichts, vermutet aber nach dem Inhalt des Gedichts, dass es soviel wie »Weltuntergang durch Feuer« bedeutet. Das Wort ist nur noch zwei weitere Male belegt, im altsächsischen »Heliand« und in der altnordischen »Edda«. Wie das »Hildebrandslied« ist das »Muspilli« unvollendet – es fehlen sowohl Anfang als auch Ende. Auch sind die Autoren unbekannt und der Text wurde auf freie Seiten bzw. auf die Seitenränder einer anderen Handschrift geschrieben.

Hier ein Auszug aus der Mitte des Gedichts ab Zeile 50:

[…] *sô daz Eliases pluot   in erda kitriufit,*
sô inprinnant die perga,   poum ni kistenti
ênîhc in erdu,   ahâ artruknênt,
muor vursuuilhit sih,   suilizôt lougiu der himil,
mâno vallit,   prinnit mittilagart,
stên ni kistentit,   verit denne stûatago in lant,
verit mit diu vuiru   viriho uuîsôn:
dâr ni mac denae mâk andremo helfan   vora demo mûspille.

[…] so dass des Elias' Blut auf die Erde tropft,
dann brennen die Berge, kein einziger Baum bleibt stehen
auf der Erde, die Wasser trocknen aus,
das Moor verschlingt sich, die Flammen verbrennen den
Himmel,
der Mond fällt herunter, es brennt der Erdkreis,
kein Stein bleibt bestehen, wenn der Sühnetag ins Land zieht,
er kommt mit Feuer, sucht die Menschen auf:
Da kann kein Verwandter dem anderen helfen vor dem
Muspilli.

DIE STRASSBURGER EIDE

Mit »Straßbuger Eide« wird ein weltlicher Text von 842 bezeichnet,
der in Altfranzösisch, Althochdeutsch und Latein verfasst wurde –
ein deutliches Indiz für verschiedene, koexistierende Sprachen.

Der geschichtliche Hintergrund für die Eide ist der folgende:
Ludwig der Fromme (778–840), Sohn Karls des Großen, hatte
bereits 817 für seine drei Söhne Lothar I. (795–855), den ältesten,
Pippin I. (797–838) und Ludwig II. (806–876) die Erbfolge geregelt:
Während Lothar den größten Teil des Reiches erhielt und bereits zu
Lebzeiten seines Vaters regierte, bekam Pippin die südfranzösische
Provinz Aquitanien zugesprochen und an Ludwig, später genannt
»der Deutsche«, fiel Bayern. 829 jedoch verstieß der Vater gegen
seine eigene Erbregelung, indem er für seinen Sohn aus zweiter
Ehe, Karl II. (823–877), später genannt »der Kahle«, ein viertes
Teilreich einrichtete und diesem vermachte. Die drei älteren Söhne
erhoben sich daraufhin gegen den Vater, um ihn abzusetzen. Nach

Ludwigs Tod beteiligte sich auch Karl II. an diesen kriegerischen Auseinandersetzungen und verbündete sich mit Ludwig gegen Lothar; Pippin war schon 838 gestorben. 841 schlugen Ludwig II. und Karl II. den älteren Bruder in der Schlacht von Fontenoy. Am 14. Februar 842 begegneten sich schließlich beide Herrscher in Straßburg, um mit den »Straßburger Eiden« ihr Bündnis gegen Lothar zu erneuern bzw. zu bekräftigen.

Im Jahr 843 einigten sich die drei Brüder im Vertrag von Verdun auf die Teilung des Reichs. Mit dem Aussterben von Lothars Erbfolgelinie wurde »Lotharingien« (Elsass-Lothringen) schließlich unter den Nachfolgern Karls des Kahlen und Ludwigs des Deutschen aufgeteilt.

Das Bündnis der Brüder von 841 und ihre Zusammenkunft zeichneten die Entstehung Frankreichs und Deutschlands vor. Gleichzeitig legte es zusammen mit der späteren Entwicklung den Grundstein für das seitdem immer wieder zwischen Frankreich und Deutschland umkämpfte Gebiet westlich des Rheins. Bei der Eidablegung selbst sprach jeder der beiden Herrscher in der jeweils anderen Sprache, damit er vom Heer des anderen verstanden werden konnte. Überliefert sind die Texte in der auf Lateinisch abgefassten »Historiae« des Nithardus (ca. 800–845), eines Enkels Karls des Großen.

Hier ein Auszug des Eidestexts zuerst in Altfranzösisch, wie er von Ludwig II. abgelegt wurde:

>*Pro Deo amur et pro christian poblo et nostro commun salvament, dist di in avant, in quant Deus savir et podir me dunat, si salvaraeio cist meon fradre Karlo, et in adiudha et in cadhuna cosa, si cum om per dreit son fradra salvar dist, in o quid il mi altresi fazet; et ab Ludher nul plaid numquam prindrai, qui meon vol cist meon fradre Karle in damno sit.*«

Dieselben Worte in althochdeutscher Sprache, wie sie Karl II. gegenüber dem Heer Ludwigs verkündete, lauten:

>*In godes minna ind in thes christanes folches ind unser bedhero gehaltnissi, fon thesemo dage frammordes, so fram so mir got geuuizci indi mahd furgibit, so haldih thesan mînan bruodher, soso man mit rehtu sînan bruodher scal, in thiu thaz er mig sô sama duo, indi mit Ludheren in nohheiniu thing ne gegango, the mînan uuillon imo ce scadhen uuerdhen.*«

Auf Neuhochdeutsch:

»In Gottes Liebe und in des christlichen Volkes und unser
beider Erlösung, von diesem Tage an fernerhin, sofern mir
Gott Weisheit und Macht [dazu] gibt, so halte ich diesen meinen
Bruder, so wie man mit Recht seinen Bruder soll, in dem dass [=
damit] er mir dasselbe tue, und mit Lothar in keinen [einzigen]
Dingen nicht [zusammen-]gehe, die meinen Willen ihm zu
Schaden werden [lassen würden].«

Die nachkarolingische Zeit

Im Jahr 751 kam es zu einem denkwürdigen Ereignis. Pippin der
Jüngere, der Vater Karls des Großen, setzte auf einer Versamm-
lung der Großen des Frankenreichs in Soissons Chilperich III.,
den letzten König aus dem Geschlecht der Merowinger, ab. Im
Anschluss daran ließ sich der ehemalige Hausmeier zum neuen
König ausrufen. Für die Krönung bedurfte es jedoch insofern
noch des Rückhalts der Kirche, als dass Pippin keiner königlichen
Familie entstammte und also nachträglich noch zum König gesalbt
werden musste. Im Gegenzug wurde die Verbindung zwischen
Pippin und dem heiligen Stuhl durch die »Pippinsche Schenkung«
des Jahres 756 gefestigt, denn der König schützte den Papst gegen
die Langobarden und verbriefte ihm mit dem Dukat von Rom
Landbesitz: der Grundstein für den Kirchenstaat war gelegt.
Für diese Leistung wurde dem Frankenkönig der Titel *Patricus
Romanorum* verliehen, der ihn mit Oberhoheit und Schutzpflicht
über Rom und der wichtigsten Stimme bei der Wahl des Papstes
ausstattete. Diese enge Verbindung zwischen Kaiser und Papsttum war für die spätere Regierung Karls des Großen, Pippins
Sohn, entscheidend und blieb für das gesamte frühe Mittelalter
bestimmend.

Die Nachfolger Karls des Großen waren auf Dauer nicht in der
Lage, das Reich zusammenzuhalten. Auch von außen kommenden
Gefahren vermochten sie nicht effektiv entgegenzutreten. So
gelang es ihnen nicht, den einfallenden Wikingern, die sich seit
890 in der Normandie festsetzten, Paroli zu bieten und unterlagen

auch den ins ostfränkische Reich einfallenden Ungarn. Mit dem Tod Ludwigs IV. (das Kind) und dem damit verbundenen Ende der karolingischen Dynastie im ostfränkischen Reich 911 standen statt eines starken Reichs fünf Stammesherzogtümer als fast selbstständige Gebilde da: Bayern, Franken, Lothringen, Sachsen und Schwaben. Die Stärke der Herzogtümer und die immer weiter fortschreitende Zersplitterung der Herrschaftsgebiete verhinderte die Ausbildung einer Zentralregierung und bereitete so den Boden für die territoriale Entwicklung Deutschlands, trotz mannigfacher Einigungsbemühungen.

Gleichzeitig mit diesem politischen Ende zerfiel auch die deutschsprachige Schriftsprache, und damit ihre gerade keimende Literatur, für ca. 150 Jahre bis zur Mitte des 11. Jh.s. Allein das Lateinische war in der gängigen Ideologie der Zeit – und einer erstarkenden Kirche – die angestrebte Schriftsprache. Die Bemühungen Karls des Großen um die deutsche Sprache und Kultur wurden somit weitgehend zunichtegemacht. Gleichzeitig wurde durch diese konservative Entwicklung der Grundstein dafür gelegt, dass bis weit ins 17. Jh. hinein Latein die Sprache von Wissenschaft und Bildung blieb.

Große Verdienste um die deutsche Schriftsprache erlangte jedoch um diese Zeit der Benediktinermönch und Leiter der Klosterschule von St. Gallen, Notker Labeo (950–1022). Seine Werke gehören zu den bekanntesten und wichtigsten jener Epoche. Er übersetzte antike Literatur in althochdeutsche Prosa und kommentierte sie, um die biblischen Inhalte verständlicher zu machen. In seinem Hauptwerk »Psalter«, einem liturgischen Textbuch mit Psalmen und Wechselgesängen, entwickelte er als erster eine konsequente phonetische Rechtschreibung des Deutschen, die in der Sprachwissenschaft als »Notkers Anlautgesetz« bezeichnet wird.

Notkers Anlautgesetz dient zur Regelung der Schreibung von Explosivlauten im Althochdeutschen: Endet das unmittelbar vorausgehende Wort auf einen stimmlosen Konsonanten (**p, t, k, pf, z, ch, b, d, g, f, h, z**), so wechselt der erste Buchstabe des Folgewortes (im Anlaut) von **b, d, g** zu **p, t, k**. Endet das vorausgehende Wort auf einen Vokal oder einen stimmhaften Konsonanten (**l, r, m, n**), schreiben sich die Konsonanten im Anlaut als **b, d, g**.

Übergang zur frühmittelhochdeutschen Literatur

Um die Mitte des 11. Jh.s ging die althochdeutsche Literatur zu Ende. Ausgehend vom Benediktinerkloster Cluny (gegründet 910) im französischen Burgund setzte zu diesem Zeitpunkt eine Reformbewegung ein, die sowohl das Klosterleben als auch das Papsttum selbst erfasste. Die Cluniazensische Reformbewegung hatte zum Ziel, den moralischen und geistigen Niedergang der Kirche zu stoppen und den christlichen Prinzipien und Werten Geltung zu verschaffen – dazu zählten z. B. die Einhaltung des Zölibats oder das Verbot der Simonie. *Reform* war in diesem Fall also als Besinnung auf konservative Grundwerte zu verstehen und nicht, wie man fälschlich annehmen könnte, als erneuernde Veränderung.

Im Papsttum führte die Reformbewegung zugleich zu einem neuen Selbstbewusstsein gegenüber den weltlichen Machthabern. Die Reformpäpste des 11. Jh.s lehnten zunehmend jede weltliche Einmischung in kirchliche Belange ab. Die Kirche forderte nicht nur ihre absolute Unabhängigkeit, sondern darüber hinaus die Unterwerfung der weltlichen Herrscher unter ihre Vormacht. Zu Zeiten der Christianisierung wie unter Pippin dem Jüngeren und später Karl dem Großen waren Könige und Kaiser hilfreiche Verbündete, um die Vormachtstellung, die die Kirche 300 Jahre später erlangt hatte, zu etablieren. Im 11. Jh. entwickelte sich jedoch eine zunehmende Konkurrenz zwischen weltlichen und kirchlichen Machtansprüchen. Hatte Heinrich III. (1017–1056) 1046 mit der Entmachtung dreier Päpste zugunsten Suitger von Bambergs die Herrschaft über die Kirche eindrucksvoll demonstriert, kehrten sich nur dreizehn Jahre später die Verhältnisse vollkommen um. Sein Sohn Heinrich IV. (1050–1106) wurde infolge des Investiturstreits – ein Konflikt um die Besetzung geistlicher Ämter durch weltliche Machthaber – vom Papst mit dem Kirchenbann belegt, der ihn beinahe seinen Thron kostete und 1077 zum sogenannten »Gang nach Canossa« zwang. Als Bittsteller im Büßergewand musste der König drei Tage in der Kälte ausharren, bis ihn der Papst schließlich vom Bann befreite. Auch wenn das Ringen um die Vorherrschaft damit keineswegs entschieden war, hatte sich das Kräfteverhältnis deutlich zu Gunsten der Kirche, respektive des Papsttums, verschoben.

Im Wormser Konkordat von 1122 kam es schließlich zur Trennung von kirchlichen Ämtern und weltlichem Recht. Die Bischofsweihe fand zwar noch im Beisein des Kaisers statt, und er stattete den Geistlichen mit weltlichen Gütern und Rechten aus, doch verlor er seinen eigentlichen Einfluss auf die Besetzung des Postens.

Neben der Kirche waren es die Territorialfürsten bzw. der hohe Adel, die von jenen Machtrangeleien und der damit verbundenen Schwächung des Kaisertums profitierten. Neben den geistlichen Würdenträgern waren vor allem sie es, die ihren Besitz und ihre Hoheitsrechte zunehmend auf Kosten des Königs bzw. Kaisers ausbauten. Trotz zahlreicher Versuche späterer Kaiser, vor allem aus dem Geschlecht der Staufer, diesen Prozess umzukehren, scheiterten alle auf die ein oder andere Art. Zu erwähnen wäre hier der Plan Heinrichs VI., das Reich nach dem Vorbild Frankreichs in eine Erbmonarchie umzuwandeln, wodurch die Königswahl durch die mächtigsten Fürsten obsolet geworden wäre.

Es verwundert nicht, dass in diese Zeit großer Religiosität und politischer Vormachtstellung der Kirche der erste Kreuzzug fällt. Zwischen 1096 und 1099 zogen christliche Ritter, Abenteurer, Geistliche und Bauern aus vielen Gebieten Europas über den Balkan und Kleinasien in die Levante bzw. Palästina. Obwohl zunächst nur von der Befreiung der orientalischen Christen vom Joch der moslemischen Seldschuken die Rede war, avancierte im Verlauf der Entwicklung immer mehr die militärische Befreiung der heiligen Stätten – an denen Christus gewirkt hatte – zum eigentlichen Ziel des kriegerischen Vormarschs.

Die Schriften der Zeit sind vorwiegend deutsche religiöse Gebrauchstexte, die das Volk auf den rechten Weg weisen sollten, wie das »Ezzolied« des Geistlichen Ezzo aus Bamberg um 1063. In einem 34-strophigen Hymnus werden die Erschaffung des Menschen und Christi Tod am Kreuz als Vollendung des göttlichen Heilsplanes besungen.

Notker von Zwiefalten (vor 1065 bis nach 1090) schrieb im Kloster Hirsau, das stark von der cluniazensischen Reformbewegung geprägt war, um das Jahr 1070 mit dem Gedicht »Memento mori« die erste deutsche Bußpredigt in Reimform: ein Aufruf zur Weltabkehr und zur Askese im Sinne von Cluny.

Das 12. Jh. lieferte milder gestimmte Texte in Form von Mariendichtungen, hier herrscht volkstümliche Einfachheit und Frömmigkeit vor, mit Maria als weiblicher Mittlerin zwischen Mensch und Gott. Beispielhaft für diese Texte ist der folgende Auszug der »Mariensequenz« aus dem Schweizer Kloster Muri:

Ave, vil liehtu maris stella,
ein lieht der christinheit, Maria,
alri magide lucerna.

Sei gegrüßt heller Stern des Meeres,
ein Licht der Christenheit, Maria,
Leuchte aller Jungfrauen.

Die Mariendichtung bildet in gewisser Weise den sachten Übergang zu den sogenannten vorhöfischen Dichtungen mit stärkerer Hinwendung zu weltlichen Belangen, ritterlichem Leben und schließlich Abenteuern. Maria ist als Mutter Gottes und weltliche Frau für den Übergang kennzeichnend und so kam die ausschließlich religiös geprägte Dichtung zu ihrem Ende. Man wollte in diesem neuen Spiegel der Welt seinem Gott, gleichzeitig aber auch der Welt zugewandt sein und beiden gefallen.

In diese Zeit fällt auch die Kaiserchronik, die erste Geschichtsdichtung in deutscher Sprache. Über 17 000 Verse bilden den Übergang zum Frühmittelhochdeutschen. Die ursprünglich »Cronica« genannte Schrift wurde von einem anonymen Geistlichen am Regensburger Hof verfasst und bricht mit den Vorbereitungen zum zweiten Kreuzzug 1147 abrupt ab. Episodenhaft werden darin die Leben von 54 römischen und deutschen Kaisern dargestellt.

Nach der französischen Vorlage über das Leben Alexanders des Großen von Alberich von Besançon (um 1120), von der nur noch 1205 Verse erhalten sind, verfasste der vermutlich aus dem Rheinland stammende Geistliche Lamprecht, genannt »der Pfaffe«, zwischen 1120 und 1150 das »Alexanderlied«. Damit begann die

Einflussnahme der französischen Literatur auf die deutsche, die jahrhundertelang anhalten sollte. Hier der Anfang aus der um 1170 entstandenen Straßburger Fassung:

> *Daz liet, daz wir hie wirken,*
> *daz sult ir rehte merken.*
> *Sîn gewôge ist vil gereht.*
> *Iz tihte der paffe Lamprecht*
> *unde saget uns ze mêre,*
> *wer Alexander wêre.*
> *Alexander was ein listich man,*
> *vil manige rîche er gewan,*
> *er zestôrte manige lant.*

Das Lied, das wir hier vortragen,
dem sollt ihr gebührende Aufmerksamkeit schenken,
denn es ist genau und richtig gefügt.
Der Pfaffe Lamprecht hat es gedichtet
und uns ferner berichtet,
wer Alexander gewesen ist.
Alexander war ein kluger Mann,
der viele Reiche gewann
und viele Länder zerstörte.

Die Jahre zu Beginn des 12. Jh.s waren reich an Stoff für die sogenannte Spielmannsdichtung, der Erste Kreuzzug (1096–99) war nach unendlichen Strapazen vorüber, und die Kämpfer kehrten mit wilden Geschichten von unbekannten Ländern und nie gesehenen Menschen und Tieren zurück nach Hause. Die Mühen der Kreuzfahrer waren von Erfolg gekrönt; Jerusalem wurde erobert und in Syrien und Palästina wurden christliche Herrschaften gegründet.

Neben dem Stoff für die Fantasie, den die Fremde lieferte, bereicherten die weiteren Kreuzzüge das Abendland erheblich. Der direkte Kontakt mit dem zu jener Zeit kulturell und technisch in vielen Belangen überlegenen, islamischen Kulturkreis wirkte sich größtenteils positiv auf das Geistesleben im Abendland aus: die arabischen Ziffern wurden übernommen, wichtige Kenntnisse in Geographie, Naturwissenschaften und Philosophie flossen nach Norden, morgenländische Waren und Ausdrücke verbreiteten sich in Europa. Den größten Gewinn aus den Kreuzzügen zog das Papsttum, dessen Ansehen und Einfluss weiter stieg, und die italienischen Handelskommunen wie Venedig, Pisa, Genua sowie Handelszentren in Frankreich und Deutschland.

Zu den abenteuerlichen Kriegserlebnissen kamen neue Sagen, Märchen und Tatsachenberichte ebenfalls aus fremden Ländern, die von jungen Geistlichen oder Absolventen von Klosterschulen an den Höfen mündlich mit Witz und Gesang vorgetragen wurden. Diese mündlich vorgetragenen Texte dienten nicht mehr allein der geistlichen Erbauung, sondern vor allem auch der Unterhaltung und wurden Vorreiter der ritterlich-höfischen Dichtung, die ebenso wie die Spielmannsdichtung in Süddeutschland, dem heutigen Österreich sowie überwiegend im nördlichen Schwaben zu finden war – in den bairischen, alemannischen und ostfränkischen Dialekten also.

Welche Rolle die zu jener Zeit herrschende Dynastie der Staufer, die das Schwergewicht ihrer Hausmacht in diesen Regionen hatte, für die Entwicklung der Dichtung gespielt hat, ist schwer zu sagen. Zumindest zwei ihrer Sprösslinge, nämlich Heinrich VI. (1165–1197) und Konrad IV. (1228–1254), betätigten sich offenbar als Minnesänger, auch wenn sie vermutlich persönlich keine Beiträge geliefert haben. Fest steht, dass die Dichtersprache des Mittelhochdeutschen ein Produkt der höfischen Kultur war, deren Qualität und Vielseitigkeit Friedrich I. Barbarossa (1122–1190) zu verdanken ist. Man vermied regionale Formen und Ausdrücke und wählte Reime, die sich leicht in andere Mundarten übertragen ließen, um eine Dichtersprache zu finden, die sich über den gesamten deutschen Sprachraum inklusive des niederdeutschen Sprachraums ausdehnte, obwohl sie nie bis in die Niederlande vordrang.

Sprachliche Entwicklung in den Niederlanden

Auf dem Gebiet der heutigen Niederlande entwickelte sich gegen Ende des 13. Jh.s auf der Grundlage des niederfränkischen Dialekts rasch eine Sprache jenseits des Lateinischen, die von Verwaltung, Gerichtsbarkeit, für den Kontakt zwischen Handelsniederlassungen und für die Kommunikation des gebildeten Bürgertums verwendet wurde. Hier hatte die mittelhochdeutsche Dichtersprache keine Wirkung. Im 16. Jh. und mit der Abspaltung der Niederlande sowie der Ausbreitung des Calvinismus als Bewegung des Protestantismus etablierte sich diese Sprache anstelle des Hochdeutschen als Standard für diese geographische Region. Daraus entwickelte sich das moderne Niederländisch. Man kann also sagen, dass das Niederländische dem Mitteldochdeutschen weit näher steht als das moderne Deutsch.

Exkurs: Dialekt (griech. *dialektos*, Redeweise, Unterredung)

Ein Dialekt ist die Variation einer Hochsprache, die in Aussprache, in Satzbau, in den grammatischen Formen und in der Wortwahl vom Standard abweicht. Eine der wichtigsten Fragen jedoch in der Bestimmung dessen, was ein Dialekt ist, bleibt: Was unterscheidet einen Dialekt von einer Sprache?

Zur Erklärung zeichnet der niederländische Linguist Klaas Heeroma (1909–1972) den Fall eines englischen Touristen, der eine Wanderung vom französischen Dünkirchen nach Danzig in Polen plant; Zeit spielt dabei keine Rolle. Er will an jedem Ort bleiben, an den er kommt, und mit den Leuten sprechen, jedoch nicht in der jeweiligen Landessprache (immerhin Französisch, Niederländisch, Hochdeutsch, Dänisch, Polnisch), sondern im jeweils vorherrschenden regionalen Dialekt, den er zuvor lernen muss. Auf eine solche Sprachreise, so Heeroma, kann man sich nicht vorbereiten, denn »örtliche Mundarten stellen dem interessierten Außenstehenden keine Lehrmittel zur Verfügung. Dafür sind es eben Dialekte. Der Dialekt ist eine örtlich festgelegte Form menschlicher Sprachexistenz, ein soziales Kontaktmittel zum Gebrauch im eigenen Lebensbereich. Dialekt wendet sich nicht an den Außenstehenden.« (Heeroma 1963). Heeromas Engländer muss sich einarbeiten – vor allem am ersten Ort, denn dort wird er die meiste Zeit verbringen müssen. Er beginnt in Dünkirchen (auf französischem Sprachgebiet) mit einer südwestflämischen Mundart, die es ihm gestattet, auf der belgischen Seite leicht den dort gesprochenen westflämischen Dialekt zu verstehen und zu sprechen. In jedem weiteren Ort wird er etwas Neues dazulernen, aber auch etwas zuvor Erlerntes vergessen können – nie jedoch wird er das Gefühl haben, eine Sprachgrenze überschritten zu haben. Schon gar nicht, wenn er aus Belgien kommend die Schelde überquert und von Zeeuws-Vlaanderen auf die Inseln Zeelands gelangt. Jede Sprachvariante geht mehr oder weniger nahtlos in die nächste über und so wird aus Südholländisch Nordholländisch und schließlich der Dialekt, der auf der deutschen Seite der Grenze gesprochen wird: Sprache als Kontinuum!

Man kann vermuten, dass der Deutsche, der hinter der Grenze lebt, den niederländischen Nachbarn besser versteht als zum Beispiel einen Bayern oder einen Alemannen. Dennoch aber sind alle drei Deutsche, während der Holländer, mit dem sich der deutsche Grenznachbar nahezu perfekt verständigen kann, ein Ausländer ist. Wieso? Heeroma beantwortet diese Frage so: »Die deutsch-niederländische Staatsgrenze ist keine Volkssprachengrenze, vielmehr eine Kultursprachgrenze.« (Heeroma 1963). Aber es ist nicht die Sprache, die über Zugehörigkeitsgefühle entscheidet, es ist ein eher abstraktes Gefühl, das man Solidarität nennen könnte; ein politisches Gefühl, kein geographisch regionales.

Tatsache ist, dass Hochdeutsch und Niederländisch zwei sehr unterschiedliche Sprachen sind, ihre sich geographisch naheliegenden Dialekte hingegen nicht. Der Dialekt dient immer der persönlichen Kommunikation, in ihm ist der Mensch zu Hause, während die Standardsprache dem Statusgewinn dient – denn vor allem diese Funktion hat sie heute.

Neben dem regionalen Dialekt gibt es noch den sozialen Dialekt oder Soziolekt. Darunter versteht man die spezielle Sprachverwendung sozialer Gruppen wie Jugendsprache, Kiezsprache, bestimmte Berufssprachen und Männer- und Frauensprache. Frauensprache zeichnet sich in vielen Sprachen durch eine höhere Stimmlage aus, durch eine zum Ende hin ansteigende Intonation, durch mehr Höflichkeitsformen wie z. B. den Konjunktiv und im Bereich des Wortschatzes durch den Gebrauch »typisch weiblicher« Wörter, wie sie jede Sprache auf konventioneller Ebene vorsieht bzw. durch Wörter, die für Frauen tabuisiert sind. Diese Beispiele oder der bezeichnete Unterschied zwischen Frauen- und Männersprache hat nichts oder nur wenig mit sexistischem Sprachgebrauch zu tun. Es geht um Sprachvarianten und nicht um Diskriminierung oder Diskreditierung.

Darüber hinaus hat jeder regionale Dialekt soziale Register – Sprache ist immer dreidimensional.

Wer spricht aber tatsächlich den Standard einer Sprache? Wahrscheinlich gibt es in seiner reinen und ungefärbten Form nur sehr wenige Sprecher einer Sprache. Als Beispiel: Auf der Welt gibt es etwa 350 Millionen Muttersprachler des Englischen und bis zu einer Milliarde Zweitsprachler. Man schätzt, dass nur etwa drei Prozent aller Muttersprachler das sprechen, was man früher als englische Hochsprache (Standard oder RP-English, *received pronounciation*) bezeichnet. In gewisser Weise ist also der Standard selbst zu einer Art (sozialem) Dialekt geworden, an dem deutlich Herkunft, Schulbildung, Universitäts- und Klassenzugehörigkeit abgelesen werden können.

Doch die meisten Menschen bedienen sich nicht nur einer Sprache, sie »surfen«, durchbrechen Grenzen, bewegen sich frei zwischen den sozialen und regionalen Dialekten, verwenden Sprache in verschiedenen sozialen Situationen und setzen sie, wenn sie es können, in jeder Situation angemessen ein. Können sie es nicht, wird sanktioniert. Im deutschsprachigen Raum des Mittelalters gab es die folgenden Dialekte in ihren jeweiligen Sprachlandschaften:

- a) **Ober- oder Hochdeutsch:** Alemannisch (Südbaden, Schweiz, Elsass, Süd-Württemberg, Vorarlberg) und Bairisch (Tirol, Kärnten, Steiermark, Ober- und Niederbayern, Ober- und Niederösterreich, Oberpfalz)
- b) **Mitteldeutsch:** Westmitteldeutsch (Mittelfränkisch [Köln-Trier]), Oberfränkisch (u. a. Rheinfränkisch [Pfälzisch, Hessisch]) und Ostmitteldeutsch (Thüringisch, Obersächsisch-Nordböhmisch, Schlesisch)
- c) **Niederdeutsch:** Mittelniederdeutsch (hat sich mit West-, Ostfälischem u. Nordniedersächsischem aus Altsächsisch entwickelt) und Mittelniederländisch (aus Altniederfränkisch)

3. Mittelhochdeutsch

Entwicklung einer Nationalsprache

Die Periode des Mittelhochdeutschen als Ablösung des Althochdeutschen erstreckte sich von der Mitte des 12. Jh.s als Frühmittelhochdeutsch über das Klassische Mittelhochdeutsch des 12. und halben 13. Jh.s bis zum Spätmittelhochdeutschen, das je nach Quelle bis zum Ende des 15. Jh.s dauerte.

Das Ende der althochdeutschen Periode zeichnete sich nicht mehr durch große literarische Tätigkeit aus. Diese hat erst wieder um die Mitte des 12. Jh.s mit dem Beginn der Herrschaft der Dynastie der Staufer eingesetzt, die deutsche Sprache aus der regionalen Begrenzung herausgehoben und sie zum ersten Mal zu einer wichtigen europäischen Sprache gemacht. Es begann die Ära der großen Hofdichter wie Wolfram von Eschenbach (ca. 1170 bis ca. 1230), Hartmann von Aue (ca. 1160 bis ca. 1210), Gottfried von Straßburg (gest. um 1215), Der von Kürenberg (Mitte des 12. Jh.s), Walther von der Vogelweide, Heinrich von Morungen (gest. um 1220) oder Neidhardt von Reuenthal (1180–1246), deren Verswerke weitgehend weltlich geprägt sind und keine geistlich-kirchlichen Themen mehr behandeln, obwohl sie noch von religiösen Gedanken durchdrungen sind. Die Werke, die circa zwischen 1170 und 1250 entstanden, begründen das erste klassische Zeitalter deutschsprachiger Literatur. Während die episch-lyrischen Werke in deutscher Sprache überwogen, war es immer noch Latein, das die (wenn auch wenigen) Prosatexte bestimmte. Im Verlauf der mittelhochdeutschen Periode und besonders gegen deren Ende in den Jahren zwischen 1300 und 1350 wuchs die Zahl der Prosadokumente auf Deutsch, bis Deutsch Latein als Verwaltungssprache langsam abzulösen begann.

Um 1225 übersetzte Eike von Repgow den »Sachsenspiegel«, einen Gesetzestext, aus dem Lateinischen ins Niederdeutsche. Bald schon wurde der Text auch ins Hochdeutsche übertragen. Damit setzte eine langsame aber stetige Verdeutschung der Amtssprache ein. Das älteste kaiserliche Dokument in deutscher Sprache datiert 1240, weitere folgen und ab 1275 ist eine deutliche Zunahme zu verzeichnen. Aus der Zeit bis 1300 sind etwa 2500 Dokumente erhalten – dem standen allerdings immer noch fast eine halbe Million (!) in lateinischer Sprache gegenüber. Gegen Mitte des 14. Jh.s verwendeten dann aber fast alle Kanzleien Deutsch. Für diesen Wechsel vom Lateinischen zum Deutschen gab es soziale Gründe: Latein wurde mit der Knute traditioneller feudalistischer Interessen und vor allem mit der Kirche assoziiert, jedoch waren die aristokratischen Feudalherren zu dieser Zeit vielfach vom Bürgertum und niederem Adel als treibende Kräfte der Gesellschaft abgelöst worden bzw. wurden durch einen langsam aufsteigenden Geldadel unterstützt.

Andererseits blieb die Kirche die Bewahrerin des Lateinischen und widersetzte sich standhaft jeder Einmischung durch die Verwendung der Umgangssprache; man verbot die Veröffentlichung jeglicher Texte religiösen Inhalts in deutscher Sprache und 1369 erließ Karl IV. sogar ein allgemeines Verbot derartiger Texte. In einer Zeit, da über religiös-philosophische Dinge in weitem Rahmen nachgedacht wurde, stellte die kirchliche Position eine starke Behinderung in der Entwicklung der deutschen Sprache dar. Noch im Jahr 1486 erklärte der Bischof von Mainz, deutsche Bibeln seien in seiner Diözese nicht erwünscht.

Latein
Im 4. Jh. fertigte der Heilige Hieronymus die wichtigste Übersetzung der Bibel aus dem Griechischen und Hebräischen ins Lateinische an. Diese Version der Bibel blieb bis zur Reformation und der Neuübersetzung der Bibel ins Deutsche durch Martin Luther (s. S. 125) das kirchliche Standardwerk: Das Christentum des Mittelalters war im Lateinischen verwurzelt. Als Sprache der Kirche, deren Gesetze auch die weltlichen Gesetze prägten, bestimmte es nicht nur theologische Texte, sondern auch juristische, medizinische und poetische Werke. Die Menschen waren zumeist Analphabeten und erst recht nicht des Lateinischen mächtig, auch wenn sie lateinische Gebete und Kirchenlieder im Gottesdienst aufzusagen vermochten. Die Aufrechterhaltung der lateinischen Liturgie dauerte bis zum Zweiten Vatikanischen Konzil an, das zwischen 1962 und 1965 unter den Päpsten Johannes XXIII. (1881–1963) und Paul VI. (1897–1978) stattfand. Erst zu diesem Zeitpunkt kam es zu einer

Reformation und Anpassung an die modernen Gegebenheiten, sodass man das Lateinische in der Liturgie durch die jeweiligen Nationalsprachen ersetzte: Die Menschen konnten die katholische Messe nun zum ersten Mal in ihrer eigenen Sprache zelebrieren.

Das ausgehende Mittelalter schwächte die Vorherrschaft des Lateinischen vor allem durch Übersetzungen, die halfen »den ausschließlichen Würgegriff des Lateinischen auf die Kultur zu lösen« (Morrison 2016:52). Diese Übersetzungen schufen eine neue Leserschaft, eine, die durchaus kontrovers war, denn zu dieser zählten jetzt auch Frauen und Mitglieder der unteren Schichten, die lesen konnten. Zugang zu Wissen, das zuvor ausschließlich mächtigen oder gebildeten Männern vorbehalten war, öffnete sich der Welt, denn des Lesens kundige Menschen waren in der Lage, Texte mit vielen anderen zu teilen und wichtige Informationen weiterzugeben.

Die wichtigsten sprachlichen Eigenarten des Mittelhochdeutschen

Sprachlich wird das Mittelhochdeutsche durch drei Veränderungen gegenüber dem Althochdeutschen markiert:
- durch die Reduzierung der vollklingenden Vor-, Neben- und Endsilbenvokale *a, e, i, o, u* zu einem schwachtonigen [ə] (Schwa), geschrieben als »e«, außer in den Ableitungssilben *-ung, -nis, -lîch, -heit, -keit, -inne, -in* etc. z. B.:

   ahd. Dat. Pl. *tagun*, mhd. *tagen* – nhd. *tagen*

   ahd. *ich nimu, ginoman*, mhd. *ich nim(e), genomen* – nhd. *nehmen, genommen*

   ahd. *scôno*, mhd. *Schône* – nhd. *schon*
- durch die graphische Kennzeichnung des Sekundärumlauts
- durch die graphische und lautliche Änderung von *sk* zu *sch*

Andere lautliche Entwicklungen:
- Monophthongierung: mhd. *lieber mueder bruoder* – nhd. *lieber müder Bruder*
- Diphthongierung: mhd. *mîn nîuwes hûs* – nhd. *mein neues Haus*
- Dehnung in offener Tonsilbe: ahd. *wagan* hatte ein kurzes a; nhd. *Wagen* ist lang (ebenso *faran* zu nhd. *fahren*)

Hierbei handelt es sich jedoch um spätere Phänomene, die den Wechsel vom Spätmittelhochdeutschen zum Frühneuhochdeutschen markieren.

Sekundärumlaut

(zu Primärumlaut s. S. 61) Bis zum Verschwinden der den Umlaut auslösenden Umgebung, also durch den Wegfall der i-haltigen Silben beim Verfall der Endsilben ca. um das Jahr 1200, wurde der Umlaut in allen umlautfähigen Silben (**a, u, o**) durchgeführt. Diese ausnahmslose Regelmäßigkeit des Wechsels in der Flexion bezeichnet man als Sekundärumlaut:

mhd. *maht* zu *mähte* (auch nhd. *die Macht, die Mächte*)

guot zu *güete* (nhd. *das Gut, die Güte*)

ahd. *ubir* zu mhd. und nhd. *über*

Vokalwechsel durch Hebung

Als Hebung bezeichnet man den Wechsel von **e** > **i** in der Wort- und in der Formenbildung. Die neuhochdeutschen Verben mit Vokalwechsel

geben	–	gibt
werfen	–	wirft

oder Wortableitungen wie

Berg	–	Gebirge
Recht	–	richten

stammen daher, dass **ë** vor **i, ī, j** oft auch vor einem **u** der Folgesilbe zum Hochzungenvokal **i** gehoben wurde (Hebung). Man beachte die korrespondierenden Beispiele aus dem Althochdeutschen:

gibirgi	–	*bërg*
rihten	–	*rëht*
wirfu, wirfit	–	*wërfan*
gibist	–	*gëban*

Vokalwechsel durch Senkung

Als Senkung bezeichnet man den Wechsel von **u (ü) > o** in der Wortbildung.

Huld	–	hold
füllen	–	voll
gülden	–	Gold

Dieser Wechsel im Neuhochdeutschen rührt daher, dass der Hochzungenvokal **u** vor **a, e, o** der Folgesilbe zu **o** gesenkt wird (Senkung), also an die nachfolgenden Vokale, die eine geringere Zungenhebung erfordern, angepasst wird. Andere Bezeichnungen für diesen Wechsel sind *a-Umlaut* oder *Brechung*. Man beachte die korrespondierenden Beispiele aus dem Althochdeutschen:

ahd. *hold* (aus got. *hulþs*)	–	*huldī*
mhd. *holt*	–	*hulde*
ahd. *fol* (aus got. *fulls*)	–	*fullen* (got. *fulljan*)
mhd. *vol*	–	*vullen*
ahd. *scolta, scolo*	–	*sculum, sculdīg*
mhd. *solde, schol*	–	*suln, schuldec*
(sollte, Schuldner	–	sollen, schuldig)

Neuerungen im syntaktischen Bereich

Der Verfall der Endsilben wirkte sich auch stark auf den Satzbau aus, denn die Flexionsendungen, die ja zur Schaffung von Eindeutigkeit dienen sollten, verloren diese Funktion und gewährleisteten deutliches Verstehen nicht mehr. Anders als noch im Althochdeutschen trat ein Personalpronomen an das flektierte Verb:

ahd. *Gilaubiu*, mhd. *ich geloube* – nhd. *ich glaube*

Waren die Flektionsendungen der Substantive im Althochdeutschen noch vollkommen klar gewesen, so wurden sie im Mittelhochdeutschen abgeschliffen und darum undeutlich für den jeweiligen grammatischen Fall; ihnen wurde stets ein Artikel vorangestellt:

ahd. *heilegemo gesite,* mhd. *dem heiligen geiste* – nhd. *dem Heiligen Geist*

Die Deklinationsformen der schwachen Feminina:

Nominativ Plural	ahd. *zungūn*	mhd. *die zungen*
Akkusativ	*zungūn*	*die zungen*
Genitiv	*zungōno*	*der zungen*
Dativ	*zungōm*	*den zungen*

Man sieht eine deutliche Entwicklung weg von einer synthetischen zur analytischen Bauweise.

synthetisch vs. analytisch

Nach Wilhelm Schlegel und Wilhelm von Humboldt nennt man eine grammatische Markierung durch ein anderes Wort oder mit Hilfe eines anderen Worts (z. B. eines Hilfsverbs wie *sein* oder *haben*) einen analytischen Sprachbau. Trägt das Wort selbst dagegen alle grammatischen oder morphologischen Markierungen (Vokalwechsel, Umlaut, Endung) und zeigt dadurch die syntaktischen Beziehungen im Satz an, spricht man von einem synthetischen Sprachbau. So bedeutet *sie singen* nicht nur »ein Lied vortragen«, sondern auch 3. Person, Plural, Präsens, Indikativ, Aktiv.

Zum Beispiel unterscheidet sich die Bildung von Präteritum und Perfekt auf diese Weise: Das Präteritum wird synthetisch gebildet (Veränderungen am Wort selbst [habe – hatte, danken – dankte]), während das Perfekt analytisch mit flektierten Formen von Hilfsverben und dem Partizip Perfekt gebildet wird (habe gehabt, bin gegangen). Ist dabei die Umbildung des Infinitivs zum Partizip Perfekt an sich synthetisch, bleibt die Bildung des Perfekts als Zeit analytisch. Für den Konjunktiv II stehen dem Deutschen beide Formen zur Verfügung (würde haben, analytisch; hätte, synthetisch). Im Deutschen wird die Komparation synthetisch gebildet: *schön – schöner – schönst-*. Das Englische und das Spanische bedienen sich der analytischen Bauweise: Engl. bei mehrsilbigen Wörtern *beautiful – more beautiful – most beautiful* (Wörter mit einer Silbe werden wie im Deutschen synthetisch gebildet: *big – bigger – biggest*); Span. *más bonito – lo más bonito* (es gibt hier für den Superlativ auch eine synthetische Bauweise: *grande – más grande – grandissimo/a*).

Mittelhochdeutsche Dichtersprache

Im Gegensatz zur geschriebenen war die gesprochene Sprache wie zuvor, in althochdeutschen Zeiten, ein Zusammenspiel zahlreicher Dialekte. Es zeichneten sich allerdings erste Unterschiede im Gebrauch der Sprache ab, die nicht nur auf die Verwendung von regionalen Dialekten, sondern auch auf die Entwicklung von Soziolekten hindeuten: gebildete Menschen unterschieden sich in ihrer Sprache von ungebildeten – wobei die jeweilige dialektale Basis bei beiden dieselbe war. Dadurch entstanden Ähnlichkeiten in der Sprache einer Bildungselite, die zunehmend dialektgrenzenübergreifend wurde und sich absetzte von der täglichen Sprache der Bauern und Dörfler.

An den fürstlichen Höfen hat sich eine solche übergreifende Variante gehalten und von dort aus verbreitet, denn hier kamen Menschen aus allen Teilen des Landes zusammen.

Eine noch größere Übereinstimmung gab es in der Diktion der Dichter der klassischen Periode. Zwar war ihre regionale Abstammung erkennbar, aber die Sprache ihrer Werke zeichnet sich durch ein hohes Maß an Gleichheit aus. Es muss allerdings darauf hingewiesen werden, dass dies nicht im selben Umfang geschah, wie beim Gebrauch des modernen Deutsch, wo Orthographie, grammatische Verwendung und Formgebung eines jeden Wortes reguliert und standardisiert sind – im Mittelalter wurde eine derartige Einheitlichkeit natürlich nie erreicht und das, was dafür galt, blieb einigen privilegierten Gruppen vorbehalten. Aber innerhalb eines jeden Dialektgebiets wurden Übereinstimmungen (um das Wort Standardisierungen zu vermeiden) in der gesprochenen und der geschriebenen Sprache geschaffen, die sich wiederum gegenseitig beeinflussten. Bei einigen alemannischen Dichtern lassen sich sogar Bestrebungen erkennen, bestimmte Eigenarten des Dialekts zu vermeiden, um überregional verständlich sowie akzeptabel zu sein und so den eigenen Wirkungskreis zu vergrößern. So wurden in der mittelhochdeutschen Phonetik mit Ausnahme des Alemannischen die unbetonten Vokale zum unbestimmten [ə] (Schwa) reduziert, das als **e** geschrieben wurde, gleichgültig, ob es sich um einen langen oder einen kurzen Vokal in der althochdeutschen Periode handelte. Die alemannischen Dichter jedoch verwendeten stets das nicht spezifische Schwa, wie es in allen anderen Dialekten außer dem ihren verwendet wurde. Es gelang den mittelhochdeutschen Dichtern zum ersten Mal in der Geschichte der deutschen Sprache so etwas wie eine Einheit der Sprache zu schaffen, die allerdings nur innerhalb der herrschenden Feudalklasse Verwendung fand und das Volk unbeteiligt ließ. Es handelte sich, wie Hugo Moser (1909–1989) es nennt, um eine »künstlerische Sondersprache«. Diese Sprachvariante nennt man gemeinhin die »Mittelhochdeutsche Dichtersprache«. Dieser Prozess war zum einen wegen eines größer gewordenen Kommunikationsradius möglich, zum anderen und vor allem aber durch den kaiserlichen Hof. Mit dem Verfall der kaiserlichen Institutionen jedoch und dem späteren Untergang der Dynastie der Staufer verfiel diese Sprache, denn auf die analphabetischen Massen hatte sie nie Einfluss.

Die deutsche Sprache hatte zum ersten Mal (wie die Dichtung in dieser Sprache) europäischen Rang erreicht und wurde zum Ausdruck seelischer Zustände und sachterer Gefühle verwendet. Nach dieser Periode fiel sie jedoch in ihre jeweilige regionale Form zurück und verlor den kurz zuvor gewonnenen nationalen Charakter wieder.

Friedrich I. Barbarossa und das 12. Jahrhundert

Unter dem Schlagwort *renovatio imperii* wollte Friedrich I. Barbarossa (Rotbart, 1122–1190) die Macht des Imperiums in der alten Dreieinheit Deutschland, Italien, Burgund wiederherstellen, um die kaiserliche Macht zu stärken und einen festgelegten Lehnstaat zu schaffen. Barbarossa führte Reich und Kaisertum erneut zu großer Macht, und seine Gestalt blieb beim Volk über Jahrhunderte das Ideal eines mittelalterlichen deutschen Kaisers, nicht zuletzt aufgrund seiner Nähe zum Volk. Friedrich I. Barbarossa verkörperte »wie kein anderer deutscher Herrscher vor und nach ihm den Glanz des hohen Mittelalters« (Knopp, Brauburger, Arens 2008:89).

1189 brach Friedrich an der Spitze seines Heers zum 3. Kreuzzug auf, der zum Ziel hatte, das 1187 nach der Schlacht von Hattin in die Hände der Muslime gefallene Jerusalem zurückzuerobern. Auf dem Weg dorthin ertrank der Kaiser jedoch – unter nicht ganz geklärten Umständen – bei einem Bad im Fluss Salef in Anatolien. Seinem Sohn Friedrich V. gelang es in der Folge nicht, die Ritter zu einen und den Kreuzzug fortzusetzen. Die Figur des Herrschers Barbarossa jedoch stimulierte zu jahrhundertelanger Mythenbildung.

Im 12. Jh., nicht zuletzt in Barbarossas Regierungszeit, begann sich das herauszubilden, was später zum modernen Europa werden sollte. In dieses Jahrhundert fallen in Deutschland die meisten Städtegründungen und auch die meisten Burgen wurden in dieser Zeit gebaut. Besiedelte Gebiete rückten näher zusammen, der Kontakt zwischen Sprechern verschiedener Dialekte wurde enger und geschah viel öfter als zuvor. Im Sprachgebiet lebten etwa 10 Mio. Menschen, doppelt so viele wie zur Jahrtausendwende. Der allgemeine Lebensstandard wurde durch Innovationen in der Landwirtschaft wie die Dreifelderwirtschaft oder den Wendepflug extrem angehoben. Dieser sich nicht nur in den herrschenden Schichten bemerkbar machende Wohlstand wirkte sich positiv auf Sprache und Kultur aus.

Der Unterschied zwischen Alt- und Mittelhochdeutsch wird durch einen direkten Vergleich deutlich. Das folgende Beispiel gibt den Anfang des Credo (Glaubensbekenntnisses) in beiden Sprachen sowie in Latein wieder:

AHD.

Gilaubiu in got fater almahtigon sceppuhion himiles enti erda.
Ende in heilenton Christ suno sinan einagon truhtin unseran
Ther infangener ist fona heilegemo gesite giboran fona
matium magadi giwizzinot bi pontisgen Pilate. In cruci bislagan
toot endi bigraban. Nidhar steig ci helliu, in thritten dage
arstuat fona tootem.

MHD.

Ich geloube an got vater qalmechtigen schephaer himels unde der erde.
unde an Jesum Christ sun sinen einigen herren unseren
der enphangen wart von dem heiligen geiste geboren von sante
Marien der meide gemartert unter dem rihtare Pylato. gechruciget
tot unde begraben. er fur ze helle, des dritten tages
erstunt er von dem tode.

LAT.

Credo in deum patrem omnipotentem, creatorem caeli et terrae.
Et in Jesum Christum, filium eius unicum, dominum nostrum.
Qui conceptus est de spiritu sancto, natus ex
Maria vergine, passus sub Pontio Pilato. Crucifixus
mortuus et sepultus descendit ad inferna, tertia die
resurrexit a mortuis.

Sprachliche Entwicklung in Norddeutschland

Durch das florierende soziale und wirtschaftliche Leben in den Hansestädten im Norden Europas etablierte sich dort ab der Mitte des 14. Jh.s eine eigenständige regionale Standardsprache, die an den meisten norddeutschen Kanzleien und Gerichten verwendet wurde. Durch die Niederlassungen der Hanse in Skandinavien, den Niederlanden, Russland, England sowie im gesamten baltischen Raum und durch die Anerkennung des Gesetzestexts von Lübeck in all diesen Städten und Regionen, gewann diese Variante des Deutschen ein größeres Prestige außerhalb der Grenzen, als es je zuvor oder später der Fall war. Lange Zeit war es sowohl die Handelssprache für den gesamten Nordeuropäischen Raum als auch Vehikel für eine lebendige niederdeutsche Literatur. Und wie so oft: Mit dem Fall der Hanse als wirtschaftlichem Motor verfiel auch die niederdeutsche Sprache. Bis zum Ende des 15. Jh.s wurde sie weitgehend durch Hochdeutsch ersetzt.

Die Hanse

Ursprünglich war die Hanse ein Zusammenschluss von Kaufleuten aus Sicherheitsgründen. Zu Land und auf See benutzte man gemeinsame Handelskarawanen und errichtete im Ausland Handelsniederlassungen, die z. T. mit Privilegien des Gastlandes ausgestattet waren. Der Begriff »Hanse« stammt aus dem Althochdeutschen und bedeutet »bewaffnete Schar«. Ursprünglich entstand die Hanse im 12. Jh. in Flandern, England und Deutschland. Ab 1358 war die Deutsche Hanse für ca. 200 Jahre ein unter der Führung Lübecks stehender Verbund von Städten mit wirtschafts- und handelspolitischen Zielen und dem Handelsmonopol im Ostseeraum. In ihrer Blütezeit hatte sie weit über 100 Mitgliedsstädte. Ab dem 15. Jh. folgte dann der allmähliche Niedergang, maßgeblich bedingt durch die erstarkenden Territorialmächte. Die faktische Auflösung vollzog sich allerdings erst mit dem letzten Hansetag in Lübeck 1669.

Wichtige Hansestädte waren u. a. Antwerpen, Brügge, Hamburg, Riga, Lübeck, Nowgorod, London, Bergen, Köln, Duisburg, Dortmund. Noch heute sind in Deutschland 25 Städte als Hansestädte ausgewiesen: Hamburg, Bremen, Lübeck, Stralsund, Wismar, Rostock, Greifswald, Anklam, Demmin, Lüneburg, Gardelegen, Salzwedel, Havelberg, Osterburg, Werben, Seehausen, Stade, Stendal, Wipperfürth, Warburg, Attendorn, Korbach, Herford, Buxtehude und Uelzen.

Einflüsse anderer Sprachen

Fahrende Ritter, geistiger Austausch zwischen den verschiedenen Fürstentümern und Höfen und internationale Verflechtungen führten zu einem verstärkten Einfluss anderer Sprachen auf das Deutsche. Es waren vor allem altfranzösische und provenzalische Wörter und Formen, die in die Sprache einflossen: *amour* – Liebe; *garzūn* (frz. garçon) – Knappe; *schevalier* – Ritter; *turnei* – Turnier; *pallas* (frz. palais) – Palast.

Aus dieser Zeit stammt auch die Übernahme der altfranz. Endung -*ier* = -ieren, z. B. *loschieren* – beherbergen. Dies ist eine bis heute sehr produktive Wortbildungsendung, die aus nichtdeutschen Verben deutsche macht, wie etwa telefonieren, renovieren, importieren, tradieren, fotografieren etc.

Ebenfalls nach französischem Vorbild (frz. *vous*) setzte sich die Anrede in der 2. Pers. Pl. mhd. *irzen* durch – Siezen kam erst im Laufe des 16. Jh.s auf.

Vom Duzen und Irzen

Jacob Grimm beschreibt in seiner vierbändigen Grammatik von 1819–37 den Gebrauch von »du« und »ir« im 12. und 13. Jh.:

1. gegenseitiges *duzen* galt unter seitenverwandten [...]: geschwister und geschwisterkinder [...]
2. *eltern* gaben den kindern *du*, der vater empfing von sohn und tochter *ir*, die mutter vom sohn *ir*, von der tochter gewöhnlich *du*, weil zwischen Mutter und Tochter größere vertraulichkeit fortdauert [...]
3. *eheleute irzen* sich [...]
4. *liebende, minnewerbende* nennen sich *ir*, gehen aber leicht in das vertrauliche *du* über [...]
5. der *geringere* gibt dem *höheren ir* und erhält *du* zurück [...]
6. zwischen *freunden* und *gesellen* gilt *du* [...]
7. *frauen, geistliche* und *fremde* erhalten *ir* [...]
8. *personificierte* wesen werden vom dichter *geirzt* [...]
9. das *gemeine volk* hat noch gar kein irzen unter sich angenommen, sondern bleibt beim *duzen* stehn [...]
10. *leidenschaftliche*, bewegte rede achtet der sitte nicht, und entzieht bald trauliches *du*, bald höfliches *ir* [...]

Durch die Kreuzzüge kamen neben exotischen Waren auch orientalische Ausdrücke in die Sprache:

Schāch – Schach; *zuccer* – Zucker; *dschubba* – Joppe: andere Wörter aus dem Arabischen: Alkohol, Almanach, Algebra, Alchemie, Kaffee, Mokka, Sandel- und Ebenholz; Damast, Kattun, Satin, Sakko, Kümmel, Safran, Droge, Natron, Benzin, Harem, Giraffe, Haschisch, Baldachin, Matratze, Talisman, Jasmin.

Viele Wörter wurden auch mittels anderer Sprachen übernommen: *Spinat* gelangte aus dem Persischen ins Arabische, in die romanischen Sprachen, ins Deutsche; *Kampfer* aus dem Indischen; *Giraffe* aus dem Abessinischen und *Dolmetsch* aus dem Türkischen.

Aus dem Italienischen z. B.

mhd. *spacziren* < *spaziare* – nhd. *spazieren*; mhd. *rîs* < *riso* – nhd. *Reis*; mhd. *damasc, damast* < *damasco, damasto* – nhd. *Damast, Stoff*; mhd. *gross(en), groschen* < *grosso* – nhd. *Groschen*; mhd. *karat* < *carato* – nhd. *Karat* (Edelsteingewichteinheit); mhd. *stival* < *stivale* – nhd. *Stiefel*; mhd. *salat* < *insalata* – nhd. *Salat*.

Auch in der Seefahrt sind italienische Ausdrücke übernommen worden, so stammen *Festland* und *hohes Meer* als Lehnübersetzungen (s. Definitionen S. 207) von *terra ferma* und *alto mare*.

Die Kolonialisation des Ostens

Im 13. Jh. erweiterte sich der deutsche Sprachraum durch die Ostkolonialisation entscheidend. Der Ausdruck ist an sich irreführend, denn er klingt nach einer rein deutschen Ausdehnung. Es waren aber zunächst vor allem Mönche verschiedener Orden, die in Missionstätigkeit nach Osten zogen. Zugleich erlebten West- und Mitteleuropa einen starken Bevölkerungszuwachs, der durch Binnenregelung wie die Neugründung von Städten oder den Ausbau bestehender Siedlungen nicht aufgefangen werden konnte. So zogen die Franzosen nach Spanien in die von Mauren zurückeroberten Gebiete, Normannen drangen bis zum Mittelmeer vor und Rheinländer, Niederländer, Franken, Sachsen und andere Gruppen wie Ungarn und slawische Stämme wanderten in den dünn besiedelten Osten.

Seit 1226 wirkte der Deutsche Orden in Ostpreußen, deutschsprachige Sprachinseln wie Siebenbürgen, Zipser Land (heutige Slowakei) entstanden in Südosteuropa und auch die Randgebiete Böhmens und Mährens wurden besiedelt. Diese Besiedlung des Ostens wurde von den Fürsten in Böhmen, Pommern, Mecklenburg, Schlesien und Polen gefördert, denn die zahlreichen Dorf- und Stadtgründungen und der damit einhergehende Handel brachten ihnen wirtschaftliche Vorteile. Die gesamte Ostexpansion, die Besiedlung des baltischen Raums und die Errichtung von Markgrafschaften, wie z. B. in Meissen oder Brandenburg, waren dabei mit kriegerischen Aktivitäten verbunden, die sich gegen die dort ansässige slawische Bevölkerung richteten.

Für die Siedler war der Osten attraktiv, denn sie erwarteten neben einer größeren persönlichen Freiheit bessere wirtschaftliche Bedingungen als im übervölkerten Westen. Für die Geschichte der deutschen Sprache war interessant, dass sich auf dem neuen Territorium Sprecher verschiedener Dialekte begegneten und zusammenlebten, was die Dialekte jeder einzelnen Volksgruppe stark beeinflusst. So lässt sich zum Beispiel in der Gegend des heutigen Meissen ein Siedlerstrom aus der Gegend des oberen Main über Würzburg und Bamberg nachziehen, ein anderer aus dem westlichen Deutschland über Erfurt bis nach Meissen, ein dritter aus dem Norden via Magdeburg. Diese Mischung der Bevölkerung, die sich auch in der Lausitz, Schlesien, Böhmen und Mähren aufzeigen lässt, führte zur Herausbildung eines gemischten kolonialen Dialekts, der sowohl nördliche wie südliche und westliche Elemente in sich vereint hat.

Diese migratorische Entwicklung fiel u. a. mit der Ausdehnung des Herrschaftsbereichs der Wettiner – einem der ältesten Adelsgeschlechter Deutschlands, benannt nach ihrer Stammburg Wettin – zusammen, die ihr Einflussgebiet von Meissen aus nach Thüringen ausdehnten und so die Grundlage für den mächtigen Staat Sachsen mit seinem wirtschaftlichen Zentrum in Leipzig bildeten. Der zusammengewürfelte Dialekt dieser Gegend wird mit dem Machtausbau der Wettiner zur Handels- und Umgangssprache für den gesamten ost-mitteldeutschen Raum, von der sich auch die verschiedenen Amtssprachen der Gegend ableiten. Zwei davon, die Amtssprache Prags und die Meissens, waren besonders seit der Verlegung des kaiserlichen Hofs durch Karl IV. (König von Böhmen 1347–78) nach Prag von herausragender Bedeutung.

Als um die Mitte des 14. Jh.s die Pest zu wüten begann, versiegte der Siedlerstrom aus dem Westen, die östlichen Gebiete – inzwischen alle christianisiert – gewannen an Eigenständigkeit und Einfluss und erlangten schließlich ihre Unabhängigkeit.

Deutscher Orden (auch Deutschritter, Kreuzritter, Deutschherren)
Der Deutsche Orden war ein 1190 während des 3. Kreuzzugs (1189–1192) und der Belagerung von Akkon ursprünglich zur Pflege von Kranken gegründeter Orden, der aber bereits 1198 nach dem Vorbild der Templer und Johanniter in einen Ritterorden umgewandelt wurde. Der Wahlspruch des Ordens lautete »Helfen, Wehren, Heilen«. Sein Zeichen ist bis heute ein schwarzes Tatzenkreuz auf weißem Grund, das auf der rechten Seite eines weißen Mantels angebracht ist. Neben den Templern, den Maltesern und den Johannitern war er der dritte zu Zeiten der Kreuzzüge gegründete Orden. Die Deutschritter waren im 13. Jh. entscheidend an der Kolonisation und Missionierung des Ostens beteiligt, wobei es in erster Linie um eigennützigen Landgewinn in den östlichen Gebieten ging. So war der Orden bei der Unterwerfung der heidnischen Preußen beteiligt, die 1283 abgeschlossen wurde. Erst danach besiedelten deutsche Bauern das Land. Ab 1309 wurde die Marienburg nahe der polnischen Stadt Malbork neuer Ordenssitz. Es folgten lange Kriege mit den Litauern, also eine weitere nach Osten gerichtete Bewegung, die dem Orden schließlich ein zusammenhängendes Herrschaftsgebiet bis nach Estland sicherte.
Der Sitz des Deutschen Ordens wechselte in den folgenden Jahrhunderten oft. Seit 1809 befindet er sich in Wien.

Das Rittertum

In mittelhochdeutscher Zeit lagen Schrift, Sprache und Dichtung nicht mehr in den Händen der Kirche und geistliche Themen wurden bestenfalls in weltlichem Gewand behandelt, waren aber nicht mehr Selbstzweck und Mittelpunkt der Darstellung. Zwar wurde an den Bischofssitzen und in den Klöstern weiterhin gearbeitet, aber parallel dazu ist eine neue Adelsschicht an ihren Höfen und in den neu gegründeten Städten kulturell tonangebend geworden. Träger dieser neuen Kultur war das in der staufischen Zeit erstarkte Rittertum. Ritter waren die führenden Kraft in Gesellschaft und Politik und auch die neuen Produzenten von Literatur. Erst im Spätmittelalter sollte sich das auch auf die nichtadlige Gesellschaft ausdehnen.

Mit dem Ritter als Idealfigur, der gesellschaftliche und religiöse Verpflichtungen in sich vereinigt, wurden dessen Werte festgelegt. Thema dieser neuen Literatur war es, als Ritter Gott und Welt, also nicht nur seinem Schöpfer, sondern auch dessen Werk zu Gefallen zu sein. Es entwickelten sich die ethischen Werte, die sich in den folgenden Leitbegriffen konzentrieren:

hoher muot	heitere, lebensbejahende Grundeinstellung
êre	Ansehen, Ehre
triuwe	Treue
milte	Erbarmen mit Schwächeren, Großzügigkeit, Freigebigkeit
staete	Beständigkeit
mâze	Selbstbeherrschung, Charakterfestigkeit
zuht	Beherrschung der gesellschaftlichen Regeln, gutes (höfisches) Benehmen
minne	liebendes Gedenken

Bedeutungswandel der Wörter »Weib« und »Frau« vom Mittelhoch- zum Neuhochdeutschen

WEIB: Im Althochdeutschen bedeutete *wîb* verhüllte Braut, verheiratete Frau – eine Braut war durch den Schleier verhüllt, eine verheiratete Frau trug ein Kopftuch.

Im Mittelhochdeutschen bedeutete *wîp* verheiratete Frau, ehrbare Frau, Hausfrau und war allgemeine Bezeichnung für das weibliche Geschlecht im Gegensatz zum Mann; allgemein war es das Gegenteil von Jungfrau oder *vrouwe*, was »Herrin« oder »Dame« bedeutete.

Hier ein Auszug aus dem »Deutschenspiegel«, einem Rechtsbuch des 13. Jh.s (Dsp. 283 § 3):

Der man ist auch vormunt sînes wîbes zehant als si im getriuwet ist. Daz wîp ist auch des mannes genôzinne zehant als si an sîn bette trit, nâch des mannes tôde ist si ledich von des mannes rehte.

Der Mann ist auch Vormund seiner Frau, sobald sie ihm angetraut ist. Die Frau ist ebenso des Mannes Standesgenossin, sobald sie sich in sein Bett begibt; nach des Mannes Tode ist sie frei vom Recht des Mannes.

Im Neuhochdeutschen wird »Weib« nur noch poetisch, umgangssprachlich, als Lustobjekt, abwertend oder als niedere Bezeichnung für Frau verwendet, (Rasseweib, Superweib, Drecksweib etc.). Es ist unter den Oberbegriff »Frau« gefallen, bezeichnet aber eigentlich nur noch die »niedrig Gestellte«.

Das engl. *wife* bedeutet heute immer noch (nur) »verheiratete Frau« und ist nie pejorativ, während die Bedeutung des niederländischen *wijf* sich ebenso verhält wie im Deutschen.

»Weib« ist grammatisch Neutrum: »das Weib«. Ebenso verhält es sich bei »das Mädchen« und »das Fräulein«. Das grammatische Geschlecht muss also nicht zwingend mit dem biologischen übereinstimmen. Die Funktion des grammatischen Geschlechts ist lediglich, durch Kongruenz zu Adjektiven den Bezug zu entsprechenden Pronomina herzustellen, m. a. W. einen Text eindeutig zu machen. Es setzt sich aber in Satzgefügen immer häufiger das natürliche Geschlecht durch, und so heißt es:

Das Mädchen, die um die Ecke bog.

statt

Das Mädchen, das um die Ecke bog.

(vgl. Weinrich 1993.)

Dieser Verzicht auf die grammatische Kongruenz zugunsten des natürlichen Geschlechts trat schon im Mittelhochdeutschen auf:

ein wîp die man hât erkant [...] diun bedarf [...]

FRAU, ahd. *frouwe*, mhd. *vrouwe*, bedeutete Herrin, Dame von Stand, Edelfrau, Herrscherin, Gebieterin. Etymologisch lässt es sich wie der altisländische Name der Göttin *Freyja* von einem im Deutschen ausgestorbenen Wort für

»Herr« herleiten. Seit dem 17. Jh. wurde »Frau« als Standesbezeichnung von »Dame« verdrängt, ist aber als »erwachsene weibliche Person« oder »Ehefrau« an die Stelle von mhd. *wîp* getreten. Im Lauf der Geschichte verlor sich die edle Bedeutung des Wortes und neuhochdeutsch ist »Frau« zur allgemeinen Geschlechtsbezeichnung geworden, eine Bedeutung, die mhd. *wîp* innehatte – »vrouwe« verlor seine Bedeutung als »Herrin« vollkommen. In der Anrede wurden bessergestellte weibliche Personen über eine kurze Periode als »Dame« bezeichnet, heute heißt es aber »Herr und Frau Schmitz«.

Im Althochdeutschen existierte noch die *quena*, die juristische Ehefrau und die *kebisa*, die Nebenfrau, deren uneheliche Kinder man »Kegel« nannte und nennt (s. *mit Kind und Kegel*). Vom ahd. *quena* leitet sich heute noch das englische Wort *queen* her.

Zur Bezeichnung einer biologisch jungen Frau bzw. Dienerin kannte das Althochdeutsche *diorna*, mhd. *dierne*, das sich im Neuhochdeutschen zu »Prostituierte« gewandelt hat.

Einen anderen, genau zum Thema passenden Wandel erlebte das lateinische Wort *vir*, zu Deutsch »Mann«. Es war stets sehr positiv besetzt, und im spätantiken römischen Reich war *vir illustris* (herausragender Mann) der höchste Titel, den Senatoren erlangen konnten. Von *vir* leitete sich *virtus* ab, also »mannhaft« und später die sich am Rittertum messende »Tugend« (s. auch *ritterliches Verhalten*). Im Mittelalter bezeichnete man eine mit männlichen Qualitäten ausgestattete Frau abwertend als *Virago*, »Mannweib«, aber auch als »Heldenjungfrau« wie z. B. Johanna von Orléans. Merkwürdigerweise jedoch leitet sich auch *virgo*, »Jungfrau« von *vir* her. Dies mag – als wilde Vermutung – damit zusammenhängen, dass durch die große Verehrung der Jungfrau im Mittelalter Frauen »in gewissem Sinn als missgestaltete männliche Wesen« (Blamires 1992:40) betrachtet wurden – wenn sie einmal keine Jungfrauen mehr waren.

Es gibt immer Menschen – Frauen wie Männer –, die sich gegen einen behutsamen Umgang mit Sprache wie die Einbeziehung und korrekte grammatikalische Behandlung wehren, sich darüber aufregen, sie, bestenfalls, als überflüssig abtun. Der große Linguist Harald Weinrich kommentierte diesen Umstand so: »Es ist daher keine schlechte Strategie der Frauen, diese Unauffälligkeiten auffällig zu machen, auch um den Preis grammatischer Unkorrektheiten. Es wäre von den Männern ziemlich naiv, nun sofort an die Notrufsäule zu eilen: Hilfe, die Frauen fahren uns die Grammatik zu Bruch! Geben wir doch zu, wir Männer, dass uns die deutsche Grammatik sonst gar nicht kümmert. [... Und] wer hat eigentlich behauptet, verantwortungsbewusster Sprachgebrauch müsse bequem sein?« (Weinrich 1993)

Die Minne

Einen eigenen Abschnitt verdient diese letzte ritterliche Eigenschaft der *minne*, aus der sich die literarische Form des Minnesangs als Bezeichnung für die Verehrung höfischer Frauen entwickelte. Der Ritter besang die Frau, die er zum Idealbild erhoben hatte und vollbrachte Heldentaten für sie. Er stellte sein Leben und sein gesamtes Tun in den Dienst dieser von ihm auserkorenen adligen Dame. Die adlige Frau genoss demnach im Mittelalter eine hoch geachtete Stellung in der ritterlichen Gesellschaft.

Die ersten bekannten deutschen Lieder aus dem 12. Jh. sind meist noch anonym überlieferte Verse, die von Liebe und allgemeinen Lebenserfahrungen sprechen.

dû bist mîn, ich bin dîn,
des solt dû gewis sîn.
dû bist beslozzen
in mînem herzen.
verlorn ist daz slüzzelîn:
dû muost ouch immer drinne sîn.

du bist mein, ich bin dein,
dessen kannst du gewiss sein.
du bist eingeschlossen
in meinem Herzen:
verloren ist das Schlüssellein:
du musst immer drinnen sein.

Der Minnesang entwickelte sich aus der provenzalischen Troubadourdichtung und verehrt bzw. wirbt um die meist verheiratete Frau des Lehnsherrn. Dabei drängt der Minnesang auf Liebe nicht in ihrer sinnlich erfüllbaren Variante, sondern als Ausdruck gesellschaftlichen Tuns: geistreiche Unterhaltung, Einhaltung höfischer Disziplin und höfischer Regeln stehen im Mittelpunkt. Diese streng reglementierten sozialen Umgangsformen spiegeln sich auch in der äußeren Form der Dichtkunst und ihren festen, ja vorschriftsmäßigen Regeln.

Das Ziel des Minnedienstes bestand darin, die Trauer über die Unerreichbarkeit der angebeteten Frau zu überwinden und in »hohen muot« umzuwandeln. Einziger Lohn des Minnesängers war ein kleines Zeichen, ein Gruß, eine freundliche Haltung der Angebeteten. Gleichzeitig wachte die höfische Gesellschaft streng darüber, dass das Ideal nicht korrumpiert wurde und es nicht zum Ehebruch kam. Sie gestattete die schwärmerische Liebe, die auch dem Ehemann schmeichelt, Leidenschaften mussten aber ideell bleiben. In den Gedichten des Minnesangs bleibt das Grundmotiv immer das Wissen um die Hoffnungslosigkeit des Ansinnens, die stete Unerfüllbarkeit nach Erhörung; die Kunst dieser Form bestand gerade darin, dieses Gefühl psychologisch und künstlerisch zu variieren. Wenn ein Minnesänger – der ja fast immer auch Ritter war – seine verehrte Frau zu umwerben begann, musste dies formell, ideologisch und anstandsmäßig korrekt sein. Es war die Figur des (mhd.) *merkaere*, des Merkers, des Aufpassers, oft auch ein Geistlicher, der die Liebenden bespitzelte, sich bei Sängerwettstreiten als Richter betätigte und streng auf Form, Anstand und Ideologie achtete.

Die formalen Ansprüche an den Minnesang waren entsprechend groß. Es wurde die Reinheit des Reims gefordert und daktylischer Rhythmus steht neben einfachem Wechsel von Hebung und Senkung. Die älteren Minnedichtungen sind einstrophig mit vier paarweise gereimten Zeilen und gelegentlich einer reimlosen Zwischenzeile (der Waisen). Die Lieder aus der Blütezeit sind dreistrophig.

Die Strenge der Form, die oft dem Inhalt den Vorzug gibt, entsprach dem Wesen des Mittelalters. Im Minnesang ging es nicht um empfindsame Liebesdichtung, sondern um konventionelle Unterhaltung bei Hofe. Mit der Zeit jedoch veränderte sich der Minnesang stark, er entwickelte sich einerseits zum Volkslied und andererseits zum Meistersang.

Daktylus

In direkter Übersetzung aus dem Griechischen bedeutet das Wort Daktylus *Finger*. Ein Daktylus ist eine Verseinheit (Versfuß), bestehend aus dem Rhythmus lang, kurz, kurz bzw. betont, unbetont, unbetont (— ~~), daher die Verbindung zu Finger: ein langes Fingerglied nah am Handteller und zwei kurze Fingerglieder. In der epischen klassisch griechisch-lateinischen Dichtung ist der Daktylus die Grundlage des Hexameters (Sechs-Maß, sechs Daktylen pro Zeile), des wichtigsten Verses z. B. der homerischen Epen »Illias« und »Odyssee«. In mittelhochdeutscher Dichtung stellt der Daktylus vermutlich eine eigenständige Entwicklung des Minnesangs dar und ist keine Übernahme aus klassischer Dichtung. Gegen Ende des 13. Jh.s verschwandt dieses Versmaß zusammen mit dem Minnesang.

Walther von der Vogelweide

Walther von der Vogelweide wurde wahrscheinlich um 1170 in Niederösterreich geboren und starb um 1230 nach dem 5. Kreuzzug. Es war Walther von der Vogelweide, der sich von den streng höfischen Themen löste und als vollendeter Formkünstler die strenge Form der Dichtung überwand. So nahm er die »niedere Minne« ebenfalls in seine Lieder auf. Im Gegensatz zur hohen, schloss die niedere Minne auch die Liebe zu einer unverheirateten und nichtadligen Frau ein. Somit glich er seine Lyrik den veränderten Bedingungen der Welt an. Die unerfüllte Liebe allein war nicht mehr Ziel seiner Dichtung, sondern ihre Erfüllung. Auch liegt die Schuld für die unerreichte Liebe nicht mehr beim Werbenden, sondern (wie im folgenden Auszug) bei der Geliebten.

Iedoch sô tuot si leides mir sô vil.
si kan mir versêren
herze und den muot
nû vergebez ir got, dazs an mir missetuot.
her nâch mac si sichs bekêren.

Doch tut sie mir so viel Leid.
Sie weiß mir zu verwunden
Herz und Sinn.
Nun vergeb ihr Gott, was sie mir unrecht tut,
und mag sie sich bekehren.

In seiner weiteren Entwicklung vereinte Walther Minne und Liebe zur »ebenen Minne«, zur Liebesdichtung, die die gegenseitige Liebe zwischen Mann und Frau besingt.

Vor allem durch die Schrecken der Kreuzzüge wandelte sich Walthers Dichtung im hohen Alter abermals, dunkle Aspekte flossen in seine spätere Lyrik ein:

diu Welt ist ûzen schœne, wîz grüen unde rôt
und innân swarzer varwe, vinster sam der tôt.

Die Welt ist außen schön, weiß, grün und rot
und innen von schwarzer Farbe, finster wie der Tod.

Höfische Liebe

Das Wort *troubadour* (Minnesänger) stammt von ›erfinden‹, ›finden‹ oder ›verfassen‹; es waren Männer und Frauen, die die Liebe besangen. In dieser *Hohen Minne* wurde höfische Liebe zwischen Adeligen besungen, die in gewisser Weise dazu verdammt war, geheim zu bleiben. In dieser Idealisierung von Liebe, Liebendem, Geliebter, von Tugend und Ehre sowie sozialem Stand kommt Ehebruch nicht vor. Gleichzeitig allerdings schrieb im 12. Jh. Andreas Capellanus (Kaplan) in seinem dreibändigen Werk »De amore libri tres« (»Von der Liebe«, verfasst zwischen 1174 und 1186): »Die Ehe ist für die Liebe kein Hinderungsgrund.«

Man streitet darüber, ob diese Form der Liebe wirklich existierte oder nicht. Eine Vermutung legt nahe, dass es sie als Ideal gab, nicht jedoch als Wirklichkeit. Wir sehen einen jungen Geliebten, der der adligen Frau *und* Ehefrau seines Herrn treu ergeben ist. Es ist nur natürlich, dass eine solche Zuneigung den jungen Geliebten auch an seinen (Feudal)Herrn band. Wäre es so, wäre die Liebe zum politischen Spiel geworden. Susan Morrison (2016:128) schreibt über diese Spielart der Liebe: »Die Poetik der männlichen Troubadoure mag an der Oberfläche positiv erscheinen, wenn Männer Frauen als Herrin oder *domina* preisen, die über das Leben des Dichters vollkommene Gewalt haben. Wenn aber dieses Lob davon abhängt, dass sie handelt, wie er sich wünscht, dass sie handeln möge, wird die Liebe zum Gefängnis. Es gab keine perfekten Frauen – ebenso wenig wie perfekte Männer. Wenn eine Frau als so außergewöhnlich beschrieben wurde, dass sie nie ›normal‹ handeln konnte, wurde die geliebte Frau unter den Druck gesetzt, wie eine Göttin zu sein und kein menschliches Wesen aus Fleisch und Blut.«

Ob also Capellanus' Anregung zum Ehebruch Fantasie war oder nicht, bleibt unbeantwortet. Der Wortschatz jedoch, mit dem die Treue zwischen zwei Liebenden beschrieben wird, ist der Spiegel eines Feudalsystems, in dem der König von seinen Rittern unbedingten Gehorsam forderte.

Meistersang

Ab etwa der Mitte des 13. Jh.s begannen die ritterliche Kultur und die damit verbundenen Ideale an Wirkung zu verlieren. Die Literatur der Zeit bis 1500 zerfiel in verschiedene Genres und dehnte sich mit einer massiven Verschiebung der Struktur der Gesellschaft über verschiedene Gruppen der Bevölkerung aus – mehr Menschen, v. a. auch aus anderen Gesellschaftsschichten, entdeckten die Kunst für sich. Mit dieser Verschiebung ging auch ein Werteverfall einher, der die Themen der Literatur neu definierte. Eine der gewichtigsten Ursachen war die Pestepidemie in den Jahren von 1347 bis 1353, der etwa ein Drittel der europäischen Bevölkerung zum Opfer fiel; ca. 25 Mio. Menschen starben. Die Pandemie gelangte auf dem Seeweg auf Schiffen von Asien nach Europa und entvölkerte ganze Landstriche. Weltliche und geistliche Herrscher erlitten erheblichen Autoritätsverlust angesichts des Massensterbens, und damit strukturierte sich die Gesellschaft neu: Mehr Menschen als je zuvor bekamen Zugang zu Zünften, die ihnen zuvor verschlossen waren. An vielen Orten fehlten in großem Maße Arbeitskräfte, was zu einer ersten Mechanisierung bestimmter Arbeiten führte. Auch der Hundertjährige Krieg zwischen England und Frankreich (1339–1453) um die Herrschaft in Frankreich hinterließ seine Spuren in Deutschland. Die Naturwissenschaften erlebten einen Aufschwung, und die Zahl von Schulen und Universitäten nahm zu. Bürger und Handwerker gelangten in den Genuss weiterreichender Bildung und setzten sie auch in bürgerliche Literatur um, indem sie den ritterlichen Minnesang nachahmten und neu aufleben ließen. In Singschulen wurde strenge und formentreue Dichtung gelehrt, die sich pedantisch am ritterlichen Vorbild orientierte. Der »Tabulator«, das Regelbuch von Form und Inhalt der neuen Kunst mit genauen Vorschriften über Sprache und behandeltes Thema, über die Vertonung und den Vortrag des Liedes, bestimmte das Wirken der oft fahrenden »Meistersänger«, die hauptsächlich durch den süddeutschen Raum zogen. In einer Welt, in die seit der Mitte des 14. Jh.s die Inquisition eingedrungen war, waren auch die Themenvorgaben der Sänger streng auf religiöse Themen festgelegt und entwickelten sich erst langsam zu weltlichen Anliegen.

Mittelhochdeutsche Literatur

Hier einige der wichtigsten Werke der mittelhochdeutschen Erzählprosa und ihre Autoren:

Hartmann von Aues († zwischen 1210 und 1220) Werk »Der arme Heinrich« entstand um 1195. Der Ritter Heinrich unterwirft darin sein Leben strenger ritterlicher Zucht. Er ist angesehen, geliebt und wird verehrt. Als er vom Aussatz befallen wird, zieht er sich von der Welt zurück. Ein Arzt aus Salerno erklärt ihm, dass die Medizin gegen sein Leiden nicht für alles Geld der Welt zu haben sei, denn er müsse das »*herzebluot*« (Herzblut) einer freigeborenen Jungfrau freiwillig von ihr bekommen, um geheilt zu werden. Heinrich verschenkt sein Hab und Gut und lebt zurückgezogen bei einer Pächterfamilie, deren Tochter ihn hingebungsvoll pflegt und schließlich bereit ist, sich für den Ritter zu opfern, indem sie sich das Herz aus der Brust schneiden lässt. Heinrich erkennt sein Leid als Strafe für seine Weltverfallenheit und seine Eitelkeit. Er heiratet das ihm märtyrerhaft gewogene Mädchen, lebt mit ihr in christlicher Hingebung und wird durch seine Bekehrung geheilt.

Sein Zeitgenosse Gottfried von Straßburg rühmte die »cristalînen wortelîn« (die kristallklaren Wörtlein) der Prosa Hartmanns. Hier ein Auszug aus dem Text mit der dramatischen Stelle, als Heinrich dem Mädchen eröffnet, wie es geopfert werden soll:

> ich ziuhe dich ûz, sô stâstû blôz,
> und wirt dîn schame harte grôz,
> die dû von schulden danne hâst,
> sô dû nacket vor mir stâst.
> ich binde dir bein unde arme.
> ob dich dîn lîp erbarme,
> so bedenke disen smerzen:
> ich snîde dich zem herzen
> und brich ez lebende ûz dir.
> fröuwelîn, nû sage mir,
> wie dîn muot dar umbe stê.

Ich zieh dich aus, dann stehst du bloß
und deine Scham wird groß,
die du deshalb empfindest,
weil du nackt vor mir stehst.
Ich binde dir Beine und Arme,
auf dass sich dein Leib erbarme,
denn bedenke den Schmerz:
ich schneide bis zum Herzen
und breche es lebend aus dir.
Fräulein, nun sag mir,
wie es mit deinem Mut steht.

Der »Parzival« des fahrenden Sängers Wolfram von Eschenbach
(* um 1160/80, † um/nach 1220) mit seinen über 25 000 Versen
gehört zu den meistgelesenen Büchern des Mittelalters. Parzival,
der sagenhafte Ritter aus Artus' Tafelrunde ist bei Wolfram der
Vertreter des christlichen Rittertums. Parzival, der Tor, geht seinen
Weg von kindlicher Unschuld über schuldhaftes Versagen bis zur
Reue. Sein Ziel ist es, sowohl Gott als auch der Welt zu gefallen.

swes leben sich sô verendet,
daz got niht wirt gepfendet
der sêle durch des lîbes schulde,
un der doch der werlde hulde
behalten kan mit werdekeit
daz ist ein nütziu arbeit.
guotiu wîp, hânt di sin,
deste werder ich in bin,
ob mir deheiniu guotes gan
sît ich diz maere volsprochen hân.
ist daz durch ein wîp geschehen,
diu muoz mir süezer worte jehen.

Wer am Ende seines Lebens sagen kann,
dass er seine Seele Gott bewahrt und sie nicht
durch Sündenschuld verloren hat
und wer es außerdem versteht, sich durch Würde
der Welten Gunst zu bewahren,

der hat eine gute Arbeit geleistet.
Edle Frauen werden mich nach der Vollendung
dieses Werkes bei einigem Wohlwollen umso höher schätzen.
Und die Frau, für dich ich es geschrieben habe,
möge mir dafür ein freundliches Dankeswort gönnen.

Das um 1200 von anonymer Hand entstandene Nibelungenlied vereinigt in seinen über 2500 Strophen in 39 »aventiuren« (Abenteuern) alle Elemente des Heldenepos; in ihm wurden heidnische und christliche, Märchen- und Fabelelemente verbunden. Seine Form, die sogenannte »Nibelungenstrophe«, besteht aus vier Langzeilen mit jeweils einem An- und einem Abvers. Sie eignet sich sehr gut für den mündlichen Vortrag. Im ersten Teil erzählt es vom Werben des Ritters Siegfried um Kriemhild und schließlich von seinem Tod. Der zweite Teil besingt den Untergang der Nibelungen, dessen historische Grundlage die Vernichtung der Burgunder durch Attila den Hunnenkönig ist.

Uns ist in alten mæren   *wunders vil geseit*
von helden lobebæren,   *von grôzer arebeit,*
von freuden, hôchgezîten   *von weinen und von klagen,*
von küner recken strîten   *muget ir nu wunder hœren sagen.*

In alten Geschichten wird uns viel Wunderbares berichtet:
von ruhmreichen Helden, von hartem Streit,
von glücklichen Tagen und Festen, von Weinen und Klagen,
vom Kampf tapferer Recken hört Ihr jetzt Wunderbares berichten.

Das wichtigste spätmittelalterliche Prosawerk, »Der Ackermann aus Böhmen«, wurde von Johannes von Telpe (1350–1414) geschrieben. Es ist das Streitgespräch zwischen dem personifizierten Tod und einem Bauern, dessen Frau gestorben ist. Der Bauer ist leidenschaftlicher Ankläger, wandelt sich aber im Verlauf zum demütigen Fürbitter für seine Frau. Ihm gegenüber steht der weltverachtende Tod. Der Dialog endet im Schiedsspruch Gottes:

ir habet beide wol gefochten. Den twinget leit zu klagen, disen die anfechtung des klagers, die warheit zu sagen. Darvmb: klager, habe

ere, Tot, habe sige, seit ieder mensche das leben dem Tode, den leib
der erden, die sele vns pflichtig ist zu geben.

Ihr habt beide gut gefochten: den zwinget sein Leid zu klagen,
diesen der Angriff des Klägers, die Wahrheit zu sagen. Darum
Kläger, habe Ehre! Tod, habe Sieg! Jeder Mensch ist pflichtig,
dem Tod das Leben, den Leib der Erde, die Seele uns zu geben.

Formen des mittelalterlichen Dramas

Parallel zu den Dichtungen und Liedern des Minnesangs und
seiner Vorläufer bzw. der späteren Entwicklung entstand neben
einer starken Erzählprosa im 13. Jh. auch das erste deutschsprachige Schauspiel, das aus den geistlichen Passions- und aus den
Fastnachtsspielen hervorging. Die Überwindung der Pest rückte
christliche geistliche Themen wieder stärker in den Vordergrund
und neben den Schwankdichtungen bildeten sich Geißlerlieder
und Totentänze im Spätmittelalter. Zu den Dramen, die auf den
öffentlichen Plätzen aufgeführt wurden und also nicht mehr nur
einer Elite vorbehalten waren, sondern sich an das Volk richteten,
zählen Fastnachts-, Weihnachts-, Oster- und Passionsspiele. Sie
erfreuten sich großer Beliebtheit und Zuschauerschaft.

SCHWANK: mhd. *swank*, »schwingende Bewegung«, Streich,
lustiger Einfall. Der Schwank ist eine leichte Lustspielart, dabei
nicht verspottend wie die Komödie. Knapp und anekdotenhaft
ist das Spiel auf eine Pointe zugespitzt, immer ist es ein witziger
Einfall, eine komische Begebenheit, manchmal die Verspottung
eines Dummen durch einen Gerissenen. Ihre Quellen haben die
mhd. Schwänke in lateinischen Lügenmärchen, in mittelalterlichen
Predigtmärlein und französischen Fabeln. Der Stricker (mhd.
Dichter der ersten Hälfte des 13. Jh.s) schreibt den Zyklus vom
Pfaffen Amis, verschiedene Schwänke, die sich auf eine Figur
beziehen. Im 16. Jh., also im ausgehenden Mittelalter, treten als
Schwanksammlung »Till Eulenspiegel« (Erstdruck 1515) oder das
»Lalebuch« (1597) mit den Schildbürgern hervor.

Totentanz: Diese Form verdeutlicht die Allgewalt des Todes über das menschliche Leben und ruft zur Reue. Hier wird der Aberglaube bedient, Tote steigen als Skelette aus ihren Gräbern, um die Lebenden zu einem Tanz zu verlocken, der ihnen ebenfalls den Tod bringt. Totentänze sind Klagen, Warnungen, Mahnungen zu Askese und Buße. In Deutschland erreichte der Todestanz um 1430 seinen Höhepunkt oft als Standessatire.

Fastnachtsspiel: Als weltliches Gegenstück zu den christlichen Dramen entwickelte sich das Fastnachtsspiel aus germanischen Frühlings- und Fruchtbarkeitsriten als Dämonenbannung, Frühlingstanz oder Winteraustreibung. Erst im 14. Jh. gewann die literarische Form an Popularität und entwickelte sich von ausgelassenem Umzug und Spiel zur literarischen Standessatire in Knittelversen mit der Verspottung des einfachen Volks, besonders der Bauern, der Juden, Raubritter und anderer, dem Bürger der Städte missliebigen Einrichtungen oder Volksgruppen. Ihre größte literarische Qualität erreichten die Fastnachtsspiele mit Hans Sachs (1494–1576).

Geistliche Dramen: Die Weihnachts-, Oster-, Marien- und Passionsspiele entwickelten sich aus der Liturgie des frühen Mittelalters. Ursprünglich in den Kirchen aufgeführt, wurden die Stücke zunehmend mit Szenen menschlicher Schwäche und Spitzbübereien angereichert und so kamen die oft zwei- bis dreitägigen Stücke ebenfalls auf die Plätze der Städte. Das älteste deutsche Osterspiel ist das »Osterspiel von Muri« (um 1250). In den Spielen wird die Problematik der Zeit verdeutlicht; der Mensch schwankt zwischen Lebensfreude und religiöser Einbindung, die die Lebensfreude verbietet. Die Oberammergauer Passionsspiele, die im Barock neu begründet wurden, gehen auf diese Tradition der Mysterienspiele zurück. Die Reformation des 16. Jh.s lässt Spiele dieser Art verschwinden.

Entwicklung der Schrift im Mittelalter

Ab dem 14. Jh. zeichnete sich eine Veränderung in der Schriftsprache ab, die für das Deutsche sehr wichtig werden sollte: Schon im Frühmittelalter schrieb man den Strophen-, Satz- und Versanfang ebenso wie im 13. Jh. die Eigennamen mit Großbuchstaben, nun wurden aber auch Substantive und bald schon Adjektive zur Hervorhebung groß geschrieben.

Jiddisch

Als im 2. Jh. n. Chr. die Juden aus Palästina vertrieben wurden, verteilten sie sich auf das gesamte Römische Reich und den Orient. Sie sprachen Hebräisch-Aramäisch, passten sich aber sprachlich rasch den Gegebenheiten ihrer jeweils neuen Heimat an. Dennoch behielten sie als Sprache religiöser Handlungen ihre ursprüngliche Sprache bei. Wegen der schnell einsetzenden Verfolgung und Diskreditierung der Juden in den neuen Gebieten entwickelten sich in der sozialen Isolation rasch sogenannte Judensprachen. Dazu zählten Spaniolisch in Spanien, das schnell Verbreitung im Mittelmeerraum fand, Judenpersisch in Persien sowie Jiddisch in Deutschland.

Jiddisch gilt als westgermanische Sprache, die sich im Mittelalter aus dem Mittelhochdeutschen entwickelte und noch heute den deutschen Dialekten verwandt ist. Dabei behielt das Jiddische auch in der Aufzeichnung fremder Sprachen die hebräische Schreibweise von rechts nach links bei. Nach Art der semitischen Sprachen schreibt man im Jiddischen nur ausnahmsweise Vokale. Es ist klar, dass die Konsonanten allein ausreichen (wenn man eine Sprache beherrscht), um den Sinn von Geschriebenem zu verstehen:

Ptr ght jdn Mttg mit snr Fr ins Rstrnt.

Der so geschriebene Text bietet den Vorteil, dass er in jeder Region auf diese Weise geschrieben wird, während die Vokale im jeweiligen Regionaldialekt unterschiedlich ausgesprochen werden können – die Einheitlichkeit der Schriftsprache aber ist garantiert.

Während der großen Pestpandemie (1347–53) fanden Judenverfolgungen statt, man bezichtigte die Juden der Brunnenvergiftung und brandmarkte sie als Verursacher der Seuche. Viele von ihnen wanderten daher aus den deutschen Gebieten nach Osteuropa, nach Polen und Litauen, aus. Durch diese Migrationsbewegung kam es zu einer geteilten Entwicklung: Im Westen entwickelte sich das Jiddisch parallel zum Deutschen weiter und glich sich im Verlauf der folgenden Jahrhunderte größtenteils an, das Ostjiddisch dagegen behielt weitgehend als Inselsprache seinen mittelhochdeutschen Stand bei, nahm lediglich slawische Wörter in seinen Wortschatz auf und veränderte sich syntaktisch und morphologisch durch den Einfluss der sie umgebenden slawischen Sprachen. Darum unterscheidet man heute beim Jiddischen mit etwa drei Millionen Sprechern Ostjiddisch und Westjiddisch, wobei Westjiddisch fast als Variante des Deutschen zu betrachten ist.

Etwa 15 % des jiddischen Wortschatzes stammen aus dem Hebräischen, der größte Teil jedoch (ca. 70 %) aus dem Deutschen. Die restlichen 15 % sind Entlehnungen aus dem Polnischen, Russischen, Rumänischen, Ukrainischen oder Slowenischen. Mit der Migration der Juden aus Russland hauptsächlich in die USA seit Ende des 19. Jh.s wurde das Ostjiddische stark mit englischen Ausdrücken angereichert.

Das Deutsche nahm eine begrenzte Menge an Wörtern (etwa 50) meist hebräischen Ursprungs auf: *Schlamassel, Moos* (für Geld), *malochen, Moloch, Kassiber, Tinnef, Schmus, meschugge, Mischpoke, Schmiere, Reibach, Kaff, Ganove, petzen* etc.

Entwicklung der Städte

Bis zum Jahr 1200 gab es etwa 250 deutsche Städte. Diese Zahl wuchs aber im 13. Jh. auf 1000 an und war um 1500 schon auf 3000 gestiegen. Die meisten Städte (2500) hatten weniger als 500, nur 150 verzeichneten mehr als 1000 Einwohner. So zählte Köln beispielsweise schon im 12. Jh. ca. 30 000 Einwohner. Augsburg und Nürnberg erreichten diese Zahl im 15. Jh. In ähnlichen Dimensionen bewegten sich Danzig, Lübeck, Straßburg, Ulm, Erfurt, Zürich.

Gründungsjahre von Universitäten
Durch das Erstarken der Städte und damit des aufstrebenden Bürgertums und durch die Verschriftlichung des Geschäftsverkehrs kamen zunächst immer mehr Menschen in den Genuss einer Ausbildung und strebten folglich auch eine höhere Ausbildung an. Aus diesem Grund lassen sich innerhalb eines kurzen Zeitraums zahlreiche Neugründungen von Universitäten verzeichnen: Prag 1338, Wien 1365, Heidelberg 1386, Köln 1388, Erfurt 1392, Leipzig 1409, Rostock 1419, Greifswald 1456, Freiburg i. Br. 1457, Basel 1460, Ingolstadt 1472, Trier 1473, Mainz 1476, Tübingen 1477. An den Universitäten galt nach wie vor Latein als die Sprache der Wissenschaften, lediglich in der Verwaltung etablierte sich Deutsch.

Exkurs: Deutsch für Pferde

REZEPTION DEUTSCHER SPRACHE UND
LITERATUR IN DEN LETZTEN 500 JAHREN

»Mit Männern soll man französisch reden, mit seinen Geliebten italienisch, mit seinem Gott spanisch und deutsch mit seinen Pferden.« sagte Kaiser Karl V. (1500–1558), der das Heilige Römische Reich deutscher Nation, Spanien, die Niederlande und einen Teil Italiens als letzte Verkörperung der universalen Kaiseridee des Mittelalters beherrschte. Karl V. soll selbst behauptet haben, dass über seinem Reich die Sonne nie untergehe. Man dachte nicht überall gut über diese Deutschen und dieses Gefühl war nicht neu. Schon Friedrich Barbarossa genoss seine Stärke und Unabhängigkeit und erklärte schon 300 Jahre zuvor, er wolle sich dem Papst nicht mehr unterordnen. Solche Aussagen und Ansprüche führten dazu, dass in Europa das Bild vom »zügellosen und anmaßenden entstand, [davon], dass deren kaiserliches Selbstbewusstsein als Einmischung in die Nachbarreiche aufgefasst wurde.« Johannes von Salisbury, Bischof von Chartres stellte die Frage: »Wer hat denn die Deutschen zu Richtern über die Nationen eingesetzt?« (Knopp, Brauburger, Arens 2008:103). Was mit Deutschland, den Deutschen und deren Sprache zusammenhing, hatte einen negativen Beigeschmack bekommen.

Vor etwa fünfhundert Jahren hatte sich dieses Vorurteil so sehr gefestigt, dass selbst der Monarch die negative Bewertung der deutschen Sprache vorantrieb. Sein Ausspruch, dass er als deutscher Kaiser kaum des Deutschen mächtig war, deshalb nur mit den Pferden sprechen konnte und so aus der Not eine Tugend machte, dürfte den Tatsachen entsprochen haben. Allerdings teilte Karl V. seine Abneigung gegen die deutsche Sprache ebenso wie seine Unkenntnis derselben mit der damaligen Oberschicht. Man schrieb und redete Französisch, Wissenschaftliches verfasste man auf Lateinisch und auch in Reden, wissenschaftlichen Diskursen und Geistlich-Klerikalem hielt man diese tote Sprache lebendig.

In Worms hatte der Kaiser Martin Luther gehört, und erwirkte als vehementer Gegner der Reformation die Verhängung der Reichsacht über ihn. Sie hatte ein Verbot der Verbreitung und Lektüre der Schriften des »Vaters der deutschen Sprache« zur Folge. Seitdem hielt sich eine tiefe Abneigung gegen die deutsche Sprache, die man lediglich als Medium benutzte, um sie den analphabetischen Massen vorzuwerfen, denen das gesprochene Wort als das Wort schlechthin galt. Deutsch blieb die Sprache der Pferde, bestenfalls die des ungebildeten Pöbels.

Dieses negative Gefühl gegen die deutsche Sprache und die in ihr verfassten literarischen Schriften blieb über Jahrhunderte aktiv. Noch Gottfried Wilhelm Leibniz (1646–1716) verkündete: »Wer nicht durch unzeitigen Eifer verblendet, muss gestehen, was bei uns für wohl geschrieben geachtet wird, sei insgeheim kaum dem zu vergleichen, so in Frankreich auf der untersten Stufe stehet. Hingegen wer also französisch schreiben wollte, wie bei uns oft deutsch geschrieben wird, der würde auch von Frauenzimmern getadelt und bei den Versammlungen verlachet werden.«

Aus Potsdam meldete sich 1750 mit dem französischen Philosophen Voltaire (1694–1778) eine ausländische Stimme, die unterstreicht, was der Monarch fast 200 Jahre zuvor gesagt hatte: »L'allemande est pour les soldats et pour le chevaux.« – für Soldaten und Pferde eben.

Die Geringschätzung der deutschen Sprache wird auch bei Gottfried August Bürger (1747–1794) deutlich: »Mir ist aus der ganzen Literaturgeschichte kein Volk bekannt, welches im ganzen so schlecht mit seiner Sprache umgegangen wäre, welches so nachlässig, so unbekümmert um Richtigkeit und Schönheit, ja welches so liederlich geschrieben hätte als bisher unser deutsches Volk.«

Georg Friedrich Treitschke (1776–1842), der sich als Dramatiker täglich mit der deutschen Sprache auseinandersetzen musste, rammt sie gar in Grund und Boden: »Dem Durchschnitt des lebenden Geschlechts gebricht das Sprachgefühl so gänzlich wie keiner anderen Generation seit Lessings Tagen. Ja, selbst die Deutschen des 17 Jh.s versündigten sich an ihrer Sprache nicht so frech wie die heutigen.«

Friedrich Nietzsche (1844–1900) hingegen dämpft es international: »Keines der jetzigen Kulturvölker hat eine so schlechte Prosa als das deutsche; und wenn geistreiche und verwöhnte Franzosen sagen: Es gibt keine deutsche Prosa – so dürfte man eigentlich nicht böse werden, da es artiger gemeint ist als wir es verdienen.«

Da »die Deutschen« literarisch versagt hatten, wurden sie über die Wissenschaften dann doch noch etwas. Zwar vermittelte sich das zunächst über den Umweg des Lateinischen, aber aus der deutschen Sprache wurde, wenn schon nicht die Sprache der Kultur, die Sprache der Wissenschaften. Friedrich Schiller (1759–1805) fasste zusammen: »Es ist das Unglück der Deutschen, dass man ihre Sprache nicht gewürdigt hat.«

Dem Deutschen und seiner Literatur haftete stets etwas Ungelenkes, Weltfernes an, kritisiert man. Der Philosoph Arthur Schopenhauer (1788–1860) forderte, die Kommentare zu lateinischen Schriftstellern nicht auf Deutsch abzufassen, denn man schreibe doch nicht für »schwadronierende Barbiergesellen«. Auch diese Ansicht hat sich bis dato gehalten und weiter herumgesprochen. »Der deutschen Prosa«, stellte der Schriftsteller Ludwig Reiners (1896–1957) 1940 fest, »haftet auch heute noch ein leiser Duft von Kanzel und Katheder an […] Der Schwung der lebendigen Konversation, die Luft der großen Welt ist ihr ferngeblieben.« Denn, so argumentiert er weiter, »der Deutsche ist kein geborener Unterhalter.« Nach Reiners schwankt das Deutsche zwischen »schulmeisterlicher Belehrung« und »belangloser Alltagsrede«, ist dabei jedoch nie »schwerelose Plauderei«. Deutsche Autoren werden im Verlauf der Geschichte der Sprache gescholten als Schulmeister, belanglos Daherredende, des Plaudertons Unfähige, humorlos allemal oder sie sind, glaubt man dem Literaturkritiker Marcel Reich-Ranicki (1920–2013), dem Alkohol verfallen und von Drogenproblemen gebeutelt. Uwe Wittstock (* 1955) indes weiß Rat für die deutschen Autoren: »Ein kluger Schriftsteller begegnet seinen Lesern heute nicht besserwisserisch – denn er ist sich klar darüber, dass er fast nichts besser weiß. Er formuliert seine Weltentwürfe eher bescheiden als ironische Spiele, so attraktiv und unterhaltsam wie möglich.« Deutsch eben!

Es scheint fast, als hätte man das berühmte Wort Karls V. für bare Münze genommen, es sich gut gemerkt und obendrein im Lauf der Geschichte der deutschen Sprache die Gelegenheit genutzt, mit Äpfeln von Karls Pferden auf Sprache und Schriftsteller zu schmeißen. Das ist umso unangenehmer, als sich die deutschen Autoren, so Wittstock, in der »Sackgasse« befinden, woraus es bekanntlich kein Entkommen weder vor Pferdeäpfeln noch vor anderen Anwürfen gibt.

4. Frühneuhochdeutsch

Zwischen Mittelalter und Neuzeit

Die frühneuhochdeutsche Epoche dauerte bis etwa 1650 und gilt als Zwischenstufe zum modernen Deutsch. Es entwickelte sich nicht aus oder durch spätmittelalterliche Dichtung, sondern aus zunehmender Fachliteratur, durch Amts-, Gerichts- und Verwaltungssprache. Tatsache ist, dass diese Variationen der Sprache viel weiter verbreitet waren als die Dichtung und für Menschen aller Stände zugänglicher und auch weitaus bedeutsamer; die Zahl der überlieferten mittelalterlichen Dokumente der Fachliteratur übersteigt die der mittelalterlichen Dichtungen um ein Vielfaches.

Die beiden großen Meilensteine für die Entwicklung der deutschen Sprache und ihre Verbreitung als Schriftsprache waren die Erfindung des Buchdrucks mit beweglichen Lettern Mitte des 15. Jh.s durch Johannes Gutenberg (um 1400–1468) und die Reformbewegung Martin Luthers (1483–1546), der weithin als Begründer der neuhochdeutschen Schriftsprache betrachtet wird.

Die Sprache Luthers dehnte sich schnell in Ostmitteldeutschland und im westmitteldeutschen Bereich überall dort aus, wo sich seine Lehre durchsetzen konnte.

Gutenbergs Erfindung von beweglichen Lettern war für die damalige Buchproduktion eine Revolution, die schnell in ganz Europa populär wurde. 1455 erschien Gutenbergs Bibel, und eine bis dahin hauptsächlich zum mündlichen Vortrag bestimmte Literatur wurde von Werken abgelöst, die sich an gebildete Leser richteten. Die Produktion und Verbreitung von Büchern wuchs schnell, in nur zehn Jahren verzehnfachte sich die Jahresproduktion von 1515 noch ca. 100 Büchern auf ca. 1000 im Jahr 1524. Doch noch 1570 waren 70 % aller in Deutschland gedruckten Bücher auf Latein.

Humanismus

Seit etwa 1500 nahm die italienische Renaissance großen Einfluss auf die Entwicklung von Wissenschaft und Kultur in Deutschland. Diese neue Strömung wurde als Humanismus bezeichnet und verdrängte zusehends die starre Scholastik, die die Wissenschaften, allen voran die Philosophie, der kirchlichen Lehre unterstellte. Sprachlich war diese durch die Kloster- und Domschulen propagierte Lehre (die bis heute die offizielle Philosophie der katholischen Kirche ist) durch den Gebrauch von Latein dominiert. Im Humanismus wurde dieses Kirchenlatein als unelegantes »Küchenlatein« abgetan, das Latein der antiken Dichter hingegen als differenziertes Ausdrucksmittel wiederentdeckt und kultiviert.

Mit dem Aufkommen des Humanismus – das Wort »humanitas« bedeutet sowohl Menschlichkeit als auch »höhere Bildung« (humanistisches Gymnasium) – begann eine Beschäftigung mit der Antike als Verkörperung vollendeten Menschentums in einer nachantiken Welt. Abermals fand Latein über Lehnwörter, in Satzbau und Wortbildung verstärkt seinen Weg ins Deutsche, denn vielfach wurde vor allem in gebildeten Kreisen eine Mischsprache bestehend aus beiden Sprachen verwendet. Die Wissenschaften schöpften Wörter auf der Grundlage griechischer und lateinischer Wurzeln – ein Merkmal, das bis heute produktiv geblieben ist. Als Folge wurde der Wortschatz des Deutschen erheblich erweitert. Es entstanden viele lateinische Lehnwörter wie *Kantor, Edition, zitieren* etc. und Wortbildungssilben am Wortende (Suffixe) wie *-ant, -enz, -ion, -ur* (*Musikant, Eloquenz, Nation, Natur* etc.). Das lateinische Suffix *-ianus* schafft neue Wörter wie *Grobian, Schlendrian*. In einer zweiten Welle brachte das französische Suffix *-ieren* neue Wörter: *operieren, annektieren, importieren, lamentieren*. Lateinsch *-antia* oder *-entia* wurden Deutsch zu *-anz* (*Distanz, Instanz*) bzw. *-enz* (*Audienz, Eloquenz*).

Auch Lehnprägungen aus dem Lateinischen etablierten sich (obwohl viele davon inzwischen wieder aus dem Wortschatz verschwunden sind): Seltenheit (*raritas*), Zeitgenosse (*synchronus*), widererwaxsung (*Renaissance*); ebenso eine Reihe von Lehnübersetzungen: *minderjährig* aus lat. *minorennis, Völkerrecht* aus *ius gentium, Hauptsache* aus *causa principalis*.

Auch das Griechische trieb Blüten; so kamen Wörter wie *Analyse, Paraphrase, Autodidakt, Aristokratie, Metamorphose* u. v. a. m. ins Deutsche.

Die Verehrung der griechischen und lateinischen Antike ging so weit, dass Leute sich latinisierte oder ins Lateinische übersetzte Namen gaben: Schwarzerd wurde zu Melanchthon, Fischer zu Piscator oder die deutschen Namen wurden mit Endungen versehen – Buschius aus Busch.

Wie schon im Mittelalter blieb Latein die Sprache der Gebildeten und diese setzten sie bewusst ein, um sich abzusetzen. Von 2531 erhaltenen Briefen Luthers sind 1507 Lateinisch und nur 1024 auf Deutsch abgefasst. Die Zahl der auf Deutsch gedruckten Bücher sollte erst im Jahr 1681 mit der auf Latein gedruckten gleichziehen.

Die Gelehrten beschäftigten sich mit römischen und griechischen Quellen, übersetzten antike Schriftsteller und schrieben Nachdichtungen ihrer Texte in lateinischer Sprache, wobei sie sich in Stil und Rhetorik stets streng am antiken Vorbild orientierten. Zu den Gebildeten zählten auch reiche Bürger, die Kunst, Wissenschaft und Literatur mitprägten. Die Zentren des deutschen Humanismus befanden sich im süddeutschen Raum mit Universitäten wie Straßburg, Heidelberg, Tübingen und Wien, wo 1456 der erste Lehrstuhl der »studia humanitatis« gegründet wurde. Geldhandel löste den Naturalienhandel ab und reiche Familien wie die Fugger in Augsburg ermöglichten die Verbreitung der neuen Kultur.

Beschäftigung mit Sprache

Durch diese neue und sehr viel offenere Sichtweise auf die Welt hat die Sprache eine neue Dimension gewonnen und ist selbst ins Blickfeld der Untersuchungen gerückt. Dies zeigt auch die Veröffentlichung der ersten deutschen Wörterbücher in dieser Zeit: Gerard van der Schueren: *Teuthonista*, 1477; Johannes Melber: *Vocabularius*, 1488.

Viele dieser Wörterbücher wurden in Randgebieten der deutschen Sprache verfasst, was darauf hindeuten mag, dass man dort unsicherer im Umgang mit der Sprache und den Übersetzungen aus dem Lateinischen war. In Sachsen dagegen war man vom 16. Jh. an davon überzeugt, die einzig richtige deutsche Sprache, das meißnische Deutsch, zu sprechen. Vielleicht ein Grund dafür, dass dort in dieser Zeit keine Wörterbücher entstanden sind.

Entwicklungsmerkmale des Frühneuhochdeutschen

Historisch bestimmen zwei Merkmale diese Epoche der deutschen Sprache. Zum einen hat sich der deutsche Sprachraum vor allem durch die Ausdehnung nach Osten hin stark vergrößert. Außerdem führte der Niedergang der Hohenstaufer und der damit verbundene Zerfall des Rittertums zur Stärkung eines neuen städtischen Bürgertums sowie fürstlicher und geistlicher Territoritalherren. Für die Sprache bedeutete diese Aufsplitterung von Macht einen Rückgang in den Einheitsbestrebungen. Zum anderen gewann zeitgleich das geschriebene Wort – durch Gutenberg und Luther – zunehmend an Bedeutung. Diese beiden Entwicklungen förderten erneut den Drang zur Vereinheitlichung der Schriftsprache. Zusammenfassend lässt sich feststellen, dass die Epoche von zwei gegenläufigen Bewegungen gekennzeichnet war: anfängliche Zersplitterung und anschließende Vereinheitlichung.

In jedem Fall sollte festgehalten werden, dass die Anfänge der Standardisierung des Deutschen ihre Wurzeln nicht in der mittelhochdeutschen Dichtersprache oder überhaupt in der Dichtung haben, sondern dass sie auf die Entwicklung der Kanzleisprachen der frühen Neuzeit zurückgehen. Dies bestreitet nicht, dass die Sprache der Dichtung vor allem später, wie zu Zeiten der Weimarer Blütezeit im 18. Jh., nicht eine Vorbildfunktion eingenommen hätte. Es bleiben aber die Fachsprachen (vor allem auch eines erstarkenden Handwerkertums) und die Sprache der Verwaltung, die aus ersichtlichen Gründen und vor allem aus eigenem Interesse die Grundsteine für eine Standardisierung legten. Die Epoche des Frühneuhochdeutschen wurde geprägt vom Bürgertum als Träger der Sprachentwicklung. Es löste damit Klerus und Adel in dieser Funktion ab (vgl. Roelcke 2009:116).

Sprachliche Merkmale

Die wichtigsten sprachlichen Merkmale des Frühneuhochdeutschen im Gegensatz zum Mittelhochdeutschen sind Vokaldehnung, Diphthongierung, Monophthongierung und der Aussprachewechsel von *s* zu *sch*.

VOKALDEHNUNG

Die Längung kurzer betonter Vokale in offenen Silben, Dehnung genannt, ist eine wesentliche Unterscheidung zwischen dem Mittel- und dem Frühneuhochdeutschen. Der Wechsel dehnte sich von Norden kommend über das hochdeutsche Sprachgebiet mit Ausnahme von Teilen der Schweiz aus. Eine Silbe, die auf einen Vokal endet, nennt man »offen«, eine auf einen Konsonanten endende »geschlossen«. Im Deutschen beginnt eine Silbe mit einem Konsonanten, darum teilt man *tages* in *ta-ges* – der Vokal **a** erfährt eine Längung. Bei vielen Wörtern – wie zum Beispiel *Tag* – kommt die Zweisilbigkeit durch die Flexion zustande. So also:

mhd. (kurz*) wip*   –   nhd. *Weib, Wei-bes* (lang)
mhd. (kurz) *bote*   –   nhd. *Bo-te* (lang)
mhd. (kurz) *nemen*   –   nhd. *neh-men* (lang)
(Als orthographische Neuerung wird ein **h** eingefügt, um die Längung auch schriftlich zu markieren.)
mhd. (kurz) *tregit*   –   nhd. *tra-gen* (lang)
mhd. (kurz) *siben*   –   nhd. *sie-ben* (lang)
(Das lange **i** wird orthographisch als **ie** dargestellt, um die Längung zu markieren.)

Es gibt viele Fälle von analoger Dehnung im Präteritum der starken Verben:

mhd. *nam*   –   nhd. *nahm*
mhd. *las*   –   nhd. *las*
(Es sei auf die oft fehlende Konsistenz der deutschen Rechtschreibung hingewiesen, mal wird ein **h** eingefügt, um die Länge zu markieren [nahm], mal nicht [las]).

Es gibt Ausnahmen von der Regel: vor **m** oder **t** keine Längung:

mhd. *komen*	–	nhd. *kommen*
mhd. *gate*	–	nhd. *Gatte*
mhd. *himel*	–	nhd. *Himmel*
mhd. *hamer*	–	nhd. *Hammer*
mhd. *satel*	–	nhd. *Sattel*
mhd. *bleter*	–	nhd. *Blätter*

Die orthographische Kennzeichnung durch Dopplung **mm, tt** etc. zur Markierung der Kürze setzte im 15. Jh. ein und nahm im 17. Jh. zu, ist aber bis heute nicht regelmäßig durchgeführt worden.

Frühneuhochdeutsche Diphthongierung

Die mittelhochdeutschen langen Vokale **î, û, iu** wurden zu den Diphthongen **ei, au, eu**:

    mhd. *mîn niuwes hûs*   –   nhd. *mein neues Haus*

In den Dialekten unterscheiden sich diese neuen Diphthonge von den alten mhd. **ei** (ahd. **ai**) und **ou** (ahd. **au**) und werden nicht miteinander gereimt. Das Reimschema ist wichtig, denn es zeigt die unterschiedliche Lautung.

Frühneuhochdeutsche Monophthongierung

Die mittelhochdeutschen Diphthonge **ie, uo, üe** wandelten sich zu den Monophthongen **î, u, ü** (**î** wurde oft **ie** geschrieben) :

    mhd. *lieben guoten brüeder*   –   nhd. *liebe gute Brüder*

Die alemannischen und bairischen Dialekte behielten die mittelhochdeutschen Diphthonge.

Hochdeutscher Aussprachwandel von s > sch

Vor Konsonanten wurden in Aussprache und Schrift **sl, sn, sm, sr, st, sp, sw** (schriftlich mit Ausnahme von **st** und **sp**) zu **schl, schn, schm, schr, scht, schp, schw**. Dieser Wandel setzte im Oberdeutschen schon in mittelhochdeutscher Zeit ein und erstreckte sich nach Norden, wo allerdings ein bestimmter Teil die Aussprache von **st** und **sp** ohne **sch-** behielt.

mhd. *sînden*	–	nhd. *schneiden*
mhd. *srieben*	–	nhd. *schreiben*
mhd. *slange*	–	nhd. *Schlange*

Geographisch-politisch-kulturelle Zentren »hochsprachlicher«
Tendenzen in der deutschen Sprachgeschichte

Schreibung von ß, Eszett

Durch die Zweite Lautverschiebung (s. S. 61) waren aus dem germanischen **t** nach einem Vokal (z. B. engl. *water*, nhd. *Wasser*) zwei Laute geworden, die anfänglich noch als **zz** geschrieben wurden. Um die Laute zu unterscheiden, schrieb man aber seit dem Mittelalter entweder **sz** oder **tz**. Im Laufe der Zeit wurde die Verwendung des einen oder anderen Zeichens zur Wiedergabe des jeweiligen Lauts verwechselt, weil **ss** und **sz** zusammengefallen waren. So entstand das **ß** (»Eszett«, »scharfes S«) als Ersatz für das alte **sz** und wurde für das lange **Doppel-S** geschrieben. Eine einheitliche Verwendung wurde jedoch erst in der Zweiten Rechtschreibkonferenz 1901 festgelegt, wo man bis zur Reform von 1996 im Auslaut für **ss** immer **ß** verlangte.

Veränderungen der Syntax

Mit zunehmender Etablierung der neuhochdeutschen Schriftsprache wurde die Wortstellung im Satz, die im Mittelhochdeutschen noch relativ frei war, rigider. Haben im Mittelhochdeutschen Haupt- und Nebensatz noch relativ frei nebeneinander gestanden, wurden sie nun durch Konjunktionen in ein starreres Gefüge von Über- und Unterordnung gepresst. Auch diese Entwicklung stammte ebenso wie die damit verbundene Verbfinalstellung aus dem Lateinischen. Der Übergang von stark analytischem zu synthetischerem Sprachbau vollzog sich auch hier konsequent.

Kanzleisprache

Unter einer Kanzleisprache versteht man eine von verschiedenen Schreibdialekten verwendete gemeinsame und überregionale Sprachvariante, wie sie von einzelnen Kanzleien, wie der Prager Kanzlei Karls IV., verwendet wurde, die aber gleichzeitig auf Prag und einige wenige böhmische Städte begrenzt blieb. Für die Entwicklung der deutschen Sprache spielte die Kanzleisprache eine große Rolle, da das Sprachgebiet durch eine Vielzahl von Dialekten extrem zersplittert war. Es war vor allem die sächsische Kanzleisprache Meißens (manchmal auch Meißnischdeutsch genannt), die die weiteste Verbreitung fand, denn sie bewegte sich hin zu einer Standardsprache, die sich auf der Basis verschiedener regionaler Dialekte entwickelte. Martin Luther orientierte sich in seiner Bibelübersetzung von 1545 an dieser Schriftsprache und seine Übersetzung hatte wiederum selbst großen Einfluss auf die deutsche Schriftsprache. Die Orientierung daran fiel ihm leicht, denn er ist in seiner mitteldeutschen Heimat mit dem sächsischen Dialekt aufgewachsen und beherrschte ihn gut:

>»[…] ich brauche der gemeinen deutschen Sprache, dass mich beide, Ober- und Niederländer [gemeint sind Norddeutsche, A. d. A.] verstehen mögen. Ich rede nach der sächsischen Canzeley, welcher nachfolgen ale Fürsten und Könige in Deutschland; alle Reichsstädte, Fürsten-Höfe schreiben nach

der sächsischen und unseres Fürsten Canzeley.« (Luther 1912:524)

Außerdem nahm der sächsische Dialekt geographisch und linguistisch zwischen den süd- und norddeutschen Dialekten eine Mittelstellung ein. Für die Vereinheitlichung und Schaffung einer frühneuhochdeutschen Schriftsprache hat das eine entscheidende Rolle gespielt.

Zum Vergleich sind drei Versionen des Matthäusevangeliums (Matthäus 10,5–10, Neues Testament) nach Martin Luther aufgeführt:

ERSTE AUSGABE 1522 (SÄCHSISCH):
»Dise zzwelffe sandte Jhesus, und gepott yhn und sprach, Geht mit auff die strasse der heyden, und zihet nit yn die stedte der Samariter, Sondern gehet tzu den verloren schaffen aus dem haus Israel, geht abervnd predigt, vund sprecht, das hymelreych ist nahe, er bey komen, macht die schwachen gesund, reynigt die außsetzigen, weeckt die todten auff […]«

DIE ENDAUSGABE VON 1546 (KANZLEISPRACHE MEISSENS):
»Djese zwelffe sandte Jhesus, gebot jnen, und sprach, Gehet nicht auff der Heiden strassen, und ziehet nicht in der Samariter stedte, Sondern gehet hin zu den verloren Schafen, aus dem hause Israel. Gehet aber vnd predigt, vud sprecht, Das Himelreich ist hane her bey komen. Machet die Krancken gesund, Reiniget die Aussetzigen, Wecket die Todten auff […]«

IN DER HEUTIGEN VERSION:
»Diese Zwölf sandte Jesus, nachdem er ihnen folgende Weisung gegeben hatte: ›Den Weg zu den Heidenvölkern schlaget nicht ein und tretet auch in keine Samariterstadt ein, geht vielmehr zu den verlorenen Schafen des Hauses Israel. Auf eurer Wanderung predigt: Das Himmelreich ist nahe herbeigekommen!‹ Heilt Kranke, weckt Tote auf, macht Aussätzige rein […]«

Martin Luther

Der Sohn eines Bergmannes wurde 1483 in Eisleben geboren und studierte an der Universität Erfurt. 1512 erlangte er die Doktorwürde in Wittenberg, wo er Professor für Theologie wurde. Von 1505 bis 1524 war er Augustinermönch. Ob Luther den Anschlag seiner 95 Thesen am 31. Oktober 1517 in eigener Person vollzog, bleibt zwar umstritten, Tatsache ist jedoch, dass ihm die Veröffentlichung 1521 die Exkommunikation durch die päpstliche Bannbulle *Decret Romanum Pontificem* und anschließend die Reichsacht durch Kaiser Karl V. eintrug. Das sogenannte »Wormser Edikt« verbot zudem die Lektüre und Verbreitung von Luthers Schriften ebenso wie dessen Lehre. Seine Schriften sollten verbrannt werden, und jeder – das bedeutet die »Acht« –, der seiner habhaft werden konnte, sollte ihn an Rom ausliefern; außerdem war es strikt verboten, ihn zu beherbergen.

Dabei war Luther nicht nur für den Papst eine Bedrohung, auch der weltlichen Macht, repräsentiert vor allem durch Kaiser Karl V., hätte eine Glaubensspaltung geschadet. Nicht zuletzt sah man die Existenz des kirchlich verwurzelten Kaisertums selbst in Gefahr. Das Reich der Habsburger, das römisch-deutsche Reich, wurde durch die Einheit im Glauben geeint und zusammengehalten. Der gläubige Karl V. hatte praktisch keine Wahl als die Acht über Luther zu verhängen: »Ihr wisst, dass ich von den allerchristlichen Kaisern der edlen deutschen Nation, den katholischen Königen von Spanien, den Erzherzögen von Österreich und den Herzögen von Burgund abstamme, die alle bis zu ihrem Tode treue Söhne der katholischen Kirche gewesen sind. [...] Deshalb bin ich fest entschlossen, an diese Sache meine Reiche und Herrschaften, meine Freunde, meinen Leib, mein Blut, mein Leben und meine Seele zu setzen.« (zit. nach Knopp, Brauburger, Arens 2009:149).

Gegen Luther ging Karl V. vor wie »gegen einen notorischen Häretiker«, was er aus seiner Sicht und aus Sicht der katholischen Kirche wohl auch war. Luther erhielt jedoch, wie der Kaiser zuvor den Reichsständen zugesichert hatte, drei Wochen Zeit für die Heimreise, bevor er für vogelfrei erklärte wurde. Der abtrünnige Augustinermönch erhielt aber unterwartet Beistand von seinem Landesherrn Kurfürst Friedrich III. von Sachsen (1463–1529), Friedrich der Weise genannt, der ihm auf der Wartburg in Eisenach Zuflucht bot. Am 4. Mai 1521 wurde Luthers Kutsche überfallen und er selbst entführt und von seinen Anhängern infolge zum Märtyrer erklärt, denn man glaubte ihn tot. Friedrich III. hielt zwar selbst bis zu seinem Tod am römisch-katholischen Glauben fest, rettete jedoch den Reformator und damit die Reformation. Genau drei Wochen später, am 25. Mai, wurde die Reichsacht über Luther in Worms verhängt.

Im Asyl auf der Wartburg begann Luther mit der Übersetzung des Neuen Testaments. Luthers Übersetzungen zeichnen sich ebenso wie seine Lieder, Tischreden und anderen Schriften im Gegensatz zu der von ihm als erstarrt angeprangerten und am Lateinischen ausgerichteten Kanzleisprache durch einen volksnahen Stil aus. Er forderte von der Sprache – auch in ihrer Verwendung in Predigten –, klar, plastisch und humorvoll zu sein.

In seiner Bibelübersetzung (nach der textkritischen Ausgabe des Neuen Testaments im griechischen Urtext von Erasmus von Rotterdam (1465/69–1536) aus dem Jahr 1516/19, die 1534 in Wittenberg zum ersten Mal gedruckt wurde) ging es Luther nicht um sachliche Wiedergabe, er forderte vielmehr eine Übertragung, die das volkstümliche Sprachempfinden spiegeln und stärken sollte. Er legte seine Grundsätze folgendermaßen dar:

> »Man mus nicht die buchstaben inn der lateinischen sprachen fragen, wie man sol Deutsch reden, wie diese esel thun, sondern man mus die mutter im hause, die kinder auff der gassen, den gemeinen man auff dem markt drumb fragen, und den selbigen auff das maul sehen, wie sie reden und darnach dolmetzschen; so verstehen sie den und mercken, das man Deutsch mit ihn redet.« (Luther 1530)

Luthers Neues Testament erlebte innerhalb von elf Jahren 85 Auflagen, seine vollständige Bibel, die 1534 erschien, wurde 100 000 Mal gedruckt. Bis 1517 existierten gerade achtzig Bücher oder Schriften in deutscher Sprache, in den folgenden sechs Jahren kamen weitere 850 dazu, ein Drittel davon stammte von Luther selbst. Die Reformation beeinflusste entscheidend die deutsche Sprache und verschaffte ihr den Durchbruch zur Kultursprache und Luther den Titel »Vater der deutschen Sprache«.

Martin Luther: Vater der deutschen Sprache

Zwar schuf Luther keine neue Sprache und auch kein neues Schriftsystem, doch seine Schreibsprache näherte sich weitgehend dem Stil des gesprochenen Wortes an. Geschickt griff er bereits vorhandene Tendenzen auf, führte sie konsequent weiter und gab den Deutschen eine Basis an Wörtern, Sprüchen, Sprachbildern und Wendungen, die alle bereits existierten, die jedoch durch das Gewicht des Werks selbst (die Bibel war bis dahin das wichtigste schriftliche Werk des Abendlands) zum Allgemeingut wurden. Als Beispiel dient Luthers Wort vom »Scherflein«, das ein jeder beizusteuern habe. Ein »Scherf (scharfer Pfennig)« war eine schon seit karolingischer Zeit bis ins 18. Jh. verwendete Silber- und später Kupfermünze. Zu Zeiten Luthers wurde sie hauptsächlich in Erfurt und Städten der Umgebung verwendet. Sie hatte einen Wert von einem halben Pfennig. Das Wort stammt aus dem Ahd. *scerf* und Mhd. *scherf* in der Bedeutung »kleinste Münze«. Es ist verwandt mit dem mhd. Wort *scharben*, »einschneiden«, von dem sich das nhd. Wort »Scherbe« herleitet, denn die kleine Münze hatte vorgegebene Bruchstellen, damit sie halbiert oder in kleinere Werte zerteilt werden konnte. In seiner Bibelübersetzung gebraucht Martin Luther das Scherflein, um Bezeichnungen für Geldstücke zu übersetzen und im Deutschen zu finden, die von den einfachen Menschen verstanden wurden. Niemand hätte mit den Bezeichnungen für alte griechische oder römische Münzen etwas anfangen können. Er übertrug den Bibeltext so: »Und Jesus setzte sich dem Gotteskasten gegenüber und sah zu, wie das Volk Geld einlegte in den Gotteskasten. Und viele Reiche legten viel ein. Und es kam eine arme Witwe und legte zwei **Scherflein** ein; das macht zusammen einen Pfennig.« (Markus 14,41-42). So entstand die auf Luther zurückgehende Redewendung »sein Scherflein beitragen«. Vermutlich geht der Ausdruck etwas *verscherbeln* in der Bedeutung »unter Wert verkaufen«, auch auf diesen *Scherf* zurück, der von Luther im Deutschen verewigt wurde.

Jacob Grimm bezeichnete die lutheranische Standardsprache der Zeit als »protestantische Sprache«. Die weite Verbreitung seiner Schriften (nicht nur seiner Bibel) hatte großen Einfluss auf die Vereinheitlichung in Lautung, Flexion, Wortwahl und Satzbau des Deutschen. Auch in den von ihm geschriebenen und komponierten Kirchenliedern ging es Luther darum, dass die Gläubigen mitsingen und vor allem, dass sie die Texte verstehen konnten. Zahlreiche Wortschöpfungen gehen ebenfalls auf Luther zurück: *anschnauben, Kleingläubige, wetterwendisch, Bubenstück, Landpfleger, Feuereifer, friedfertig, Herzenslust, gastfrei, Glaubenskampf, Gnadenbild, gottesgelehrt, Ehescheidung, Lückenbüßer, Machtwort.*

Wieder ist es der religiöse Bereich, der die deutsche Sprache entscheidend beeinflusst und neu gestaltet hat. Dabei ist Luthers Bibelübersetzung keinesfalls die erste. Schon vorher hat es deutsche Bibeln gegeben, z. B. die von Johannes Mentelin (1410–1478) aus dem Jahr 1466.

Flugblätter und Flugschriften

Sehr wichtig für die Verbreitung der lutherischen Schriften und damit der vereinheitlichten Schriftsprache war die Vielzahl von Flugblättern und -schriften. Die sogenannten Einblattdrucke waren im 16. Jh. weit verbreitet, sie wurden als »Zettel«, »Brief«, »Büchlein« oder »Zeitung« bezeichnet. Luther selbst nannte sie Sendbriefe. Die 95 Thesen, die Luther, zumindest der Legende nach, am 31. Oktober 1517 an der Schlosskirche in Wittenberg angeschlagen haben soll, fanden als Flugblätter innerhalb weniger Wochen große Verbreitung.

Flugblätter allgemein hatten verschiedenste Inhalte und nahmen die Funktion erster Zeitungen ein: Es wurden darin Todesanzeigen annonciert, berühmte Persönlichkeiten vorgestellt, es wurde von Naturkatastrophen berichtet; sie veröffentlichten Kalender, moralische Unterweisungen, Anweisungen für ein christliches Leben und Kirchenlieder – auch die Kirchenlieder Luthers. Sie dienten der Unterhaltung, der Information, der Erbauung und dem Gebet. Ergänzt wurden die fliegenden Blätter oft durch derbe Illustrationen, um auch das analphabetische Publikum zu erreichen.

In einer Zeit großer religiöser und sozialer Unruhen prangerten sie Missstände an und berichteten über aktuelles Zeitgeschehen. In der Gegenreformation von 1560 kämpften katholische Kräfte um die Rückgewinnung der inzwischen protestantischen Gebiete und Pfründe, obwohl der Augsburger Religionsfriede von 1555 noch die freie Wahl der Konfession garantierte. Anfängliche kriegerische Auseinandersetzungen gipfelten schließlich 1618 im Ausbruch des Dreißigjährigen Kriegs, der mit dem Westfälischen Frieden von 1648 endete.

Deutsch für die Wissenschaften

Philippus Theophrastus Aureolus Bombastus von Hohenheim, genannt Paracelsus (1493–1541), war in seiner Grundeinstellung antihumanistisch, was sich besonders in seiner Forderung zeigt, die deutsche Sprache zur Sprache der Wissenschaften zu machen. Konsequent hielt er im Winter 1526/7 in Basel die ersten Vorlesungen in deutscher Sprache, fand aber zunächst keine Nachfolger.

Erst einige Jahre später setzte sich auch Johann Fischart (1546–1590) stark für eine Verwendung des Deutschen in den Wissenschaften, aber auch allen anderen Lebensbereichen ein. Er betonte, die Muttersprache sei wie keine andere für die Beschäftigung mit der Philosophie und anderen wissenschaftlichen Disziplinen geeignet. Der Jurist Fischart, streitbarer Lutheraner und schließlich Calvinist, kämpfte im lothringischen Forbach gegen Papsttum und Jesuiten und schrieb den ersten Sonettenzyklus in deutscher Sprache, außerdem unter dem Titel *Geschichtsklitterung* sein literarisches Hauptwerk. Er selbst nannte es: »ein verwirretes vngestaltes Muster der heut verwirrten vngestalten Welt« (zit. n. Wackernagel 1851:473). Nach dem Vorbild lateinischer Schulgrammatiken wurden in dieser Zeit die ersten deutschen Grammatiken geschrieben, deren Autoren aus jeweils verschiedenen Regionen Deutschlands stammten, die also ihre Dialektmerkmale durchscheinen ließen: Fabian Frangk (Lebensdaten unbekannt) aus Schlesien verfasste 1531 *Orthographia*; Johann Clajus (1535–1592) aus Sachsen *Grammatica Germanicae Linguae* (1534), Valentin Ickelsamer (um 1500–1547) aus Ostfranken 1534 *Teutsche Grammatica*, der Württemberger J. E. Meichsner (Lebensdaten unbekannt) das *Handbüchlin der Orthographie und Grammatic* (1537); der Elsässer Albert Ölinger (Lebensdaten unbekannt) *Underricht der Hoch Teutschen Spraach*, 1574. Es ist diesen frühen systematischen Auseinandersetzungen mit der deutschen Sprache indes zu danken, dass die Terminologie der Grammatik stets lateinisch bleibt.

In dieser Zeit erschienen auch Wörterbücher; 1540 von Erasmus Alberus (um 1500–1553), 1586 von Nicodemus Frischlin (1547–1590) und 1561 das bedeutendste deutsche Wörterbuch von Josua Maaler (1529–1599) aus Zürich: *Die Teütsch spraach. Alle wörter, namen, un(d) arten zu reden in Hochteutscher spraach, dem ABC nach ordentlich gestellt,*

unnd mit gutem Latein gantz fleissig unnd eigentlich vertolmetscht,
dergleychen bißhär nit gesähen, durch Josua Maaler burger zu Zürich.

Sprachliche Entwicklung in der Schweiz

Von jeher ist die schwyzertütsche Schriftsprache von der deutschen unterschieden, überdies ist sie regional stark begrenzt.
Es waren aber auch die Schweizer, die sich am stärksten gegen
den sächsischen Standard auflehnten; hier geht außerdem die
Ablehnung gegen das Habsburgerreich Hand in Hand mit der
feindlichen Stimmung reformierter Protestanten (Calvinisten,
Zwinglianer) gegenüber Lutheranern. Es waren die Drucker, die
als erste Konzessionen machten. Schon vor 1500 hat man dort die
neuen Diphthonge **ei, au, eu** (aus Mhd. ī, ū, iu) angenommen,
und um 1630 wurden sie auch in Zürich verwendet, um Zwinglis
Bibelübersetzung als Erwiderung auf Luthers Übertragung zu
veröffentlichen und ihr auf diese Weise eine größere Verbreitung zu
garantieren. Es dauerte aber noch bis weit ins 17. Jh., bis die neuen
Diphthonge auch in öffentlichen Dokumenten auftauchten, so in
den amtlichen Mitteilungen des Rats zu Zürich. Andere Vereinheitlichungen mit der deutschen Schriftsprache wurden allerdings
erst sehr viel später angenommen und es ist noch heute so, dass
Schwyzertütsch als regionaler Dialekt die Umgangssprache aller
Schichten ist und sich deutlich vom Neuhochdeutschen absetzt – so
sehr, dass es von Norddeutschen kaum verstanden werden kann.

Frühneuhochdeutsche Literatur

Während das »protestantische Deutsch« (Jacob Grimm) Martin
Luthers sich als Schriftsprache durchsetzte, schritt gleichzeitig
das Hochdeutsche auf niederdeutschem Gebiet weiter vor und
gelangte bis in die Kanzleien der Hansestädte. Mundarten fanden sich auch in der Literatur, wo sich mehrere Genres zeigten.

So gab es etwa in den Jahren zwischen 1480 und 1540 den
berühmten und berüchtigten »Doktor Faustus«, Magier, Alchimist,

Marktschreier, Geisterbeschwörer, Astrologe und Scharlatan. Unzählige Sagen und Legenden ranken sich um diese schillernde Figur, die neuzeitliche Wissenschaftlichkeit mit Zauberei verbindet. Anonym erschien das *Volksbuch von Doktor Faustus*, das das Leben dieses Mannes erzählt. Der vollständige Untertitel des »Volksbuchs« lautet:

> »Historia von D. Johann Fausten, dem weitbeschreyten Zauberer und Schwartzkünstler, Wie er sich gegen dem Teuffel auff eine benandte zeit verschrieben, was er hierzwischen für seltsame Abentheuwer gesehen, selbst angerichtet und getrieben, bis er endelich seinen wol verdienten lohn empfangen. Mehrertheils auß seinen eygenen hinderlassenen Schrifften, allen hochtragenden, fürwitzigen und Gottlosen Menschen zum schrecklichen Beyspiel, abscheulichen Exempel und treuherziger Warnung zusammengezogen, und in den Druck verfertigt.«

Das Buch hatte großen Erfolg und wurde ins Französische, Niederländische und Englische übertragen. Seit Anfang des 17. Jh.s kam der Stoff auch auf die Bühne und ins Puppentheater und wurde in den folgenden Jahrhunderten z. B. von Gotthold Ephraim Lessing (1729–1781), Johann Wolfgang von Goethe (1749–1832), Heinrich Heine (1797–1856) und Thomas Mann (1875–1955) bearbeitet.

Als Überbleibsel aus dem Mittelalter hielt sich die sogenannte Narrenliteratur. Schon 1494 hatte Sebastian Brant (1458–1521) sein in ganz Europa bekannt gewordenes *Narrenschiff* herausgebracht. Der Dichter lädt alle Narren auf sein Schiff und zur Fahrt nach Narragonien ein. In den Reimversen werden mit spitzer Feder Stände, Zeitgeschehen und gängige Moral vorgeführt. Die Narren als die sündigen und unvernünftigen Menschen stoßen mit Vernunft und bürgerlichen Werten zusammen. Hier die Vorrede zum Buch:

> »Ein vorred in das narren schyff. Zu nutz vnd heylsamer ler / vermanung vnd ervolgung der wyßheit / vernunfft und guter sytten: Ouch zu verachtung vnd straff der narheyt / blintheyt yrrsal vnd dorheit / aller stæt / vnd geschlecht der menschen: mit besunderem flyß ernst vnd arbeyt / gesamlet zu Basell: durch Sebastianū Brant. in beyden rechten doctor.«

Der Elsässer Franziskaner Thomas Murner (1475–1537) knüpfte mit seinem 1512 erschienenen *Die Narrenbeschwörung* an Brants Werk an. Seine Satire von 1522 aber *Von dem großen Lutherischen Narren*, in der er Martin Luther als den »Störer der Weltordnung« brandmarkt, ist sein bekanntestes Werk. Da aber die reformierten Gebiete einer Zensur unterlagen, verhinderte ein Erlass des Straßburger Rats einen wirklichen Erfolg des Textes. Der Teufel wurde mit dem Beelzebub ausgetrieben, denn die Reformer taten dasselbe, was sie der starren Struktur der katholischen Kirche anlasteten.

Der Nürnberger Dichter, Meistersinger und Schuhmacher Hans Sachs (1494–1576) setzte ebenfalls in Schwänken, Fabeln und Fastnachtsspielen die Tradition der Narrenlitertur als satirische Darstellung der neuen bürgerlichen Gesellschaft fort. Sachs war äußerst produktiv, sein Werk umfasst über 6000 Titel, darunter etwa 4200 Meistergesänge, ca. 1800 Spruchgedichte, 80 Fastnachtsspiele, 63 Tragödien, 65 Komödien und fünf Prosadialoge. Sein um 1550 entstandenes Spiel *Der farendt Schuler im Paradeiß* wird auch heute noch immer wieder auf die Bühne gebracht. Hier der Anfang dieses Spiels in vierhebigem alternierendem Paarreim:

> »Ach wie manchen seufftzen ich senck, / Wenn ich vergangner zeit gedenck, / Da noch Lebet mein erster Man, / Den ich ye lenger lieb gewan,
> Dergleich er mich auch wiederumb, / Wann er war einfeltig vnd frumb. / Mit jm ist all mein frewdt gestorben, / Wie wol mich hat ein andr erworben.«

Exkurs: Vom Sauberhalten der Sprache

Auf das moderne deutsche Vokabular von etwa 400 000 Wörtern entfallen rund 100 000 Fremdwörter, in privaten Briefen liegt ihr Anteil durchschnittlich bei 5 %, in Zeitungsartikeln bei ca. 15 %. Es gibt und gab immer Bemühungen und Bewegungen, die Sprache »rein« zu erhalten. Diese Reinheit der Sprache soll immer in alten, historischen Formen derselben Sprache gefunden werden, alles andere bezeichnet man als Korruption und

Verfremdung der Sprache. Zu solchen Zeiten spricht man von einer »Fremdwortflut«, die uns zu überschwemmen droht. Im 17. Jh. war es der Kampf gegen die französische Kultur und Sprache, der von Dichtern wie Friedrich von Logau (1605–1655) oder Philipp von Zesen (1619–1689) ausgetragen wurde. Sie benutzten die Sprachgesellschaften, um beides – Kultur und Sprache – zu reinigen und die Sprache vor Verfremdung, »Verwelschung« und »Sprachverketzerung« zu bewahren. Derartige »sprachhygienische« Aktivitäten tauchten immer wieder auf – nicht nur in Zeiten gesteigerten Patriotismus' und nicht nur in Deutschland.

Immer wieder entstanden Werke wie: *Wörterbuch zur Erklärung und Verdeutschung der unserer Sprache aufgedrungenen fremden Ausdrücke* (1801) von Joachim Heinrich Campe (1746–1818), *Sprich Deutsch! Ein Buch zur Entwelschung* (1917) und *Deutsche Sprachschöpfer, ein Buch deutschen Trostes* (1919), beide von Eduard Engel (1851–1938) oder *Der eingedeutschte Wortschatz der Weisheitslehre* von Hans Lorenz Stoltenberg (1934), *Wörterbuch von Verdeutschungen entbehrlicher Fremdwörter: Engländerei in der deutschen Sprache* von Wolfgang Viereck und Hermann Dunger (1989, Nachdruck der Ausgabe von 1882). Dort erzeugte man künstliche Wortschöpfungen, die sich zum großen Teil bis heute gehalten haben: *Geistgruppenwissenschaft* statt Kultursoziologie, *Seelkunde* statt Psychologie, *Weibischtum* statt Feminismus, *Vertragtum* statt Sozialismus, *Mundart* statt Dialekt, *Verfasser* statt Autor, *Wörterbuch* statt Vokabular, *Augenblick* statt Moment sowie *Lehrsatz, Staatsmann, Briefwechsel* etc.

Welsch

»Welsch« bezeichnet im Allgemeinen eine fremde, unverständliche Sprache. Ursprünglich war es eine germanische Bezeichnung für Römer und romanisierte Kelten – vgl. Engl. *welsh*, für Waliser, Einwohner von Wales. In der Schweiz diente der Begriff »Welsch« nach Martin Luther als Bezeichnung für Sprecher des Rätoromanischen (Welschdörfli ist ein Stadtteil von Chur, Welschtobel ein Gebiet von Arosa), die *Chauderwelschen*, und für Sprecher des Französischen aus der französischen Schweiz – so nennen die Deutschsprecher diesen Teil des Landes *Welschschweiz*. Die Walnuss war einst eine *welsche*, weil ausländische Nuss. Welschkraut und Welschkohl waren ausländisches Gemüse. Rotwelsch war im Mittelalter die Sprache der

Vaganten, des fahrenden Volkes, aber auch von Dieben und Räubern. Heute verwenden wir im Deutschen noch Kauderwelsch (*Chauderwelschen*) in der Bedeutung »unverständlich, fremdartig klingend«. Das Wort *kaudern* ist nach Jakob Grimm vermutlich lautmalerisch von »*kollern* wie ein Truthahn« in der Bedeutung *brabbeln, nuscheln.* Nie jedoch waren und sind Bezeichnungen wie »welsch, Verwelschung etc.« positiv besetzt. Auch die Nazis verwendeten sie, um bestimmte Sprachgemeinschaften und Volksgruppen zu diskreditieren.

Auch abstruse Sprachgebilde wurden vorgeschlagen, deren räumliche und zeitliche Verbreitung glücklicherweise beschränkt blieb: aus Spiegel sollte *Schauglas* werden, aus Mumie *Dörrleiche*, Aurora (Göttin der Morgenröte) sollte zu *Rötinne*, Venus (Göttin der Liebe) zu *Lustinne* werden; Philipp von Zesen kreierte folgende Schöpfungen: *Tageleuchter* für Fenster, *Jungfernzwinger* für Kloster, *Gesichtserker* für Nase (was für ein Lehnwort gehalten wurde), *Lusthöhle* für Grotte.

Aber auch heute werden neue Wörter auf Deutsch geschaffen: *Klapprechner* statt Laptop (übernommen von der Stiftung Deutsche Sprache), *Knupf* statt Hyperlink, *netzens* statt online, *Strombrief* statt E-Mail als einzelne Nachricht, *Strompost* statt E-Mail als Medium, *stromschriftlich* statt *per E-Mail.*

Ende des 19. und zu Beginn des 20. Jh.s war es der »Allgemeine Deutsche Sprachverein«, Vorgänger der »Gesellschaft für deutsche Sprache«, der – wiederum hauptsächlich gegen das Französische – das Vokabular im Straßen- und Schienenverkehr zu regulieren versuchte: *Landstraße* statt Chaussee, *Schaffner* statt Conducteur, *Fahrschein* statt Billet, *Kraftwagen* statt Automobil, *Abteil* statt Coupé, und auch *Strom* statt Electricität, woraus dann sogar ein »Hendiadyoin« (»zwei-für-eins« oder »doppeltgemoppelt«) wird: *elektrischer Strom* oder kurz *E-Strom.*

Es war Postmeister General Heinrich von Stephan (1831–1897), der »Weltpostmeister«, wie er genannt wurde, dem Deutschland die Erfindung der Postkarte und das Deutsche die Verdeutschung von über 700 Ausdrücken des Postwesens in den 70er-Jahren des 19. Jh.s verdankt, die sich weitgehend bis heute gehalten haben: *einschreiben* statt rekommandieren, *postlagernd* statt poste restante, *Fernsprecher* statt Telefon, *Briefumschlag* statt Couvert etc.

Nach Justus Georg Schottel (1612–1676) und Konrad Duden (1829–1911) ist die deutsche Sprache einer eigenen grammatischen Terminologie verpflichtet. So sagt man: Tätigkeitswort (*Tuwort*) statt Verb, *Leideform* statt Passiv, *Doppellaut* statt Diphthong, *Mehrzahl* statt Plural, *Einzahl* statt Singular, *Fall* statt Kasus, *Hauptwort* statt Substantiv etc. Auch heute noch werden vielfach Hauptschüler von Gymnasiasten durch diese Sprachbarriere getrennt.

Die Frage ist, wie sollte heute eine Sprache ohne Fremdwörter funktionieren? Besonders in Werbung und Jugendsprache finden sich immer mehr Wörter und ganze Sätze aus anderen Sprachen, besonders aus dem Englischen: »Relaxen im V-Shirt von Tschibo«; »SAP: Ich bin Headhunter.«; »Handy-Shop«; »Mini Cooper-S. Supercharged. Is it love?«. Dem Text *Jugendsprache* von Yvonne Ingler ist im Stil der behandelten Sprache der Wunsch vorangestellt: »Total viel Spaß und echt geniale Power beim Readen«.

Bewahrer des reinen Deutschen wie Wolf Schneider (geb. 1925) fordern, »gespreizte, ausgeleierte oder neu aufgetauchte Fremdwörter« aus der Sprache zu verbannen oder zumindest zu regeln, wann ein Fremdwort verwendet werden darf. Das Fremdwort ist willkommen oder mindestens erlaubt, falls es:

- verständlich und treffend ist (Sex, Ironie),
- verständlich und auf dieser Stilebene nicht durch ein deutsches zu ersetzen ist (homosexuell),
- Lokalkolorit vermittelt (Datscha),
- zwar nicht allgemeinverständlich, aber bisher ohne deutsche Entsprechung ist.

»War es schlecht, dass J. H. Campe anno 1801 aus der *Exkursion* den ›Ausflug‹ machte und aus dem *Supplikanten* den ›Bittsteller‹? Hat nicht der ›Hubschrauber‹ eine Anschaulichkeit, die der *Helikopter* in keiner Sprache besitzt, in der er heimisch ist?«, fragt Schneider und fordert darum kompromisslos: »Weg mit den Anglizismen!«

In Frankreich indessen ist die »Académie française« als strenge Sprachwächterin bemüht, die französische Sprache stärker und rigider als jede andere Instanz rein zu erhalten und ein »franglais« zu vermeiden. Aus diesem Grunde werden englische Ausdrücke

Absender

Name, Vorname

Straße, Nr.

Plz, Or.

Telefonnummer *

Faxnummer *

E-Mail *

Unterschrift

* freiwillige Angabe

Für Ihre schnelle Anfrage:
info@verlagshausroemerweg.de

Rückantwort

Verlagshaus Römerweg GmbH
Römerweg 10
D-65187 Wiesbaden

Diese Karte entnahm ich dem Buch:

_____

☐ Bitte senden Sie mir Ihr Büchermagazin.

☐ Bitte informieren Sie mich über Ihre Neuerscheinungen.

☐ Ja, ich möchte Ihren Newsletter erhalten.

Alle Informationen unter www.verlagshausroemerweg.de

verbannt, deren Benutzung teilweise sogar unter Strafe gestellt. Ein *Walkman* ist darum ein »baladeur« (etwa: Flanierer), *brainstorming* ist »remue-méninges« (etwa: Hirnhäute bewegen). Die Hersteller der Zigarettenmarke »News« wurden zu einer Strafe von 5000 Francs verurteilt und mussten den Aufdruck »20 Filter Cigarettes« und »full flavor special blend« übersetzen. Mit dem Sprachgefühl der »Académie«-Mitglieder liegt es wie so oft mit Sprachpuristen im Argen (Gesichtserker!). So soll Joseph Joffre, frz. Marschall im Ersten Weltkrieg, auf die Frage nach dem Unterschied (auf Französisch) zwischen Kanone und Maschinengewehr die Definition beigesteuert haben: »Die Kanone macht bum-bum, das Maschinengewehr tatata.« Ebenso, wie man sich in Deutschland immer schon gegen den Einfluss des Französischen wehrte, französisiert diese Sprache heute englische Einflüsse:

Centre-Auto statt Autocenter, *Manageur* statt Manager, *Marketing* statt Mercatique.

Gleichzeitig gibt es keine Sprache, die von derart unsinnigen Anglizismen durchzogen ist wie die französische, da ist ein Wohnzimmer ein »*living*«, ein Parkhaus ein »*parking*« und am Wochenende fährt man ins »*weekend*«. Doch selbst Frankreich hat jüngst von offizieller Seite den Versuch eingestellt, sich gegen den Einfluss anderer Sprachen, vor allem des Englischen zu wehren. Die sozialdemokratische französische Kulturministerin Fleur Pellerin erklärte 2015: »Französisch ist nicht in Gefahr, und meine Aufgabe als Ministerin ist es nicht, nutzlose Dämme gegen andere Sprachen zu errichten, sondern allen unseren Staatsbürgern die Mittel zu geben, Französisch lebendig zu erhalten.« (Zit. n. Matthias Heine 2015)

Das »Sauberhalten« der eigenen Sprache trug auch in anderen Ländern zum Teil sehr skurrile Blüten. So wollte man sich im England der 50er-Jahre gegen die Vereinigten Staaten von Amerika als linguistischen Erzfeind behaupten und synchronisierte Filme, die aus Amerika kamen, tatsächlich britisch-englisch.

Die letzte Variante des Deutschen als Jugendsprache, Kiezdeutsch oder Kanak Sprak (Heike Wieser) genannt, ist vor allem in der *inner city* deutscher Großstädte verbreitet, besonders dort, wo

Jugendliche verschiedener sprachlicher und kultureller Hinter-
gründe aufeinandertreffen und lexikalisches Material aus anderen
Sprachen Verwendung findet. Da gibt es Formen wie: *Ich mach
dich Messer! Ich mach rote Ampel! Ich geh Kino!* oder *Ey, rockst du,
lan, Alter* (Hast du Geld, Alter?). Die Verben werden gebleicht,
nicht flektiert, und Präpositionen fallen weg. Vermutlich wird
das türkische Verb *yapmak* (machen) ins Deutsche übertragen und
reihenbildend eingesetzt. Ähnliche Veränderungen der Sprache,
vor allem der Jugendsprache, finden sich indes unter gleichen
soziokulturellen Bedingungen in anderen europäischen Ländern
wie den Niederlanden, Dänemark oder Frankreich.

Kanake

Als »Kannakermann« bezeichneten deutsche Seemänner im 19. Jh. andere
Seeleute vorwiegend aus dem Südseeraum. Es hatte die positive Bedeutung
fähiger, treuer Kollege und wurde im Südseeraum als Ehrentitel auch für
Kollegen aus Europa verwendet. »Kanake« stammt vom hawaiischen Wort
kanaka, Mensch.

In Deutschland ist Kanake eine beleidigende und herabwürdigende
Bezeichnung für Einwanderer mit südländischem Aussehen, seit den
1960er-Jahren vor allem für Gastarbeiter wie Türken, Italiener, Spanier
oder Griechen. Heute hat sich seine Anwendung verschoben und wird
für Menschen arabischer, persischer, türkischer, kurdischer, syrischer
und süd- und südosteuropäischer Herkunft verwendet. Das Wort ist ein
Ethnophaulismus (herabsetzende Volksbezeichnung wie Bimbo, Kraut,
Fritz, Squaw, Katzelmacher etc.), obwohl es nicht speziell auf nur eine
Ethnie angewendet wird, sondern beliebig auf verschiedene Gruppen. Als
Selbstbezeichnung oder als Bezeichnung durch andere Nationalitäten ist
es heute verstärkt im Deutschen zu finden.

Karl Kraus sieht den Einfluss anderer Sprachen auf das Deutsche
indes gelassen: »Das beste Deutsche könnte aus lauter Fremdwörtern zusammengesetzt sein, weil nämlich der Sprache nichts
gleichgültiger sein kann als das ›Material‹, aus dem sie schafft.«
(Kraus 1937)

5. Der Weg zum Neuhochdeutschen – Von der Aufklärung zum Ende des 19. Jahrhunderts

Nationalsprache im Barock

Die neu gestärkten Nationalgefühle in Europa fielen mit einer Epoche zusammen, die einen Namen trägt, der – zunächst noch abfällig verwendet – aus dem Ende des 19. Jh.s stammt: Barock. In Deutschland war die Frage nach der Nationalsprache wegen der großen politischen Zersplitterung besonders heiß umkämpft – man suchte die gemeinsame Sprache, vor allem die gemeinsame Schriftsprache, als einigendes Band für die Nation. Die Sprache war ja besonders durch lateinische, griechische, französische, aber auch spanische und italienische Entlehnungen gezeichnet worden.

In Frankreich fand der Prozess der Sprachreinigung und der Befreiung vom Lateinischen schon sehr früh statt. Der Dichter François de Malherbe (1555–1628) stellte am französischen Hof und damit für die Dichtkunst im Allgemeinen strenge formale Ansprüche an die Sprache und wurde einer der wichtigsten Wegbereiter der französischen Klassik.

Zu Beginn des 17. Jh.s bildeten sich die ersten Sprachgesellschaften, so der »Palmenorden« oder die »Fruchtbringende Gesellschaft« in Weimar im Jahr 1617 nach dem Vorbild der 1583 in Florenz gegründeten »Accademia della Crusca«. Sie wurde »zu Erhaltung und Fortpflanzung aller Ritterlichen Tugenden, Aufrichtung und Vermehrung Teutschen wohlgemeinten Vertrauens und sonderlich daß unsere bishero, verlassene, verachtete, und in letzten Zügen ligende Teutschinne sich erholend, ihre nothleidende Kinder, Teutsches Geblüts und Gemüts, in etwas zu ermuntern« aus der Taufe gehoben. Andere Sprachgesellschaften folgten nach: die »Deutschgesinnte Genossenschaft« in Hamburg 1642, der »Hirten- und Blumenorden an der Pegnitz« in Nürnberg

1644 und der »Elbschwanenorden« in Lübeck 1658. Zur selben Zeit, 1635, wurde in Frankreich die »Académie française« mit vierzig auf Lebenszeit berufenen Mitgliedern, den sogenannten »Unsterblichen«, gegründet, die bis heute die Vereinheitlichung und Pflege der französischen Sprache betreiben soll.

Im »Palmenorden« gehörte es zu den Aufgaben der Mitglieder, unter ihnen Dichter wie Martin Opitz (1597–1639), Johann Michael Moscherosch (1601–1669), Johann Rist (1607–1667), Philipp von Zesen, Friedrich von Logau (1604–1655) und Grammatiker wie Justus Georg Schottelius (1612–1676; Name latinisiert aus Schottel, s. S. 150), ein normatives Wörterbuch und andere Referenzwerke wie Grammatiken, Werke zur Rhetorik oder zur Poetik zu erstellen: Die barocken Sprachpfleger in Deutschland strebten die grammatische Regelung der Sprache an. Es ging aber auch darum, die deutsche Sprache gegen die Erzrivalen Latein und Französisch abzugrenzen und eine einheitliche Sprache mit einheitlicher Aussprache durchzusetzen.

»Sprachliche Einheit«, schreibt Hugo Moser (1961:41), »bedeutet nun und künftig ein Doppeltes: Beseitigung der Verschiedenheiten der schrift-sprachlichen Gebilde und gelenkte äußere und innere Weiterentwicklung der Schriftsprache zur Einheitssprache, mehr und mehr auch auf dem Gebiet der Rechtschreibung und der Aussprache.«

Vom Mut, Deutsch zu sprechen

Um 1400 schrieb Johannes von Tepl (um 1350–1414) eines der berühmtesten Werke deutscher Literatur: »Der Ackermann aus Böhmen«. Das Werk existierte bis 1460 in diversen Handschriften und wurde 1460 zum ersten Mal in Bamberg gedruckt. Von Tepl schrieb sein Werk in frühneuhochdeutscher Sprache als Streitgespräch zwischen einem Bauern und dem Tod, der die Frau des Bauern zu früh aus dem Leben gerissen habe, wie jener argumentiert. Über 32 Kapitel geht die ausgefeilte Diskussion, bis Gott auftritt, die Gewalt über Leben und Tod sich selbst zuspricht und dem Tod Recht gibt. In diesem Zwei-Personen-Duell steht der Tod für das Mittelalter, der nicht an der gegebenen Ordnung Gottes rütteln will und der die Bedeutungslosigkeit menschlichen Lebens vor göttlicher oder von Gott gegebener Macht vertritt. Der Ackermann auf der anderen Seite vertritt den Humanismus, der an den sozialen Festen des Mittelalters zweifelt und sie zum Einsturz bringen will.

Von Tepls Werk ist ausgestattet mit allen Stilmitteln, die die Rhetorik zu bieten hat und, wie von Tepl schrieb, ging es ihm in dem Dialog darum, zu zeigen, dass man lateinische Kunstprosa auch im Deutschen schreiben konnte. Dafür, so Tepl, bedurfte es nicht der lateinischen oder gar griechischen Sprache.

Mit dieser Ansicht kam der böhmische Dichter, der seine Dichtung in der Kanzleisprache Praqs verfasst hatte, der Tendenz viel späterer Jahre zuvor, die deutsche Sprache nach lateinischem Vorbild in Bezug auf Einheitlichkeit und Standardisierung von der Orthographie bis zum Satzbau in eine feste Ordnung zu bringen. Erst sehr viel später begriff man, dass Einheitlichkeit in der Sprache Macht bedeutet.

Dichter wie Konrad Celtis Protucius, der sich durch seinen Namen als Vertreter der Tendenz zu erkennen gibt, das Lateinische und Griechische über seine schwäbische Mundart zu stellen – in dem er nach der gängigen Art des Humanismus seinen Familiennamen Bickel (vermutlich vom Pickel des Winzers, denn er entstammte einer Winzerfamilie) latinisierte und sich überdies mit Proticus (gr. Meißel) einen weiteren, diesmal gräzisierten Namen gab –, schrieben ausschließlich auf Latein. Dabei machte sich Celtis einen großen Namen damit, alles Germanische publik zu machen, was in Tacitus' 1470 wieder aufgefundener Schrift »Germania« als Mythos über die Germanen stand – natürlich auf Latein.

Während in Frankreich 1635 die »Académie française« gegründet wurde, die den Standard, den Dialekt von Paris, kontrollierte und pflegte, in England der Dialekt von London zum Standard erhoben wurde und in allen europäischen, zentral regierten und zentralisierten Staaten die Sprache der Macht Standard war, blieb Deutschland seinen regionalen Mundarten verbunden, von denen bald die eine, bald die andere mehr oder weniger Prestige genossen. So wurde das Sächsische bis Ende des 19. Jh.s, mehr durch Zufall, als ein Aussprachestandard (s. S. 177) anerkannt. Bis dahin blieb all denen, die angezogen von der Macht zum Beispiel nach Weimar, Dresden oder Meißen gezogen wurden, nichts anderes übrig, als entweder den Dialekt zu lernen (was nicht einfach ist, denn nicht jeder Mensch kann gleich gut einen anderen Dialekt imitieren) oder seine Sprache mit lateinischen, französischen oder, wie heute, mit englischen Versatzstücken zu füllen. Eine weitere Möglichkeit bestand darin, wie Konrad Celtis, gleich ausschließlich Latein zu schreiben und dafür auch noch vom Kaiser mit Lorbeer ausgezeichnet zu werden.

Der Mut zur Muttersprache, wie Karl-Heinz Göttert es nennt, zeigte sich nur zaghaft. So erklärte 1538 der Freund Luthers, Sebastian Franck, die Deutschen wüssten mehr über Indianer als über sich selbst und würden alles Französische mitsamt der Syphilis importieren. Der Dramatiker und Prediger Georg Rollenhagen (1542–1609) beklagte, die Deutschen würden

Fremdsprachen ihrer eigenen Sprache vorziehen. Und in einem der Flugblätter aus Zeiten des Bauernkriegs, dem »Karsthans«, wird angeprangert, das viele Latein sei gottlose Eitelkeit, man solle die Muttersprache wählen. (s. Göttert 2010:159 f.)

Die deutsche Sprache hässlich zu finden, sie als ungenügend im schnellen Ausdruck und der griffigen Wendung zu brandmarken und mit solchen Argumenten zu rechtfertigen, warum sie mit anderen Sprachen beladen werden müsse, hat eine lange Tradition. Ein Ende dieser Tradition ist nicht in Sicht. Zur Verbesserung der Sprache trägt es nicht bei, zu ihrer höheren Wertschätzung auch nicht. An sich ist das aber kein großes Problem, denn bei aller Kritik daran bleibt es auch ein Zeichen großer Flexibilität, Anpassungsfähigkeit und Weltoffenheit. Aber die Pflege der Sprache wird nicht jedem anheimgestellt, sondern sie wird elitären Gruppen übertragen, die dann wieder Angriffsflächen bilden, *weil* sie die Sprache hegen.

Grammatiken, Wörterbücher und andere Werke zur deutschen Sprache

Anfang des 17. Jh.s entstanden zahlreiche Wörterbücher, so 1607 *Teutsche Orthographey und Phraseologey* von Johann Rudolph Sattler, Georg Henischs *Teutsche Sprach und Weisheit* 1616 oder W. Schönsleders *Promptuarium germanico-latinum* 1618, und Grammatiken, vor allem *Teutsche Sprachkunst* (1641) und *Ausführliche Arbeit von der Teutschen HaubtSprache* (1663) von J. G. Schottel. In seinen Werken setzt sich Schottelius für eine einheitliche Rechtschreibung und die Ersetzung der grammatischen lateinischen Ausdrücke durch deutsche ein. Es ging ihm dabei hauptsächlich um die Durchsetzung einer einheitlichen Schriftsprache. Er akzeptierte Luthers Version und auch die der Kanzleien, an denen sich die Schriftsprache orientierte, forderte aber, eine literarische Sprache solle sich keinesfalls an einem Dialekt oder einer Regionalsprache orientieren, sondern an dem Sprachgebrauch »gebildeter und gelehrter Männer«.

Die wohl einflussreichste Figur war Martin Opitz, der mit seinem *Buch von der deutschen Poeterey. In welchem alle jhre eigenschafft und zuegehör gründtlich erzehlet, und mit exempeln außgeführet wird* (1624) den Rahmen der Grammatik sprengte und Regeln für poetische Sprache in Bezug auf Themenwahl, Versmaß, Sprache und Stil für weit mehr als die kommenden einhundert Jahre festlegte.

Georg Philipp Harsdörffer (1607–1658), Gründer der Nürnberger Sprachgesellschaft und selber Dichter, schrieb praktische Ratgeber für die Verwendung der poetischen Sprache: *Poetischer Trichter, die Teutsche Dicht- und Reimkunst, ohne Behuf der lateinischen Sprache, in sechs Stunden einzugießen* (1647–1653). Harsdörffer sind einige Eindeutschungen zu verdanken, die bis heute erhalten sind: im Theater *Aufzug* (für das Fremdwort Akt), *beobachten* für observieren, *Briefwechsel* für Korrespondenz und *Prismenfernglas* für Teleskop.

In der zweiten Hälfte des 17. und der ersten Hälfte des 18. Jh.s gab es eine lange Reihe von Gelehrten, die sich für die deutsche Sprache einsetzten, darunter bedeutende Philosophen wie Gottfried Wilhelm Leibniz (1646–1716) oder Christian Wolff (1679–1754). In Bezug auf die Sprache tat sich besonders Johann Christoph Gottsched (1700–1766) hervor. Seine *Deutsche Sprachkunst* von 1648, in der er grammatische und stilistische Regeln festlegt, blieb lange Zeit eines der bedeutendsten Bücher zur deutschen Sprache. Wie Schottelius hält er die literarische Sprache für die wichtigste Variation, unabhängig von Region, sozialer Gruppe und Dialekt. Tatsächlich schreibt er selbst im Ostmitteldeutschen Standard und es ist seiner Arbeit zu danken, dass auch der Süden diese Schriftsprache als den Standard akzeptiert hat. In enger Anlehnung an Gottsched folgten 1774–1786 *Versuch eines vollständigen grammatisch-kritischen Wörterbuchs der hochdeutschen Mundart*, das erste große Wörterbuch mit normativer Funktion und *Anweisung zur deutschen Orthographie* (1788) von Johann Christoph Adelung (1732–1806).

Die Vertreter der deutschen Romantik mit ihrem speziellen Interesse am Mittelalter ermutigten zum Studium alter Stadien der deutschen Sprache und betrieben germanistische und vergleichende Sprachwissenschaft, die an verschiedenen Universitäten erfolgreiche und, auch für andere Länder und deren Sprachen, bahnbrechende Arbeiten vorlegte. Das wohl bedeutendste Werk aus dieser Zeit ist das *Deutsche Wörterbuch* von Jacob und Wilhelm Grimm, mit dessen Herausgabe die beiden Brüder 1852 begannen. Die Ausgabe wurde erst 1960 vollständig fertiggestellt.

Im späten 19. Jh. wurde die Forderung nach wirklicher Einheitlichkeit der Sprache immer zwingender, denn die Menge der Veröffentlichungen nahm kontinuierlich zu. Die Regierung – der nun erstmals in einem Staat geeinten Nation unter der Ägide Preußens – schaltete sich ein und versuchte den schriftlichen Standard per Dekret zu schaffen. 1880 erschien Konrad Dudens (1829–1911) *Vollständiges Orthographisches Wörterbuch der deutschen Sprache* (heute: *Rechtschreibung der deutschen Sprache und der Fremdwörter*) und wurde zum verbindlichen Standardwerk für das Deutsche.

Der immer noch vorhandene regional-dialektale Unterschied wurde besonders von Schauspielern als diskriminierend empfunden. Der Wunsch, auch im gesprochenen Bereich einen verbindlichen Standard zu schaffen, wurde ausgehend von der Bühne immer größer. Es verwundert also nicht, dass Theodor Siebs (1862–1941) sein 1889 erschienenes Standardwerk der Aussprache *Deutsche Bühnenaussprache* betitelte. Hier wurde der norddeutschen Aussprache vor allen anderen deutschen Dialekten der Vorzug gegeben. Die linguistische Wirklichkeit der deutschsprachigen Gebiete aber mit den starken regionalen Traditionen, mit der politischen Ausgrenzung Österreichs und der Schweiz, der vierzigjährigen gegenläufigen Entwicklung zweier deutscher Staaten – BRD und DDR – mit jeweils anderen, hauptsächlich ideologischen sprachlichen Vorgaben, schaffen dennoch nur in den Medien eine Einheitlichkeit der Aussprache. Innerhalb der Bevölkerung jedoch bleiben die regionalen Unterschiede bestehen und zahlreiche Dialekte existieren problemlos nebeneinander.

Im Großen und Ganzen kann man sagen, dass in Deutschland eine große Toleranz gegenüber Dialektsprechern existiert. Dialektsprecher werden kaum minderbewertet, alle aussprachlichen Variationen sind erlaubt und die Vorgaben der »Bühnenaussprache« werden – außer im Bühnen-/TV-Bereich – kaum befolgt.

Johann Christoph Gottsched
1730 wurde Gottsched außerordentlicher Professor für Poesie und Beredsamkeit in Leipzig, ab 1734 ordentlicher Professor für Logik und Metaphysik. In dieser Funktion avancierte er in kurzer Zeit zum Reformer und geistigen Führer der Frühaufklärung. Besondere Verdienste erzielte Gottsched im Bereich des deutschen Theaters. Er sorgte für eine deklamatorische Ausbildung der Schauspieler und hob das soziale Ansehen des Standes. Seine Haltung gegenüber dem Theater blieb dabei starr und dogmatisch: Er wollte das Wunderbare, Fantastische, ja jede Art von Gefühl daraus verbannt sehen. In den Jahren bis 1762 gab er eine Reihe von literarischen Zeitschriften heraus und schrieb zahlreiche Artikel und Bücher. Von seiner *Ausführlichen Redekunst* sagte er selbst, er wolle Rhetorik als »beständiges Lehrfach auf Universitäten« sehen.

Die Aufklärung

Nach dem Ende der großen religiösen Auseinandersetzung – des Dreißigjährigen Kriegs –, in dem es neben religiösen Interessen vorrangig um eine Neuordnung der Machtverhältnisse in Zentraleuropa ging, entwickelte sich als Gegenbewegung zum religiösen Denken ein Rationalismus, der auf Erkenntnis setzte. Im Sinne der Ansichten des Staatsphilosophen Niccolò Macchiavelli (1469–1527) wurde Machtgewinn zum Zweck des Staats erhoben, vor dem ethische, religiöse und traditionelle Erwägungen verblassen sollten. Dieses Denken beeinflusste auch die Vorgehensweise politischer Akteure, wodurch Vertragsbrüche und Koalitionswechsel verstärkt auf die Tagesordnung traten.

Der Westfälische Friede von 1648 hatte den Reichsständen die volle Landeshoheit und damit das Recht eingebracht, Bündnisse auf jeder Ebene außer gegen Kaiser und Reich schließen zu können. De facto bedeutete dies, dass das Reich zu einem Verbund souveräner Staaten wurde.

Die Landkarte wurde 1648 neu definiert, die Schweiz und die Generalstaaten (Flandern und die Niederlande) traten aus dem Reich aus; Metz, Toul, Verdun, Oberelsass mit Sundgau, Breisach und Phillipsburg gingen an Frankreich; Vorpommern, Bremen, Verden und Wismar an Schweden; Brandenburg erwarb Hinterpommern, Kammin, Halberstadt, Minden und die Anwartschaft auf Magdeburg. Durch diese Neuverteilung erhielten Schweden und Frankreich das Recht auf Sitz und Stimme im Reichstag. Da aber Beschlüsse des Reichstags, der seit 1663 ständig in Regensburg tagte, Einstimmigkeit erforderten, war ein geschlossenes Handeln im verbliebenen Reichsgebiet durch den Kaiser praktisch unmöglich geworden.

Vor diesem Hintergrund wurde im neuen Denken der Zeit alles, auch alle Bereiche der Kultur, an der Vernunft und an wissenschaftlich nachprüfbaren Daten gemessen. Aufklärung wurde damit zur Kurzformel für die Epoche, die sich zum Ziel setzte, den Menschen aus der Unmündigkeit in die politische, religiöse und soziale Mündigkeit zu führen. Mündigkeit bedeutete aber vor allem auch, den Menschen die Sprache zu geben, in der sie sich am besten ausdrücken konnten: Nationalsprachen erlebten eine erhebliche Stärkung und einen enormen Zuwachs an Selbstbewusstsein, vor allem gegenüber dem Lateinischen.

Aber gemeinsam mit der gerade errungenen Machtstellung rückte eine neue, kulturell dominante Sprache in den Mittelpunkt: Französisch. Nachdem Spanien infolge des Pyrenäenfriedens von 1659 als Großmacht ausgeschieden war, begann politisch und vor allem kulturell das französische Zeitalter.

»Aufklärung ist der Ausgang des Menschen aus seiner selbstverschuldeten Unmündigkeit. Unmündigkeit ist das Unvermögen, sich seines Verstandes ohne Leitung eines anderen zu bedienen. Selbstverschuldet ist diese Unmündigkeit, wenn die Ursache derselben nicht am Mangel des Verstandes, sondern der Entschließung und des Mutes liegt, sich seiner ohne Leitung eines anderen zu bedienen. *Sapere aude!* Habe Mut, dich deines eigenen Verstandes zu bedienen! ist also der Wahlspruch der Aufklärung.« (Immanuel Kant: Berlinische Monatsschrift 4 (1784), S. 481–494)

Sprache und Literatur vom Barock
bis zur Aufklärung

Martin Opitz formuliert in seinem Werk (s. S. 150) die Regeln
für die Lyrik des Barock, dessen häufigste Formen das Sonett,
die Ode, das Emblem und das Epigramm sind. Einer der bedeutendsten Lyriker dieser Epoche war Paul Fleming (1609–1640),
dessen gesammelte Lyrik 1641/42 nach seinem frühen Tod unter
dem Titel *Teutsche Poemata* erschien. Fleming reiste weit und viel,
kam sogar bis nach Persien und Russland. Diese Erfahrungen
spiegeln sich neben seinem großen Thema, der Liebe, in seinen
Texten. Er schrieb auch über das durch den Dreißigjährigen Krieg
verursachte Leiden. Das erste Quartett seines Sonetts *An sich* lautet:
Sei dennoch unverzagt! Gib dennoch unverloren!
Weich keinem Glücke nicht, steh höher als der Neid,
vergnüge dich an dir und acht es für kein Leid,
hat sich gleich wider dich Glück, Ort und Zeit verschworen.

Andreas Gryphius (1616–1664) schrieb ebenfalls über die schrecklichen Erfahrungen des Kriegs, viele seiner Sonette zeigen seinen
finsteren Abgrund und die menschliche Natur, die durch den
Krieg zum Schlimmsten getrieben wird. 1639 erschienen seine
Sonn- und Feiertags-Sonette, die auf perfekte Weise den Zwiespalt
des barocken Menschen zeigen, entweder auf das Jenseits zu
hoffen oder in strotzendem Lebensgenuss in den Tag hinein zu
leben. Hier das erste Quartett seines Sonetts *Es ist alles eitel*:
Du sihst / wohin du sihst nur Eitelkeit auff Erden.
Was dieser heute baut / reist jener morgen ein:
Wo itzund Städte stehn / wird eine Wiesen seyn /
Auff der ein Schäfers-Kind wird spielen mit den Herden.

Andere bedeutende Dichter der Epoche waren Friedrich Spee von
Langenfeld (1591–1635), Christian Hoffmann von Hoffmanns-
waldau (1616–1679) und Friedrich von Logau (1605–1655), dessen
Epigramme zu den bekanntesten der Zeit gehörten:
Wie willstu weisse Lilien zu rothen Rosen machen?
Küß eine weisse Galathe: sie wird erröthet lachen.

Die Tradition mittelalterlicher und barocker Mystik setzte sich im Pietismus (von lat. *pietas*, Frömmigkeit) fort, der im Gegensatz zur starren kirchlichen Orthodoxie eine individuelle Gotteserfahrung sucht. Seine Sprache belebte alte mystische Begriffe und prägte neue Begriffe, die sich vielfach des Präfixes *durch-* bedienten. So entstanden Wörter wie *durchdringen, durchglühen, durchblitzen, durchmessen, durchrieseln, durchschallen, durchgeistigt* etc. – Begriffe, die sich eignen, das menschliche Verhältnis zu Gott auszudrücken. Friedrich Gottlieb Klopstock (1724–1803) war wohl der Hauptvertreter pietistischer Literatur in Deutschland. Sein Epos *Der Messias. Ein Heldengedicht*, dessen Veröffentlichung 1748 begann, zeigt deutlich den Einfluss von John Miltons (1608–1674) *Paradise Lost* (dt.: *Das verlorene Paradies*, 1667). Sein Epos war zugleich das erste seit den mittelalterlichen Heldenwerken.

Der Begriff Rokoko, der gegen Ende des 17. Jh.s aufkam, bezog sich auf die verspielten Muschelelemente der spätbarocken Architektur. Als Zwischenzeit zwischen Barock und Aufklärung hatte das Rokoko einen heiteren, spielerischen Charakter, der sich in den sogenannten »Idyllen« spiegelte, in Pastoralen, Liebesliedern und Szenen, bevölkert von Nymphen und Faunen. Gott Bacchus, Symbol des Weins, des Genusses und der Fruchtbarkeit, und Venus als Göttin der Liebe und der Schönheit wurden besungen. Christoph Martin Wieland (1733–1813) war der bedeutendste Dichter der Zeit, sein Versepos *Musarion, oder die Philosophie der Grazien* von 1768 besingt heitere Lebenszuwendung als Mittelweg zwischen Weltverachtung und Weltverherrlichung.

Die Literatur der Empfindsamkeit mit Dichterinnen und Dichtern wie Sophie von La Roche (1730–1807) oder Matthias Claudius (1740–1815) hat ihre Wurzeln im Pietismus. »Empfindsam« wurde in der zweiten Hälfte des 18. Jh.s zum Modewort. Adelung definierte es in seinem Wörterbuch:
– Fähig, leicht sanfte Empfindungen zu bekommen, fähig leicht gerührt zu werden; für das gemeinere und vieldeutigere *empfindlich*.
– Sanfte Empfindungen verrathend, erweckend.

Gleichzeitig lebte eine Autorin wie Sophie von La Roche ihre
Zeit mit allen den damit verbundenen Schwierigkeiten für ihre
Arbeit – vor allem als Frau. Als ihr Mann seine aristokratischen
Wohltäter verlor und man sie ihrer eigenen Witwenrente beraubte,
war sie die letzten Jahre ihres Lebens gezwungen, ohne Unterlass
zu publizieren, um den Unterhalt zu garantieren. Zu ihren Arbeiten zählen Memoiren, Erzählungen und Anthologien. Im letzten
Absatz ihres Buchs »Mein Schreibtisch« von 1799 schreibt sie, dass
obwohl das Schicksal ihren Wohlstand und die Zeit ihre Figur
zerstört habe, ihre Seele gelernt habe, den Wert aller weltlichen
Dinge zu erkennen: »[…] Ich kenne keine Eifersucht, keinen Hass,
keine Unruhe, denke nur an die Guten und habe keinen größeren
Wunsch als den, so stark zu sein, dass ich weiterhin den Leidenden
helfen und noch viele Bücher lesen kann.« (zit. n. Wellerby, Ryan,
Gumbrecht et.al. 2007)

Die Aufklärung indes setzte sich von diesen Stilen ab, tat »Baro-
ckes« als überladen, schwülstig, dunkel ab. Man suchte die Helle,
das Nüchterne, Sachliche, Direkte und prägte eine Terminologie
der Philosophie mit Wörtern wie *Bewusstsein, Begriff, Bedeutung,
Verständnis, Umfang.* Gottsched verwarf in diesem Sinne Bild,
Metapher und Allegorie als Ausdrucksformen – die ja im Barock
und im Rokoko besonders in den Mittelpunkt gerückt waren – und
forderte Inhalt vor Form. Als bedeutendster Literat der Zeit schrieb
Gottfried Ephraim Lessing (1729–1781) in einem klaren, knappen
Stil, setzte jedoch gegen Gottscheds Forderung Metaphern und
Allegorien ein, die aber nicht mehr um ihrer selbst willen vorka-
men, sondern zur Erhellung und Verdeutlichung eines Gedankens
eingesetzt wurden.

Die Epoche zeichnete sich durch starke pädagogische Bemühungen aus. In starkem Umfang ging es darum, die deutsche
vor der lateinischen Sprache durchzusetzen. In den europäischen
Ländern wurden umfangreiche Enzyklopädien populär, so in
Frankreich zwischen 1751 und 1780 die 35-bändige *Encyclopé-
die ou Dictionnaire raisonné des sciences, des arts et des métiers*, in
England zwischen 1768 und 1771 die *Encyclopaedia Britannica*
und in Deutschland zwischen 1732 und 1754 mit 64 Bänden

das *Große vollständige Universal-Lexikon aller Wissenschaften und Künste*, nach dem Verleger kurz *Zedlersches Lexikon* genannt. Eine Vielzahl von Zeitschriften erschien: *Der Vernünftler*, eine moralische Wochenschrift (1713–1714), *Der Patriot* (ab 1724), die Zeitschrift *Bibliothek der schönen Wissenschaften und der schönen Künste* (1757) von Gotthold Ephraim Lessing (1729–1781) und Moses Mendelsohn (1729–1786), und ab 1773 gab Wieland den *Teutschen Merkur* heraus.

Sonett: Wörtlich aus dem Italienischen übersetzt bedeutet es »kleines Tonstück« oder auch (vor allem im Barock) »Klinggedicht«. Das Sonett hat eine klare Form, besteht aus 14 Verszeilen, die auf vier Strophen aufgeteilt werden: zwei Vierzeiler (Quartett) und zwei Dreizeiler (Terzett).

Ode: In der griechischen Antike ist jede Lyrik, die man zur Musikbegleitung vorträgt, eine Ode. Die Ode zeichnet sich weniger durch eine feste Form aus als vielmehr durch einen pathetischen Sprachstil, durch Feierlichkeit, Erhabenheit, Würde – auch in der Themenwahl.

Epigramm: Ursprünglich handelt es sich dabei um eine Grabinschrift, die in ihrer Entwicklung eine poetische Erweiterung erlebte. In knappster Form wird Gefühlen und Gedanken zu einer Situation Ausdruck gegeben. Philipp von Zesen nannte es auf Deutsch »Sinngedicht«.

Emblem: Im Barock häufig eine Unterschrift (oft in Form eines Epigramms) unter einem Bild, meist einem Holzschnitt, die den symbolischen oder allegorischen Sinn des Bildes aufgreift und erläutert.

Französisch und Deutsch

Im 17. Jh. setzte sich Ludwig IV. (1643–1715) als absoluter Herrscher in Frankreich durch. Kardinal Richelieu beseitigte alle Sonderrechte der Reformierten, die Macht der Stände wurde beschnitten und in Paris zentralisiert sowie ein stehendes Heer eingerichtet. Deutschland war zugleich durch den Dreißigjährigen Krieg in weiten Teilen verwüstet und der Stern des Weltreichs Spanien sank schnell. Während der Regierungszeit Ludwigs XIV. gewann die französische Kultur einen so hohen Stellenwert, dass die höfischen Kreise in den deutschen Städten, und überhaupt die gesamte deutsche Oberschicht, alles Französische über die Maßen bewunderten und nachahmten: Architektur und Malerei, Literatur und Theater, Musik und Kleidung, soziale Umgangsformen und eben die Sprache selbst, die man als höfliche Umgangssprache für weitaus geeigneter erachtete als das Deutsche – man sprach und schrieb Französisch. Trotz eines immer stärker werdenden Nationalgefühls, besonders während der späteren Regierungszeit Napoleons (1799–1815), und selbst vor dem Hintergrund einer starken klassischen deutschen Literatur, blieb Französisch in aristokratischen Kreisen bis weit ins 19. Jh. die bevorzugte Sprache.

Zwar arbeiteten Philologen weiterhin am Ausbau des Deutschen, aber die Ergebnisse fanden keinen direkten Eingang in den täglichen Lebensablauf, vielmehr verblieben sie in intellektuellen und elitären Kreisen. Ebenso verhielt es sich mit dem Französischen. Wer aber sozial aufsteigen oder sich behaupten wollte, musste Französisch sprechen. Das wiederum rief – vor allem in Zeiten des Krieges – Nationalisten auf den Plan. Johann Gottlieb Fichte (1762–1814) zum Beispiel erklärte 1808 in seinen *Reden an die deutsche Nation*, die deutsche Sprache, der deutsche Charakter und seine politische Mission besäßen weitaus größeren Wert als Sprache, Charakter und Mission der Franzosen.

Das zentrale Problem jedoch lag in der fehlenden Organisation der Deutschen, denen es nicht gelingen wollte, einen gemeinsamen Standard zu schaffen. Von großer Bedeutung war, dass in den folgenden Jahren einflussreiche deutsche Schriftsteller wie Klopstock, Lessing, Johann Gottfried Herder (1744–1803), Wieland, Goethe und Johann Christoph Friedrich Schiller (1759–1805) sowie die Romantiker im ostmitteldeutschen Standard schrieben, ihn verfeinerten und ausbauten – aber das war schon der zweite Schritt. Der erste war allein Gottscheds Verdienst, der den Wiener Hof für eine sprachliche Einigung hatte gewinnen können. Seit 1764 setzte sich auch der Jesuit Ignaz Weitenauer (1709–1783) in Innsbruck für eine gemeinsame Schriftsprache ein. Als schließlich unter dem Einfluss Johann Caspar Lavaters (1741–1801) und Johannes Gessners (1709–1790) gegen Ende des 18. Jh.s auch die Schweiz den ostmitteldeutschen Standard übernahm, war endlich eine sprachliche Region schriftlich vereint – ein Zustand, der in Frankreich schon etwa 150 Jahre zuvor erreicht worden war. Darum ist es nicht verwunderlich, dass Französisch gegenüber dem Deutschen immer eine stärkere Position behielt, denn Regionen – auch an sich kulturell und dialektal vielschichtige Regionen – konnten sprachlich (und damit kulturell) größeren Einfluss ausüben als fragmentierte oder gar untereinander uneine Regionen.

Englisch und Deutsch

Der Ausdruck »empfindsam« (s. Empfindsamkeit auf S. 156) war 1768 von Lessing als Übersetzung des englischen *sentimental* vorgeschlagen worden. Englisch, das zuvor nur geringen Einfluss auf das Deutsche hatte, wurde im 18. Jh. immer wichtiger. Viele literarische Einflüsse dieser Jahre kamen aus England, so war der von Sophie von La Roche verfasste, aber anonym erschienene Briefroman *Geschichte des Fräuleins von Sternheim* deutlich an den Briefromanen des englischen Schriftstellers Samuel Richardson (1689–1761) orientiert und spielte in seinem zweiten Teil sogar in England. Das Interesse an England wuchs und belesene Deutsche stilisierten das Land Großbritannien zur wahren Heimat der Aufklärung. Das war noch ein Jahrhundert zuvor anders, damals hatte kaum jemand Englisch gesprochen. Jetzt aber lösten englische Vorbilder die französischen ab. Die ersten Ausdrücke, die ins Deutsche flossen, waren Begriffe aus der Politik: *Oberhaus, Unterhaus, Pressefreiheit, Debatte, Hochverrat, Demonstration, Streik* und andere. Mit der literarischen Entwicklung waren es Wörter wie *Ballade, Blankvers, boxen, Bulldogge, Elfe, Gin, Grog, Klumpen, Panorama, Portwein, Schal, Sherry, Steckenpferd* (hobby horse), *tote Sprachen* (Lehnübersetzung von *dead languages*), *Tourist, Volkslied* oder *Whiskey,* die Einzug hielten; Begriffe wie *Barometer, Blutkreislauf, Freidenker* (Lehnübersetzung von *free thinker*), *Materialist, negativ, positiv, Rationalist* drängten in den Sprachgebrauch der Wissenschaften und der Philosophie. Auch die Schifffahrt wurde bereichert um Worte wie *Brigg, Brise, Kutter, Linienschiff* sowie *Schoner* und in der Finanzwelt und Industrie gab es plötzlich Ausdrücke wie *Banknote, Blitzableiter, Budget, Dampfmaschine, Export/Import, Flanell, Mull, Nationalschuld, Patent, Repetieruhr* oder *Ventilator.*

Gegen das Englische verwehrten sich erst Sprachpuristen des 20. und 21. Jh.s, da man aber im 18. Jh. mit England nicht kriegerisch verbandelt und der Einfluss neu war, empfand man ihn als Bereicherung und nicht als Schmach. Das sollte sich schon bald ändern, als ganze Bände mit amerikanischen Wörtern gefüllt werden konnten, die ins Deutsche flossen.

Das 19. Jahrhundert

Auswanderung bestimmte das beginnende 19. Jh. in vielen Teilen Europas. Die Menschen verließen ihr Land und zogen in die Neue Welt, besonders nach Nordamerika. Mit dieser Auswanderungswelle ging eine Ausdehnung des deutschen Sprachraums einher. Im weiteren Verlauf des Jahrhunderts wuchs der Überseehandel und viele Kolonien wurden erschlossen. Die industrielle Revolution brachte zudem eine große Zahl technischer Neuerungen:

1825 Erste technische Hochschule in Karlsruhe

1835 Erste Eisenbahnlinie Deutschlands von Nürnberg nach Fürth

1867 Siemens entdeckt das dynamo-elektrische Prinzip

Gleichzeitig setzte eine Landflucht (Binnenmigration) ein, vermutlich sogar, wie meist, vor der Emigration ins Ausland. Die Bevölkerungszahlen der deutschen Städte schnellten in die Höhe: Hamburg hatte 1816 154 000 Einw. und 1864 279 000 Einw.; Berlin hatte 1816 198 000 Einw. und 1864 633 000 Einw. Auch im folgenden Jahrhundert setzte sich dieser Trend, sogar um ein Vielfaches beschleunigt, fort: 1910 hatte Hamburg 1 015 000 Einw. und Berlin sogar 2 071 000 Einw.

Im Deutsch-Französischen Krieg von 1870/71 eskalierte die Gewalt in unbekannter Härte. Nationaler Hass, der latent immer vorhanden war, wurde beidseitig geschürt. Frankreich verlor den Krieg und musste hohe Tilgungszahlungen, den Verlust Elsass-Lothringens und die deutsche Besatzung akzeptieren.

In dieselbe Zeit fielen auch die verschiedenen Gesetzbücher und weitere Vereinheitlichungen im gerade entstandenen Deutschen

Reich: 1869 das Handelsgesetzbuch, 1872 das Strafgesetzbuch, 1879 wurde die Gerichtsverfassung für alle Staaten verabschiedet, 1900 schließlich das Bürgerliche Gesetzbuch. Die Instanzen wurden zentralisiert, das Reichsgericht kam nach Leipzig. Überdies wurden Währung und Maße vereinheitlicht (Kilogramm, Liter, Mark, Meter, usw.) und die Reichspost entstand.

Was in Deutschland nie der Fall war – eine zentralistische Regierung –, wurde neu geschaffen. Damit vereinfachte sich der Weg zu einer gemeinsamen Sprache auch in der Aussprache (s. S. Theodors Siebs). Frankreich, Spanien, England waren schon sehr lange zentralistisch und so konnte sich der Dialekt der jeweiligen Hauptstadt (Paris, Madrid, London) zum verbindlichen Standard mit Prestige entwickeln. In Deutschland war das bis zu diesem Zeitpunkt unbekannt.

Texas-Deutsch

»Texas ist riesig. Texas ist reich. Texas bietet grenzenlose Möglichkeiten. Texas braucht dich!« Mit solchen Werbesprüchen holte man im 19. Jh. vor allem deutsche Einwanderer ins Land. Dass so viele Deutsche nach Texas kamen, war dem Mainzer Adelsverein unter seinem Präsidenten Otfried Hans Freiherr von Meusebach zu danken – dem »Verein zum Schutze deutscher Einwanderer in Texas«, der zwischen 1842 und 1848 Tausende Menschen aus dem verarmten Deutschland nach Texas und in die übrige USA brachte, sie auf der weiten Reise unterstützte und ihnen jenseits des Meeres eine neue Heimat sicherte. In der Neuen Welt nahm der einstige Freiherr dann den bürgerlichen Namen John O. Meusebach an. 1846, nur ein Jahr nachdem Texas ein Bundesstaat der USA geworden war, gründete er Fredericksburg und stabilisierte die Lebensbedingungen dort vor allem dadurch, dass er einen Friedensvertrag mit den Comanchen schloss, denen bereits Hunderte Siedler zum Opfer gefallen waren. Auch die Städte New Braunfels, Gruene, Schulenburg, Boerne und Weimar wurden in dieser Region westlich der Hauptstadt Austin von Deutschen gegründet.

In der Hill Country in Zentraltexas sprachen die Menschen bis zum Ersten Weltkrieg nur Deutsch, es gab 19 deutsche Zeitungen und etwa 156 000 Sprecher. Die Weltkriege schürten jedoch starke antideutsche Gefühle und setzten dem ein Ende. Deutsch wurde im 2. Weltkrieg sogar unter Strafe gestellt und heute gibt es nur noch etwa 3000 Sprecher, meist alte Leute.

Die Mitte des 19. Jh.s war das Goldene Zeitalter der Einwanderung und Menschen strömten in unglaublichen Mengen in die USA. In Texas selbst war man besessen von der Idee, das Land zu füllen, denn man brauchte im riesigen aber unbewohnten Texas Menschen, um politischen Einfluss in Washington zu gewinnen und um zu gewährleisten, dass Mexiko keinen weiteren Versuch unternehmen würde, die verlorenen Gebiete – Texas, New Mexico, Kalifornien, Utah, Nevada und Teile von Arizona und Colorado –, die es 1848 im letzten mexikanischen Krieg verloren hatte, zurückzuerobern. Für Kalifornien »erfand« man um dieselbe Zeit (1848), ebenfalls unter Präsident James K. Polk (1795–1849), den Goldrausch, um Menschen an den Pazifik zu locken und so den Californios sowie den Mexikanern widerstehen zu können.

Nah am hessischen Urdialekt der Siedler kennt Texasdeutsch keinen Genitiv, und auch Dativ und Akkusativ fallen wie bei vielen anderen deutschen Mundarten zusammen. In seiner Geschichte wird diese Variante des Deutschen im 20. Jh. stetig zu einer deutsch-englischen Mischsprache, bei der schließlich das Englische die Oberhand gewinnt – Denglisch ist die bisweilen amüsante Folge:

Texas-German – Englisch – Deutsch

- *Montag habe ich abgenommen* – Monday I took off – Montag habe ich frei genommen
- *Mitaus* – without – ohne
- *Wir sind nach den war nach Comfort gemoved* – We moved to comfort after the war – Wir sind nach dem Krieg nach Comfort umgezogen
- *Die Eichkatz sitzt auf meine tools* – The squirrel sits on my tools – Das Eichhörnchen sitzt auf meinen Werkzeugen
- *Ich war kalt auf der porch* – I was cold on the porch – Mir war kalt auf der Veranda
- *Das hat mich aber getickelt* – That really tickled (amused) me – Wir haben eine gute Zeit gehabt
- *Ich habe meinen Freund aufgerungen* – I have called up my friend – Ich habe meinen Freund angerufen
- *The bread is all* – The bread is all gone – Das Brot ist alle

(Beispiele aus: Martina Rampas: Kuriose Sprachinsel. Man spricht Texas-Deutsch. Spiegel Online, April 2008)

Die Suche nach einer schriftlichen Norm

ORTHOGRAPHIE

Der sprachliche Standard wurde zusehends erreicht, und man bemühte sich nun um eine Normierung der Rechtschreibung. Noch Anfang des 19. Jh.s hatte jede Druckerei eine eigene »Hausrechtschreibung«. 1862 besagte eine Verordnung des preußischen Unterrichtsministeriums, die Lehrer jeder Schule hätten sich auf eine eigene Rechtschreibung zu einigen. Es fehlte, wie bereits gesagt, der deutsche zentralisierte Nationalstaat. 1879 gelang es schließlich Bayern, eine normierte Rechtschreibung einzuführen, Preußen folgte 1880. Diese großen offiziellen Regelungen gingen auf die Rechtschreibkonferenz von 1876, spätere auf die von 1901 zurück. Bei der letzten Konferenz entfernte man die überflüssigen »Letterhäufelungen« (s. u.) **th**, *Thor, Thie*r etc. werden zu Tor und Tier. Am »Thron« jedoch änderte sich nichts, man interpretierte das als Rütteln am Objekt, nicht am Wort. Diese Denkweise wird sich später noch häufig zeigen. Viele der Maßnahmen des 17. und 18. Jh.s jedoch griffen und hielten sich bis heute:

G. Ph. Harsdörffer nannte die Reihung verschiedener Buchstaben gleicher Aussprache »Letterhäufelung« und schaffte sie ab. Heute hat sie sich in einigen wenigen Wörtern, vor allem in Eigennamen gehalten: Godthardt, Stadt, er wandte sich um etc.

Man begann für Homonyme verschiedene Schreibweisen einzuführen: fiel (von fallen) und viel (große Menge); Heer und her, hehr; leeren und lehren; Leib und (Brot-)laib; Meer und mehr; Moor und Mohr; Reede und Rede; Waage und Wagen; Wahl und Wal; wider und wieder etc.

Es folgte die Markierung von langer und kurzer Aussprache. Längenzeichen sind -e- (fiel, Hieb, stieb), -h- (nahm, stahl, Wahl) und Doppelvokale (Aal, Boot, Meer,); Doppelkonsonanten zeigen eine kurze Aussprache an (Schafen – schaffen; Namen – Hammer).

Ursprünglich dienten Großbuchstaben zur Kennzeichnung des Text- oder Satzbeginns, anschließend zur Hervorhebung von Eigennamen und wichtigen Wörtern im Text, wie *Christ, Gott, Kaiser, König, Mensch, Welt* etc. Bei Luther bedeutet HERR »Gott« und herr »Mensch«. Vor allem in der Aufklärung begann man, dem Substantiv mehr Aufmerksamkeit zu schenken. Letztlich jedoch sind Johann Christoph Gottsched mehr oder weniger die heutigen Formen der Großschreibung zu verdanken.

Erst 1996 kam es zu einer neuen Rechtschreibreform, die allerdings weiterhin sehr umstritten ist und nicht einheitlich durchgeführt wird. In der Schweiz setzte sich demgegenüber eine eigene (und um ein Vieles sinnvollere und einfachere) Rechtschreibreform durch, die im Gegensatz zur deutschen durchgängig verwendet wird. Hier gibt es immer noch viele Zeitungen, Zeitschriften und Verlage, die sich an der Reform nicht beteiligen und an der alten Form festhalten.

Die Rechtschreibung bis 1996 geht in weiten Teilen noch auf das 1880 erschienene *Vollständige orthographische Wörterbuch der deutschen Sprache* von Konrad Duden zurück – nicht zuletzt deshalb, da 1907 der *Duden* als verbindlich für alle Schulen erklärt wurde. Er übt bis heute großen Einfluss auf die deutsche Sprache aus, alle regulativen Maßnahmen werden darin festgelegt und er gilt als *das* normative Werk, das über Richtig und Falsch bestimmt. Die erste Reform reichte von 1996 bis 2004/2006; heute ist die Rechtschreibung der modifizierten Version der Übergangszeit zwischen 2004 und 2006 gültig, die viele Regeln wieder aufweicht oder Alternativen als richtig ausweist, was zu einer weiteren Verunsicherung führt, vor allem bei Kindern, die die Rechtschreibung lernen. So wurde das Verb *kennenlernen* vor 1996 zusammengeschrieben, dann, gemäß der Regel, dass Verbzusammensetzungen mit zwei Verben auseinandergeschrieben werden, ab 1996 bis 2004/2006 auseinander und seit 2006 stehen beide Schreibformen *kennen lernen* und *kennenlernen* gleichberechtigt nebeneinander. Ähnlich verschwommen und konfus stellt sich die Situation für zahlreiche andere Wörter dar, für die oft zwei Schreibweisen verbindlich oder korrekt sind.

Interpunktion

Satzzeichen dienten ursprünglich als Markierungen für Pausen und Atemeinschnitte in Texten. Das Wort »Komma« kommt aus dem Griechischen und bedeutet »Einschnitt, Abschnitt«, daher stammt seine Pluralform *Kommata*. Philipp von Zesen verdeutschte Komma zu Beistrich, ein Begriff, der sich außer im österreichischen Sprachraum nie durchsetzen konnte. Fehlende Kommata machen Sätze schwer verständlich und oft sogar doppeldeutig: *Peter trank das Glas in der Hand der Freundin zu.* Daraus sollte werden: *Peter trank, das Glas in der Hand, der Freundin zu.*

Das Komma entwickelte sich aus dem Virgel, einem Schrägstrich in Buchstabenhöhe /. Dieser Strich wurde ab dem 13. Jh. eingesetzt und wandelte sich im 18. Jh. zum Komma, wie wir es heute kennen. Seine Bedeutung und Kennzeichnung im Gegensatz zu Punkt oder Colon (Doppelpunkt) war bis weit ins Mittelalter hinein:

comma – kurze Pause (Kennzeichnung – tiefer Punkt)

colon – mittlere Pause (Kennzeichnung – mittlerer Punkt)

periodicus – lange Pause (Kennzeichnung – hoher Punkt)

Das Fragezeichen tauchte erstmals in der Schriftreform Karls des Großen auf. Allerdings hat es erst seit dem 14. Jh. Form und Funktion des heutigen Zeichens.

Das Ausrufezeichen wurde seit dem 18. Jh. regelmäßig nach Wunsch-, Ausrufe- und Aufforderungssätzen, nach Ausrufewörtern und nach bedingten indirekten Fragen verwendet. Früher verwendete man es in der Anrede von Briefen.

Klammern dienen zur Gliederung der syntaktischen Form. Im Deutschen gilt die vielfache Verwendung von Klammern in einem Text als schlechter Stil; Strichpunkt (Semikolon) und Doppelpunkt erhielten erst im 18. Jh. ihre heutige Bedeutung.

Der Einfluss des Deutschen auf andere Sprachen:
Auch das Deutsche übte im Laufe seiner Geschichte Einfluss auf andere Sprachen aus und deutsche Wörter wurden als Lehnwörter übernommen. Ein Überblick:

Englisch:

angst, blitz, diesel, dirndl, doberman, ersatz, flak, gemüt, glockenspiel, heimweh, kindergarten, kitsch, kohlrabi, leitmotiv, lied, marshal, rucksack, schadenfreude, waltz, weltanschauung, weltschmerz, wunderkind.
Heutige Modewörter sind:
»ober-« in Zusammensetzungen, die reihenbildend sind: *obercharming, obercool, obernerd* (= Ober-Streber) und »Meister«: *horror-meister, puzzle-meister, rock-meister.* Ebenso Zusammensetzungen mit »über-«.

Die großen Bergbauzentren befanden sich im Mittelalter im deutschsprachigen Raum, darum sind viele Begriffe in andere Sprache entlehnt worden, z. B. ins Englische: *cobalt, gneiss, nickel, quartz, zink.*

Französisch:

le bivouak (dt. *Beiwache* – zurückentlehnt ins dt. – *Biwak*), *l'ersatz, le fremdwort, le Kirsch, le trinquer (anstoßen), le maréshal, le schnapsvalse, le weltanschauung.*

Aus der Blütezeit der Hanse flossen Wörter in den baltischen Raum, z. B. ins Russische: *anis, gardina, soldat, stul.*

Auch tschechische und ungarische Handwerker brachten deutsche Wörter in ihre Heimat zurück. Tschechich: *cvikl* (= Zwickel), *ermloch* (= Ärmelloch), *flikovat* (= flicken), *piglovat* (= bügeln); Slowakisch: *drôt* (= Draht), *plech* (= Blech), *schroubovák* (= Schraubenzieher), *schuble* (= Schublade), *virhank* (= Vorhang).

Ungarisch: *krach* (= Börsenkrach), *partvis* (Bartwisch = Handbesen), *sparhert* (= Küchenherd), *vekker* (= Wecker).

6. Das 20. Jahrhundert bis heute

Drei große Veränderungen des Sprachraums

Im 20. Jh. erlebte die deutsche Sprache drei erhebliche Veränderungen, zwei Weltkriege verursachten zweimalig eine Schrumpfung des geographischen Sprachraums, 1919 wich im Nordosten die Sprachgrenze zurück und ca. drei Millionen deutschsprachige Menschen aus den östlichen und westlichen Grenzbereichen wurden aufgenommen. Während und nach dem Zweiten Weltkrieg kamen zwölf Millionen Menschen aus Nordost- und Südostdeutschland über die neuen Landesgrenzen. Außer in Rumänien wurden die Sprecher des Deutschen östlich der Oder, der Görlitzer Neiße, der deutsch-tschechischen und der österreich-ungarischen Grenze ausgesiedelt. Insgesamt jedoch blieben wohl etwa zweieinhalb Millionen Sprecher des Deutschen in Jugoslawien, Rumänien und Sowjetrussland zurück. Das Jiddische, das vor 1933 von etwa zwölf Millionen Menschen gesprochen wurde, ist nach 1945 durch den Terror der Nazis vom Aussterben bedroht. Auch in Südamerika verringerte sich die Zahl der Sprecher erheblich. Auffällig ist aber vor allem der große Prestigeverlust des Deutschen im Ausland, der zum Teil bis heute anhält und der sich auch in der Zahl derer zeigt, die Deutsch als Fremdsprache lernen.

Die Teilung Deutschlands nach dem Zweiten Weltkrieg schuf zwei deutsche Sprachen, die sich immer weiter voneinander weg entwickelten – die eine sprachlich vom Russischen, die andere vom Englischen/Amerikanischen beeinflusst, vor allem jedoch ideologisch getrennt. Man sagt George Bernard Shaw nach, er habe über die englische Sprache gesagt, England und Amerika, würden durch eben diese gemeinsame Sprache getrennt. Dasselbe kann man über das Deutsche der Jahre 1949 bis 1989 sagen: BRD und DDR, zwei Länder getrennt (auch) durch eine gemeinsame Sprache.

In den 1990er-Jahren versuchte Österreich für sein Deutsch, das seit 1951 im Österreichischen Wörterbuch staatlich normiert ist, den Status einer Nationalsprache zu erlangen: »Österreichisch« – der

Versuch scheiterte. Das 20. Jh. war, wie diese Beispiele zeigen, weniger von »mechanischen«, als von kulturell-sozialen Phänomenen der Sprache bestimmt.

Pressewesen im ausgehenden 19. Jahrhundert

Zum ersten Mal in der deutschen Geschichte wurde gegen Ende des 19. Jh.s ein neuer Faktor als politische Kraft wichtig: die öffentliche Meinung, geprägt durch Zeitungen und Zeitschriften. Zur Jahrhundertwende erschienen in Deutschland über 3500 Zeitungen und Zeitschriften. Die Zeitungen der Zeit propagierten dabei jeweils klare politische Programme und Meinungen. Nur vierzehn Jahre später, zum Ausbruch des Ersten Weltkriegs 1914 erreichten die Zeitungen Deutschlands eine Auflagenhöhe von über 36 Millionen. Schon zur damaligen Zeit erscheint bspw. die 1856 gegründete liberale *Frankfurter Zeitung*, die im Oktober 1949 in der neu gegründeten *Frankfurter Allgemeinen Zeitung* aufging. Die linksliberale *Vossische Zeitung* war eine überregionale Berliner Zeitung, deren Erscheinen 1934 auf Druck der Nazis eingestellt wurde. Der *Vorwärts* war 1876 als Zentralorgan der Sozialdemokratischen Partei gegründet worden. 1933 wurde die Redaktion der Zeitung nach Prag verlegt und ab 1938 nach Paris. Im September 1948 erschien die erste Ausgabe nach dem Krieg.

Expressionismus

Die Welt des beginnenden 20. Jahrhunderts wurde bestimmt von Patriotismus und Militarismus, ihr Wohlstand war auf industrielle und koloniale Ausbeutung zurückzuführen. Dagegen rebellierten Künstler, sie lehnten sich auf gegen die neue Verherrlichung des technischen Fortschritts und zweifelten den Positivismus der Wissenschaften an. Alle Sorge um das Weltende wurde 1914 mit Ausbruch des Ersten Weltkriegs schreckliche Wirklichkeit.

»Ausdruckskunst« nannte 1911 der Schriftsteller Kurt Hiller (1885–1972) den Expressionismus auf Deutsch. Ziel der neuen Kunst war es, inneres Erleben nach Außen zu tragen und Altes zu zerschlagen. Der Begriff »Expressionismus«, ursprünglich auf die bildende Kunst bezogen, beschreibt auch eine literarische Epoche, die bis 1925 andauerte und neben der Kunst auf Dichtung, Theater und, wenn auch in geringerem Maß, auf Prosa großen Einfluss hatte. Vor allem aber beschrieb er eine Zeit, die sich nicht nur vom Impressionismus absetzen, sondern sich über eine deutsche Welt stumpfster Bürgerlichkeit erheben wollte. Diese Welt stand für alles, was der Expressionismus verachtete. Expressionismus war Spielart moderner Literatur, und das, was sich so nennt, wurde während der ganzen ersten Hälfte des 20. Jh.s lebendig gehalten. Anliegen des Expressionismus war und ist die Darstellung und Auseinandersetzung mit einer Wirklichkeit, die ständig vom Chaos unterspült wird. Seine Themen sind Schreie, Rausch, Empörung, Krieg, Großstadt, Zerfall, Angst, Ich-Verlust, Apokalypse, Wahnsinn, Liebe – sein Begehren ist Aufruf. Gottfried Benns (1886–1956) Gedichtsammlung »Morgue« von 1912 brachte dieses Gefühl auf den Punkt.

Die Sprache sollte im Expressionismus als Instrument und Hilfs-mittel überwunden, ihre Form gesprengt werden, Texte sollten von neuen Wortschöpfungen leben, von der Zertrümmerung herkömmlicher Satzmuster, von gesteigertem Tempo, stärkerem Rhythmus. In der ersten Strophe seines Gedichts »Trübsinn« schreibt der Dichter Georg Trakl (1887–1914):

Weltunglück geistert durch den Nachmittag.
Baraken fliehn durch Gärtchen braun und wüst.
Lichtschnuppen gaukeln um verbrannten Mist,
Zwei Schläfer schwanken heimwärts, grau und vag.

Sprache wird bis ins Absurde, ja Groteske, gewandelt, so in »Patrouille« von August Stramm (1874–1915):

Die Steine feinden
Fenster grinst Verrat
Äste würgen
Berge Sträucher blättern raschlig
Gellen
Tod.

Die Nationalsozialisten entwürdigten den Expressionismus in den 30er-Jahren als »entartete Kunst«. Viele der Künstler starben zudem während des Kriegs oder gingen nach 1933 ins Exil. Die Dramen des Expressionismus werden heute kaum noch gespielt, die Romane sind wenig bekannt, einzig die Lyrik hat ihren festen Platz als das Manifest einer Zeit gefunden, das die Brücken zur Vergangenheit wie keine andere Epoche zuvor abbricht und als erstes die Sprache eines neuen Jahrhunderts schreibt.

Dada

Der Erste Weltkrieg tobte seit zwei Jahren und Intellektuelle, Pazifisten und Kriegsgegner aus ganz Europa waren aus »Protest gegen den Wahnsinn der Zeit« (Hans Arp, 1886–1966) in die neutrale Schweiz emigriert. Angeführt von Hugo Ball (1886–1927) zauberten sie 1916 ein »Narrenspiel aus dem Nichts« – Dada. Der deutsche Schriftsteller Richard Huelsenbeck (1892–1974) formulierte das Gefühl so: »Dada macht eine Art Anti-Kulturpropaganda, aus Ehrlichkeit, aus Ekel, aus tiefstem Dégout vor dem Erhabenheitsgetue des intellektuell aprobierten Bourgois.« Nur fünf, sechs Jahre nach Beginn des Expressionismus erklomm Dada den Gipfel des Expressionismus-Experiments und brachte dessen theoretisches Gedankengut präzise auf den Punkt: Dada war wie der Expressionismus antibürgerlich, antiästhetisch und verstand sich als Revolution, als Protest gegen überlebte bürgerliche Konventionen, bürgerliches ästhetisches Empfinden, ja, Kunstempfinden schlechthin. Gleichzeitig war er Überspitzung und Verhöhnung des Expressionismus, zu dem er ja parallel existierte. Logische Zusammenhänge wurden eliminiert, auch in der Kunst musste der Zufall überwiegen, der einige Jahre später im beginnenden Surrealismus zum Prinzip erhoben wurde.

Viele der im Dada verfassten Texte sind Lautmalereien oder Montagen, denn die rationalen, konventionellen Gedichtformen werden zerschlagen. Gedichte sind Assoziationsketten oder willkürliche Lautfolgen. Der Maler, Bildhauer und Schriftsteller Hans Arp erklärte dieses Zufallsprinzip seiner Lyrik: »Wörter, Schlagworte, Sätze, die ich aus Tageszeitungen und besonders aus ihren Inseraten wählte, bildeten 1917 die Fundamente meiner

Gedichte. Öfter bestimmte ich auch mit geschlossenen Augen Wörter und Sätze.« (Arp 1953)

Kunst als etwas Schönes und Gutes, Kunst also, wie sie damals das Bürgertum schätzt, führte Dada ad absurdum. Die Gesetze von Morphologie, Syntax und Semantik wurden aufgehoben, die schon vom Expressionismus geforderte Sprachzertrümmerung wurde zum Schlagwort der Stunde und hier mit unerbittlicher Konsequenz weitergeführt. Im Dada hielt ausschließlich der Rhythmus die Wörter zusammen, nie der Sinn. Kunst soll und muss schockieren und provozieren, so die Auffassung der Dadaisten. Hugo Ball schrieb zu seinen Gedichten: »Mit diesen Tongedichten wollten wir verzichten auf eine Sprache, die verwüstet und unmöglich geworden ist durch den Journalismus. Wir müssen uns in die tiefste Alchimie des Wortes zurückziehen und selbst die Alchimie des Wortes verlassen, um so der Dichtung ihre heiligste Domäne zu bewahren.« (zit. n. Braun 2011). So liest sich dann sein Gedicht »Seepferdchen und Flugfische«:

tressli bessli nebogen leila
flusch kata
ballubasch
zack hitti zopp
zack hitti zopp
hitti betzli betzli
prusch kata
ballubasch
fasch kitti bimm
(Auszug)

Auf sozialem Gebiet war Dada scharfzüngige Bloßstellung der Realität und Unsinnigkeit aller scheinbaren Ordnung, war totale Anarchie im Denken mit dem Ziel der Bloßstellung der vermeintlichen Ordnung des Bürgertums und seiner hohlen Ideale, die zu nichts weiter geführt hatten als in den Abgrund des Kriegs.

Deutsch im Nationalsozialismus

Sprache wird von der Wirklichkeit beeinflusst und beeinflusst ihrerseits die Wirklichkeit der Menschen, die sie verwenden und ihr ausgesetzt sind. Infolgedessen versucht ein totalitäres System alle Bereiche des Lebens zu durchdringen, natürlich auch die Sprache. Diese Durchdringung geschieht mit Sprache und wirkt sich über sie in Sprache und im Denken ihrer Sprecher aus. Sprache ist Mittel ideologischer Manipulation und Korruption der Menschen.

Wie alle nationalistischen Systeme suchte auch der Nationalsozialismus das Eindeutschen alles »Welschen« und verteufelte Fremdwörter: *Einrede* für Veto, *Blähe* für Inflation, *Kennkarte* für Inlandspass etc. Gleichzeitig hatte man ein recht ambivalentes Verhältnis zu Fremdwörtern. In bestimmten Bereichen verwendete man sie geradezu exzessiv, z. B. militärisch (Front, mobilisieren, etc.), und in der Propaganda, wo bestimmte Modewörter sowohl positiv (arisch, dynamisch, gigantisch, etc.) als auch verächtlich dominierten (Pazifismus, plutokratisch, System, etc.).

Hinzu kamen ideologische Wortschöpfungen in Form von Zusammensetzungen mit *Rasse, Reich* und *Volk: Rassenbiologie, Rassenfrage, Rassenhygiene, Rassenschande, Reichsparteitag, Volksgenosse, Volkskörper, Volksschädling* etc. Auch die Bildung von Euphemismen (Beschönigungen) fällt ins Auge: z. B. *Endlösung* für *Massenmord* und *Sonderbehandlung* für *Exekution*.

Der Wunsch des Regimes kurz und prägnant zu sein, ließ unzählige Abkürzungen entstehen. Diese Kürzel wirkten oft gewaltiger und auch militärischer als das, wofür sie standen: ARLZ-Maßnahmen (Auflockerungs-, Räumungs-, Lähmungs- und Zerstörungsmaßnahmen beim Rückzug der Deutschen Wehrmacht); BDM (Bund deutscher Mädel); Flibo (Fliegerbombe); gRs (Geheime Reichssache); K (Kanone); KAB (Katholische Arbeiterbewegung); KZ oder KL (Konzentrationslager); NAPOLA (Nationalpolitische Erziehungsanstalten); OT (Organisation Todt); SA (Sturmabteilung); SS (Schutzstaffel); RSHA (Reichssicherheitshauptamt).

In den Reden der Parteioberen steigerte sich beständig die Menge der Superlative, auch solcher, die es gar nicht geben konnte, da die Wörter bereits den Superlativ ausdrücken (»total«) bzw. nicht mehr gesteigert werden können. Goebbels' Sportpalastrede vom 18.02.1943 ist dafür ein gutes Beispiel: »Wollt Ihr den totalen Krieg? Wollt Ihr ihn, wenn nötig, totaler und radikaler, als wir ihn uns heute überhaupt noch vorstellen können? [...] Ich frage Euch: Ist Euer Vertrauen zum Führer heute größer, gläubiger und unerschütterlicher denn je?«

Zunehmend tauchten Wörter aus der Sakralsprache im alltäglichen Diskurs auf, Zuhörer und Leser sollten emotional immer stärker eingebunden werden: *ewig, Glaube, heilig, Hitlers Heilsbotschaft, Mission, Opfer, nationalsozialistisches Glaubensbekenntnis (... Denn die, die für das Reich fallen, sind nicht tot, sie schlafen nur), politisches Glaubensbekenntnis, Treue, unsterblich, Vorsehung.*

Viele Begriffe aus der Biologie wurden für Menschen angewendet, sie dabei entmenschend und degradierend: »[Der Jude] ist und bleibt der typische Parasit, ein Schmarotzer, der wie ein schädlicher Bazillus sich immer mehr ausbreitet, sowie nur ein günstiger Nährboden dazu einlädt. Die Wirkung seines Daseins aber gleicht ebenfalls der von Schmarotzern: wo er auftritt, stirbt das Wirtsvolk nach kürzerer oder längerer Zeit ab [...]« (Zitat aus: Adolf Hitler: Mein Kampf. München 1942).

Man verwendete, was ideologisch ins System passte und betrieb das bis zur völligen Absurdität. Wörter sollten nicht nur Zusammenhänge erklären, sondern sie auch verdunkeln und gerade dazu (und sei es so absurd wie das folgende Beispiel) diente das Zusammenspiel von Fremdwort und Eingedeutschtem: »Individuum und Persönlichkeit sind zwei grundverschiedene Begriffe. Wir müssen mit kollektivistischem Denken brechen und müssen vom Individuum zurückkehren zur Persönlichkeit.« (Hitler 1942)

Allgemein kann man sagen, dass neben der Abkürzungsflut und den Neuschöpfungen großer Wert auf die Verschiebung von Sachzusammenhängen gelegt wurde. Der SS-Offizier und Linguist Manfred Pechau (1909–1950) formuliert es in seiner Dissertation von 1941 so: »Das Hauptgewicht der nationalsozialistischen Sprachbeeinflussung liegt auf der neuen Sinngebung oft alter, bekannter Worte.«

Victor Klemperer (1881–1960) schrieb, dass durch die Sprache der Nazismus in Fleisch und Blut der Menschen gedrungen sei, »durch die Einzelworte, die Redewendungen, die Satzformen, die er ihr in millionenfachen Wiederholungen aufzwang und die mechanisch und unbewusst übernommen wurden.« (Klemperer 1947). Andere, wie Johannes Volmert (geb. 1940), setzten Sprache in den Kontext einer »Gesamtinszenierung«. Er schrieb: »In diesem szenischen Kontext ist auch die Sprache vielfach nur Dekor, und ganze Abschnitte faschistischer ›Großkundgebungen‹ werden inszeniert als sprachlose Rituale.« (Volmert 1989) Vermutlich handelte es sich um ein Zusammenspiel zwischen den unvorstellbar aufgepeitschten Menschenmassen, wie z. B. bei den Nürnberger Parteitagen, und den einpeitschenden Reden der Parteifunktionäre. Die Menschenmassen indes waren in einer derartigen Gewaltdemonstration bloße Zuhörer. Die Gewalt, die in der Sprache zum Ausdruck gebracht wurde, hätte sich umgehend gegen jeden gewandt, der nicht mitgejubelt oder sogar Protest angemeldet hätte.

Viele der Wörtschöpfungen und Formulierungen des Nationalsozialismus sind im heutigen Deutsch erhalten geblieben. Dolf Sternberger (1907–1989), Gerhard Storz (1889–1983) und Wilhelm E. Süskind (1901–1970) untersuchten die Sprache im Nationalsozialismus in ihrem Buch *Das Wörterbuch des Unmenschen* und zeigten, wie leicht »normale« Wörter zu korrumpieren sind. Vor dem Hintergrund des Sprachgebrauchs der Jahre 1933–1945 ist die Reflexion über die Verwendung der Sprache von heute unerlässlich und dies nicht nur im Zusammenhang mit blühendem Rechtsextremismus, sondern vor allem im Zusammenhang mit der populären Verwendung der Sprache der Deutschen.

Hochdeutsch

Im alltäglichen Gebrauch bedeutet *Hochdeutsch* vor allem die Standardsprache; das gute, das richtige Deutsch. Vor allem aber bezieht es sich auf eine Gruppe von Dialekten der deutschen Sprache: die hochdeutschen Dialekte. Gemeint sind die Dialekte, die südlich der Benrather Linie und der Uerdinger Linie gesprochen werden. Die beiden Linien sind Isoglossen, d. h. Sprachgrenzen, die den deutschen Sprachraum von Ost nach West durchschneiden. Nördlich der Uerdinger Linie sagt man durchgängig /ik/

und südlich davon /ich/. Nördlich der Benrather Linie sagt man durchgängig /maken/ und südlich davon /machen/. Die Uerdinger und Benrather Linie sind Teile des Rheinischen Fächers (s. S. 64) – eine Gruppe von Sprachgrenzen, die sich von Osten nach Westen zum Rhein hin fächerförmig öffnen. Die hochdeutschen Dialekte teilen sich in mitteldeutsche und oberdeutsche Mundarten. In diesem Wortgebrauch aber liegt ein Großteil des Problems, denn wenn wir nach Norden fahren, sagen wir: Wir fahren nach oben. Etwas liegt »hoch im Norden«. Im Gegenzug fahren wir nach »unten in den Süden«. So ist es leicht zu erklären, warum wir »Hochdeutsch« mit oben, aber nicht geographisch, sondern sozial oder statusmäßig gleichsetzen, und mit dem hohen Norden verwechseln. Dabei sind tatsächlich die südlichen Dialekte gemeint, unter Ihnen das auch In Österreich gesprochene Bairisch als stärkster Vertreter. Die Dialekte des Nordens dagegen sind die niederdeutschen Dialekte. Man denke an das Niederländische.

Vor jeder Art der Sprachregelung koexistierten im Mittelalter zwei gleichberechtigte deutsche Sprachgruppen: niederdeutsche und hochdeutsche Dialekte; die einen im Norden, die anderen im Süden. Die Sprache der Kanzleien erhoben schließlich mitteldeutsche und hochdeutsche Dialekte zum Standard (so schrieb Luther seine Bibelübersetzung von 1545 im Dialekt der Kanzlei von Meißen – in einem obersächsischen Dialekt also). Niederdeutsch ist uns heute oft eher als Plattdeutsch geläufig, und »der spricht Platt« bedeutet vielerorts Dialekt sprechen, was oft negativ besetzt ist. Wichtig in jedem Fall ist, dass der Aussprachestandard des Deutschen auf einem niederdeutschen Dialekt basiert.

Normierung der Sprache in der zweiten Hälfte des 20. Jh.s und Tendenzen der Veränderung

Im Bereich der Schriftsprache strebte man nach dem Zweiten Weltkrieg die gemäßigte Kleinschreibung an, die allerdings nie zur Geltung kam – auch nicht in der Rechtschreibreform von 1996, die eigentlich das Problem Groß- und Kleinschreibung komplexer und komplizierter gestaltet als in der alten Rechtschreibung.

In der gesprochenen Sprache setzte sich die Siebs'sche »Bühnenaussprache« durch, sie wurde zur allgemeinen »Hochlautung«, wie Hugo Moser es nannte. Da sie in Rundfunk und Fernsehen durchgängig verwendet wird und somit für die meisten Deutschen allgegenwärtig ist, nimmt sie Einfluss auf die öffentliche Rede. Moser formulierte es so: »Es scheint, dass eben das Ideal der Schreib- auch das der Sprechrichtigkeit treffen will« (Moser 1961:56). Diese sprachliche Regelung oder Normierung liegt jedoch weit ab von der deutschen »Aussprache«-Realität. Das Bairische – auch in Österreich gesprochen – umfasst einen weitaus größeren geographischen Raum. Der Sprachwissenschaftler Wilhelm Viëtor (1850–1918) erklärte, die Siebs'sche Aussprache klinge den meisten Deutschen »geziert und daher lächerlich«. Vor allem aber weicht sie vollkommen vom zuvor gültigen Aussprachestandard des Sächsischen ab.

Allgemein setzte und setzt sich die Tendenz zur Formenangleichung, zur Vereinfachung und zur analytischen im Gegensatz zur synthetischen Bauweise der Sprache weiter durch.

Der Genitiv schwindet und wird vielfach durch den Dativ ersetzt, in Zusammensetzungen mit einer Präposition stehen auch im Duden beide Formen nebeneinander: *wegen des/dem schlechten Wetter(s)*; *trotz des/dem Andrang(s)*.

Verloren geht auch in starkem Maß der geschriebene Genitiv: Es heißt nicht mehr wie bei Goethe: *Die Leiden des jungen Werthers*, es heißt: *die Mahnmale des alten Athen, die Literatur des Barock*. Aus *Vaters Jacke* werden in der Umgangssprache die analytischen Formen *die Jacke von meinem Vater* oder *meinem Vater seine Jacke*. Überhaupt schmälert sich die Deklination, das *-e* schwindet aus Dativ und Genitiv, wir geben dem Mann*e* keine Bananen mehr, und seine Frau Helen*en* zu lieben bzw. deren Freundin Susann*en* zu verehren, ist antiquiert; es sind Helene und Susanne daraus geworden.

Die Präpositionen mit Genitiv oder mit Dativ?

Wegen betrachtet man in der präskriptiven Grammatik als eine Präposition mit dem Genitiv. Die Verbindung mit diesem Fall steht für Hochsprache. Viele der Präpositionen mit dem Genitiv erzeugen jedoch Unsicherheiten im Gebrauch und oft und vor allem vielerorts werden sie mit dem Dativ verwendet. Die Frage ist: Was ist falsch? Vielleicht aber sollte die Frage lauten: Gilt das Gegensatzpaar »richtig« vs. »falsch« überhaupt?

Wie viele der Präpositionen, die mit dem Genitiv gebraucht werden sollen, ist auch *wegen* aus einem Nomen entstanden. Hier einige Beispiele anderer Präpositionen:

statt – Er nahm ihn an Kindes Statt an.
dank – Ich schulde dir Dank für deine Hilfe.
zeit – Es war die Zeit seines Lebens.
zwecks – Der Zweck der Sache war, alles zu gewinnen.

Wegen bedeutet »infolge, auf Grund (von)«. Die Bedeutung dieser Präposition ist final oder kausal (s. darum auch die Zusammensetzung *deswegen*). *Wegen* des Geldes arbeite ich. (Ich arbeite, damit ich Geld verdiene.) Im Mittelhochdeutschen des 13. Jh.s heißt es noch »von unser beider wegen«, also Dativ Plural. *Wegen* stammt vom Plural des mittelhochdeutschen **wec**, »Weg in der mittehoch- und mittelniederdeutschen Bedeutung von »Ort, Stelle, Seite«; vgl. Mittelniederländisch: van … wegen / van … weghen.

Die heute verwendete zänkische Präposition *wegen* entstand im Mittelalter als Nominalphrase in norddeutschen oder niederdeutschen Dialekten und wurde erst viel später im deutschen Standard zur Präposition. Bis zur frühen Neuzeit war sie im Süden Deutschlands, in Österreich und in der Schweiz in ihrer heutigen Form nahezu unbekannt.

Synonyme von *wegen* sind: angesichts, aufgrund, dank, hinsichtlich, infolge, kraft, ob, weil, zwecks (viele, wie oben gesagt, entstanden aus Nomen).

Es gibt verschiedene und sehr produktive Kombinationen mit *wegen*, z. B. »meinetwegen«. Dieses Wort hat auch die Bedeutung: Das ist mir egal! **Mir**, Dativ also.

Es gibt auch: »weswegen – weshalb« (»deswegen – deshalb«, Konjunktionen mit kausaler Funktion), Genitiv also.

Das Wort »meinetwegen« stammt vom niederdeutschen »von … Wegen«, hier ist der Plural von »Weg« enthalten, darum haben wir heute noch feste Formen wie: von Amts wegen = den (verschlungenen) Wegen der Bürokratie folgend; von Rechts wegen. Darum sagt und sagte man auch »von meinen Wegen« (= von meiner Seite aus). In beiden Fällen handelt es sich um einen Dativ. Seine Bedeutung ist laut Duden »mir zuliebe«, »von mir aus« – wieder Dativ.

Sprachhistorisch sagte man früher »von meinentwegen« (= von meinen Wegen aus [Dat. Pl.], von mir aus):

– ich freue mich herzlich ihrent- und meinentwegen über diesen glücklichen einfall. Johann Anton Leisewitz: Briefe an seine Braut (1756–1806: – Das Buch erschien posthum nach seinen Handschriften, Weimar 1906)
– so wollet jnen von meinen wegen sagen, das ich umb jrer willen, nicht einen buchstaben schreiben wil. Martin Luther (zit. nach: Deutsches Wörterbuch von Jacob Grimm und Wilhelm Grimm. Begonnen 1863, abgeschlossen 1963).

Es halten sich hartnäckig zwei Formen nebeneinander.

Wegen diesem Ausruf schmeißt sie die Tür zu. (Dat.)
aber:
Dieser Tat wegen bin ich frei. (Gen.)
Die folgenden Sätze (A) und (B) sind beide korrekt:
(A) Ich bin *wegen beidem* in Behandlung (Dat.)
(B) Ich bin *wegen beider* gekommen. (Gen.)

Bei (A) assoziiert man immer Dinge, Vorgänge, keine Personen (Ich bin *wegen den* Ohrenschmerzen und *der* Sehtrübung in Behandlung), während man bei (B) Personen im Kopf hat (Ich bin *wegen* meiner beiden Kinder gekommen.) Um die Konfusion perfekt zu machen, geht natürlich auch noch:
Ich bin *wegen der* Ohrenschmerzen und *der* Sehtrübung hier. (Gen.)
und:
Ich bin *wegen* meinen beiden Kindern hier. (Dat. Pl.)

Beide Fälle – Dativ und Genitiv – stehen nebeneinander. Wie ist das möglich? Wäre es nicht viel besser, eleganter, effizienter und vor allem *grammatischer*, es gäbe nur eine immer korrekte Form?

Ein weiteres Beispiel sind Unsicherheiten bei der Verwendung der Präposition *trotz*. Diese Präposition ist ebenfalls aus einem Nomen entstanden, »der Trotz«:
einem Widersacher Trotz bieten

Wem bieten wir Trotz? ➜ einem Widersacher

Also Dativ. Und es ist der Dativ, der hier erwartet werden sollte. Überdies gibt es feste Formen mit *trotz*, die ebenfalls immer den Dativ verwenden:
Trotz allem liebe ich sie noch.
Sie hat mich verlassen, *trotzdem* liebe ich sie noch.

Das sind Beweise für den Dativ. Dennoch verlangt die präskriptive Grammatik den Genitiv. Es ist also nicht verwunderlich, dass wir beide grammatische Fälle – Dativ und Genitiv – immer wieder nebeneinander finden. Vor allem aber wird der Dativ als falsches, »schlechtes Deutsch« betrachtet. Doch beides geht:
Trotz **des Regens** gehen wir spazieren. (Genitiv)
Trotz **dem schlechten Wetter** verziehe ich keine Miene. (Dativ)

Präpositionen mit dem Genitiv:
abseits, angesichts, anhand, anlässlich, anstatt, anstelle, aufgrund, außerhalb, beiderseits, betreffs, bezüglich, binnen, dank, diesseits, einschließlich, entlang, halber, hinsichtlich, infolge, inmitten, innerhalb, jenseits, kraft, längs, laut, mangels, mittels, oberhalb, seitens, statt, trotz, um … willen, unfern, ungeachtet, unterhalb, unweit, vermittels, vermöge, während, wegen, zeit, zufolge, zu(un)gunsten, zwecks

Auch der Konjunktiv verwendet mehr und mehr die analytische Form mit *würd-*: *Er sagt, er würde morgen kommen*, statt *Er käme morgen*. Auch in der indirekten Rede rückt der Konjunktiv II an Stelle des (normativ vorgeschriebenen) Konjunktiv I: *Sie sagt, sie käme* statt *Sie sagt, sie komme*. Gleichzeitig nimmt der Konjunktiv I (der ja in der indirekten Rede verschwindet) die Stelle des Konjunktiv II in der Irrealisform an; statt *Er tut so, als ob er Direktor wäre* heißt es meist: *Er tut so, als ob er Direktor sei*.

Die Verbfinalstellung bei untergeordneten Nebensätzen wird vielfach aufgehoben; statt *Er kommt, weil er uns besuchen will*, heißt es oft schon *Er kommt, weil er will uns besuchen* (wobei hinter *weil* beim Sprechen eine kleine Pause gemacht wird).

In der Steigerung steht im Duden heute *wie* neben *als*, so heißt es: *Der grüne Tisch ist größer **wie/als** der rote Tisch*.

Präteritum vs. Perfekt

Das Präteritum weicht ebenfalls zunehmend der analytischen Perfektform. Vor allem in den Dialekten tritt das Perfekt in den Vordergrund, wechselt der Dialektsprecher aber in die Hochsprache, wandelt er auch alle Perfektformen in Präteritumformen um, um mit dieser Korrektur auch das letzte Dialektmerkmal zu tilgen.

Gemäßigte Kleinschreibung

Gemäßigte Kleinschreibung (manchmal auch gemäßigte Großschreibung genannt) sieht Großschreibung nur am Satzanfang und bei Eigennamen vor.

Kritiker dieser Version der Orthographie merken an, es könnten Zweideutigkeiten und Undeutlichkeiten wie im folgenden Beispiel entstehen: *Sie haben in Moskau liebe genossen* bedeutet in der normalen Großschreibung entweder: *Sie haben in Moskau Liebe genossen* oder *Sie haben in Moskau liebe Genossen*.

Dennoch ist klar, dass es kaum isolierte Sätze wie in diesem Fall gibt. Der Kontext sorgt in der Regel für Eindeutigkeit.

Deutsch in der DDR

Als Organ eines totalitären Staates wies die Sprache in der DDR Gemeinsamkeiten mit der Sprache des Nationalsozialismus auf. Auch hier wurden Begriffe neu gebildet und an die politischen, wirtschaftlichen und ideologischen Bedingungen des Staates angepasst. Hauptsächlich existierten Unterschiede im semantischen Bereich. Im Wortschatz der DDR gab es z. B. das Wort »Weltreise« nicht, denn es passte nicht in die Wirklichkeit der Menschen. Oftmals vermied man Übereinstimmungen mit dem Deutsch der Bundesrepublik und suchte eigene Wege in der Darstellung von Zusammenhängen oder Sachverhalten: Stadtrat (BRD) ist Rat der Stadt (DDR, aber: Staatsrat).

Bestimmte Begriffe wurden in einem anderen Sinn als in der Bundesrepublik verwendet: *Diktatur* wurde als die Herrschaft einer bestimmten Klasse definiert; *militärische Überlegenheit* besteht dann, wenn das Volk Waffen nutzt; *Freiheit* bedeutete Einsicht in die Notwendigkeit; *Demokratie.*

Folgende Wendungen und Ausdrücke waren Kennzeichen für Linientreue: Abschnittsbevollmächtigter, Genosse, Klassenfeind, Werktätige, Volkseigentum, »unsere Deutsche Demokratische Republik«.

Um den eigenen Charakter des Landes durch die Sprache hervorzuheben und gegenüber dem anderen Deutschland unverständlicher zu werden, verschlüsselte man viele Begriffe in Abkürzungen. Abkürzungen dienten nicht nur der Verknappung der Sprache, sondern gerade auch als Mittel der Verdunklung: ABF (Arbeiter-und-Bauern-Fakultät: Einrichtung für Arbeiter- und Bauernkinder zur Erlangung der Hochschulreife); ABI (Arbeiter- und Bauerninspektion); ABV (Abschnittsbevollmächtigter, das war ein Volkspolizist, der als Ansprechpartner für ein bestimmtes, begrenztes [Wohn-]Gebiet diente); ASV (Armeesportvereinigung); ETW (Eierteigwaren = Nudeln); FDJ (Freie Deutsche Jugend); GOL (Grundorganisationsleitung der FDJ, z. B. an einer Schule); HO (Einzelhandelsgeschäft der staatlichen Handelsorganisation); LPG (landwirtschaftliche Produktionsgemeinschaft); VEB (Volkseigener Betrieb).

Hinzu kamen Wendungen, die die DDR-Wirklichkeit entweder verdunkelten oder ideologisch korrekt darstellten: *Antifaschistischer Schutzwall,* Bezeichnung der befestigten Grenze zur Bundesrepublik und der Mauer; *Der feste/klare Klassenstandpunkt,* sozialistisches Weltbild bzw. marxistisch-leninistische Weltanschauung; *Der neue Mensch,* Idealbild des Menschen im Sozialismus; *Die guten Genossen,* zuverlässige Parteikader; *Die historische Mission der Arbeiterklasse ...,* der Aufbau des Sozialismus; *Diplomaten im Trainingsanzug,* international erfolgreiche Sportler.

Die Vereinigung nach dem Mauerfall ließ die beiden Sprachen wieder miteinander verschmelzen, aber eine eigene Verwendung bestimmter Wörter und Begriffe blieb auf dem Gebiet der ehemaligen DDR bestehen. Die Frage ist berechtigt, warum erlernte Ausdrücke ausgetauscht werden sollten, anstatt sie, wie es sinnvoll wäre, als eine Art DDR-Dialekt weiterzuverwenden. Einige Begriffe wurden sogar von bundesrepublikanischen Medien aufgegriffen. Gleichzeitig flossen unzählige Wörter in die ehemalige DDR-Sprache ein. Erhalten blieben aber insbesondere die alten Firmen- und Markenbezeichnungen (auch für Marken, die es lange nicht mehr [oder wieder] gibt) und Begriffe aus dem Staatsapparat.

Dichtung in der zweiten Hälfte des 20. Jahrhunderts

Dada ist nicht tot – z. B. in der konkreten Poesie lebt der Gedanke, die Sprache durch Sprachzerstörung auf den Punkt zu bringen, erneut auf. Auch wächst das Interesse an der Mundartdichtung. 1958 veröffentlichte der Wiener Dichter H. C. Artmann (1921–2000) den Gedichtband *med ana schwoazzn dintn* (mit einer schwarzen tinte). Aus dem Band stammt das Gedicht *blauboad 1* (blaubart), hier zwei Strophen daraus:

> i bin a ringlgschüübsizza
> und hob scho sim weiwa daschlong
> und eanare gebeina
> untan schlofzimabon fagrom ...

heit lod i ma r ei di ochte
zu einen libesdraum –
daun schdol i owa s oaschestrion 'ei
und bek s me n hakal zaum!

Ernst Jandl (1925–2000) war der Sprachspieler der konkreten Poesie. Konkrete Poesie enthält nichts, was man wissen kann, es geht wie im Dada um das ästhetische Erleben der Sprache an sich, um die Möglichkeiten, die sich aus der Sprache erschließen. Sein Gedicht *ottos mops* erschien 1970 in dem Gedichtband *Der künstliche Baum*:

ottos mops trotzt
otto: fort mops fort
ottos mops hopst fort
otto: soso

otto holt koks
otto holt obst
otto horcht
otto: mops mops
otto hofft

ottos mops klopft
otto: komm mops komm
ottos mops kommt
ottos mops kotzt
otto: ogottogott

Die Rechtschreibreform

Die Vertreter der deutschsprachigen Staaten einigten sich am 01.06.1996 auf eine Reform der deutschen Rechtschreibung. Diese Reform ist bis heute umstritten und wird sowohl befolgt als auch angefeindet und nicht beachtet. So gibt es eine Reihe von Zeitungen und Verlagen, die sich weiterhin an die alte Schreibweise halten. Auf der Buchmesse 2004 unterzeichneten sogar prominente Schriftsteller wie Günter Grass (1927–2015), Martin Walser (* 1927), Ulla Hahn (* 1946), Elfriede Jelinek (* 1946), Hans Magnus Enzensberger (* 1929) und Ralph Giordano (1923–2014) den sogenannten »Frankfurter Appell«, in dem sie die sofortige Rücknahme der Rechtschreibreform fordern. Es folgt nun eine Übersicht mit Beispielen der wichtigsten von Veränderungen betroffenen Wörter und Orthographie-Konzepte.

1. Laut-Buchstaben-Zuordnungen
(einschliesslich Fremdwortschreibung)

Hier soll sichergestellt werden, dass man in der Lage ist, Wörter einer Wortfamilie zuzuordnen, der Wortstamm soll dabei stets gleich geschrieben werden.

Umlautschreibung

alte Schreibung	neue Schreibung
behende	behände (zu Hand)
belemmert	belämmert (heute zu Lamm)
Gemse	Gämse (zu Gams)
schneuzen	schnäuzen (zu Schnauze, großschnäuzig)
aufwendig	aufwendig (zu aufwenden) oder
	aufwändig (zu Aufwand)

Verdopplung des Konsonanten nach kurzem Vokal

alte Schreibung	neue Schreibung
Karamel	Karamell (zu Karamelle)
numerieren	nummerieren (zu Nummer)
plazieren (placieren)	platzieren (zu Platz)

ss für ß nach kurzem Vokal

Auch hier soll die Gleichheit in der Schreibung der Wortstämme garantiert werden, so z. B.: *Wasser/wässerig/wässrig* oder *müssen/ er muss*. Bei langen Vokalen jedoch bleibt ß erhalten: *Maß, Muße* und *Straße*.

alte Schreibung	neue Schreibung
hassen – Haß	hassen – Hass
küssen – Kuß	küssen – Kuss,

lassen – er läßt   lassen – er lässt
daß   dass

Dennoch bleiben Probleme bestehen: *Bus* (analog zu *muss* und *Kuss*) müsste nach geltender Regel mit ss geschrieben werden, was nicht der Fall ist, da es als nicht-deutsches Wort eingestuft wird – eine Tatsache, die jedoch den wenigsten Menschen bekannt sein dürfte.

Zusammensetzungen

Auch hier geht es um den Erhalt der Wortstämme. Treten bei Zusammensetzungen drei gleiche Konsonanten auf wie bei *Bett* und *Tuch*, werden alle behalten: *Betttuch*. Eine alternative Schreibung mit Bindestrich ist bei zusammengesetzten Substantiven stets erlaubt, vor allem aber bei Zusammensetzungen von deutschen mit nicht-deutschen Wörtern empfohlen: *Apostroph-Häufung*. Auch das Suffix *-heit* bleibt erhalten und das h wird gedoppelt: *Rohheit* (von *roh*), *Zähheit* (von *zäh*).

alte Schreibung	*neue Schreibung*
Flußsand	Flusssand
Stoffetzen	Stofffetzen
selbständig	selbständig/selbstständig

Reihenbildung und Systematisierung

Ein finales h fällt weg, wenn gleiche Reihen bestehen: *blau, grau, schlau*, also *rau* statt *rauh*. Ebenso *Känguru* (statt *Känguruh*), weil *Emu, Gnu, Kakadu*.

Fremdwörter

Die fremde Schreibung wird durch deutsche Schreibung ersetzt oder eingedeutscht. Allerdings nicht in allen Fällen: *Philosophie, Phänomen, Metapher, Sphäre* bleiben wie bisher und die Schreibung optional:

alte Schreibung	*neue Schreibung*
Necessaire	Necessaire, auch Nessessär
Orthographie	Orthographie, auch Orthografie
Spaghetti	Spaghetti, auch Spagetti

Varieté	Varietee, auch Varieté
Kommuniqué	Kommuniqué, auch Kommunikee
Katarrh	Katarrh, auch Katarr
Hämorrhoiden	Hämorrhoiden, auch Hämorriden
Panther	Panther, auch Panter
Thunfisch	Thunfisch, auch Tunfisch

2. Getrennt- und Zusammmenschreibung

Wurden mit den modifizierten Regeln von 2006 wieder viele Wörter in den ursprünglichen Stand versetzt, so bleiben z. B. vollquatschen, festnageln, vielversprechend weiterhin (oder erneut) zusammengeschrieben. Änderungen bleiben aber immer noch bestehen, etwa bei:

alte Schreibung	*neue Schreibung*
radfahren	Rad fahren
teppichklopfen	Teppich klopfen
haltmachen	Halt machen

oder auch:

soviel, wieviel	so viel, wie viel
irgend etwas	irgendetwas
irgend jemand	irgendjemand

3. Gross- und Kleinschreibung

Der Artikel und sein Gebrauch werden in den Mittelpunkt gestellt, was zu einer Vermehrung der Großschreibung führt. Das gilt für:

Ordinalzahlen

| *alte Schreibung* | *neue Schreibung* |
| der erste, letzte, nächste | der Erste, Letzte, Nächste |

Unbestimmte Zahladjektive

alte Schreibung	*neue Schreibung*
alles übrige	alles Übrige
nichts das geringste	nicht das Geringste

Adjektive in festen Wortverbindungen

| *alte Schreibung* | *neue Schreibung* |
| im klaren | im Klaren |

im folgenden   im Folgenden
im nachhinein   im Nachhinein
des näheren   des Näheren

In übertragender Bedeutung
im Dunkeln tappen, im Trüben fischen

Als Substantive gebrauchte Adjektive und Partizipien
alte Schreibung	*neue Schreibung*
der nächste, bitte	der Nächste, bitte
im großen und ganzen	im Großen und Ganzen
im allgemeinen	im Allgemeinen
es ist das beste	es ist das Beste
den kürzeren ziehen	den Kürzeren ziehen

Substantive mit Präpositionen oder Verben
alte Schreibung	*neue Schreibung*
in bezug auf	in Bezug auf
radfahren	Rad fahren (auch: Auto fahren, Tennis spielen, Zeitung lesen, Maschine schreiben, Angst haben)

Sprachbezeichnungen
alte Schreibung	*neue Schreibung*
auf deutsch, englisch	auf Deutsch, Englisch

Formeln zur Bezeichnung von Personen
alte Schreibung	*neue Schreibung*
groß und klein	Groß und Klein
jung und alt	Jung und Alt

Alle **Tageszeiten** werden großgeschrieben, wenn sie zusammen mit *heute, (vor)gestern* oder *(über)morgen* stehen:

alte Schreibung	*neue Schreibung*
heute mittag	heute Mittag
gestern abend	gestern Abend

4. Zeichensetzung

Bei der Reihung von Sätzen mit *und, oder* etc. lautet die Kommaregel:

> Bei der Reihung von Hauptsätzen, die durch *und, oder, beziehungsweise/bzw., entweder – oder, nicht – noch* oder *weder – noch* verbunden sind, **kann** ein Komma gesetzt werden, um die Gliederung des gesamten Satzes deutlich zu machen:
>
> Hast Du sie getroffen(,) oder wirst Du sie später anrufen?
> Der Wagen war geparkt(,) und sie stiegen aus.

Die wörtliche Rede wird immer durch Komma vom nachfolgenden Satz abgetrennt, auch dann, wenn sie mit einem Ausrufe- oder Fragezeichen schließt:

> »Komm sofort her!«, rief er
> »Hast du heute Zeit?«, fragte sie.

Im Großen und Ganzen wird bei der Zeichensetzung größere Freiheit eingeräumt als bisher. Die Gliederung soll durch Satzzeichen verdeutlicht werden, um das Verstehen zu erleichtern oder um Missverständnissen entgegenzuarbeiten.

Bedenkt man aber die sprachlichen Räume, in denen sich jeder bewegt, so leben vermutlich sehr viele Menschen teilweise in völlig rechtschreibungsfreien Räumen. Hier sei besonders an die SMS-Kürzel erinnert. Dort wird ebenso wie im Chat, in der E-Mail oder im Messenger oft Kleinschreibung verwendet. Wegen der großen Schnelligkeit des Mediums gehören Rechtschreibfehler dazu und werden nicht sanktioniert, ja sind gerade Ausdruck der besonderen Wesensart dieser Medien. Auf lange Sicht und vor dem Hintergrund eines Buchs wie diesem über die Geschichte der deutschen Sprache, in dem der jahrhundertelange Kampf, eine Einigung in der Schreibung oder in der Aussprache zu finden, beschrieben wird, zeigt sich, dass nur solche Änderungen sich durchsetzen, die von allen verwendet werden.

Ist Schreiben wie Sprechen? – Neue Formen der schriftlichen Kommunikation

Schrift hat durch E-Mail, Chats und SMS neue Dimensionen bekommen. In diesen Medien gibt es keine Zeit mehr für lange Texte. Die Zeit ist knapp und je kürzer der Text, desto griffiger – Kürzel regieren. Besonders Jugendliche schaffen sich eigene Kommunikationswelten, die in Kürzeln funktionieren. Einige Beispiele, die jedoch wegen der Schnelllebigkeit des Mediums selbst vermutlich schon veraltet sind, bevor dieses Buch in Druck geht, seien hier aufgeführt:

K025mispä	Komme 25 Minuten später
2g4u	too good for you – zu gut für Dich
2L8	too late (zu spät)
4e	for ever (für immer)
4u	for you (für Dich)
8ung	Achtung
WZTSD?	Wo zum Teufel steckst Du?
WZTWD?	Wo zum Teufel warst Du?
Z&P	Zuckerbrot und Peitsche
ZUMIOZUDI	Zu mir oder zu Dir?

… und viele andere mehr …

Straße der deutschen Sprache

Martin Luther sprach und schrieb einen ostmitteldeutschen Dialekt. Was heute als Mitteldeutschland bezeichnet wird, platziert sich in der Mitte Europas und bezeichnet sich als die Wiege unserer Sprache. Die drei Bundesländer Sachsen, Thüringen und Sachsen-Anhalt durchzieht eine von der Arbeitsgemeinschaft *Neue Fruchtbringende Gesellschaft e. V.* (s. Sprachgesellschaften im Frühneuhochdeutschen S. 147 f.) mit Sitz in Köthen (Anhalt) ins Leben gerufene *Straße der deutschen Sprache*. Köthen knüpft an die sprachpflegerische Tradition der 1617 von Fürst Ludwig von Anhalt-Köthen gegründeten ersten deutschen Sprachgesellschaft selben Namens an und lädt zu einer Ausstellung im Schloss.

In dichter Abfolge finden sich Orte mit langer Geschichte, die für die Entwicklung der deutschen Sprache von Bedeutung waren. Von Zwickau bis Magdeburg und von Bautzen bis Erfurt reihen sich zahlreiche Orte dicht aneinander. Entlang der *Straße der deutschen Sprache* finden heute

Festspiele, Wettbewerbe, Sprachtage, Lesefeste und Theaterproduktionen statt. Die *Straße der deutschen Sprache* versteht sich als Ferienstraße, aber vor allem auch als Ort der Sprachpflege, an dem das Bewusstsein für die historische Bedeutung von Sprache gefördert und gepflegt wird.

Die wichtigsten Orte entlang der Straße:

- Die Lutherstadt Eisleben ist der Geburts- und Sterbeort Martin Luthers; in der Kirche St. Andreas hielt Luther seine letzten Predigten.
- Das Kunstprojekt Sachsenspiegel ist ein Freilichtmuseum für mittelalterliche Rechtsgeschichte in Reppichau.
- In Mansfeld verbrachte Luther seine Kindheit und erste Jugendzeit. Das örtliche Bürger-Museum ist dem Dichter des »Münchhausen«, Gottfried August Bürger, gewidmet.
- Allstedt war der Wirkungsort des Reformators Thomas Müntzer. Hier hielt er den ersten vollständigen Gottesdienst in deutscher Sprache.
- Die Dom- und Hochschulstadt Merseburg ist bekannt durch die Merseburger Zaubersprüche, eine der ältesten Quellen althochdeutscher Sprache.
- In Weißenfels schuf Novalis das Symbol der Frühromantik: die blaue Blume. Novalis lebte von seinem 13. Lebensjahr bis zu seinem Tod im Alter von 28 Jahren in Weißenfels. Hier lädt die Novalis-Gedenkstätte zum Besuch.
- Gäste in Gotha waren Goethe, Voltaire und natürlich Luther. Besuchenswert sind Museen und die Bibliothek auf Schloss Friedenstein.
- In Schleiz arbeitete Konrad Duden an den ersten Regeln der Orthographie und damit an der Standardisierung der deutschen Sprache.
- Gotthold Ephraim Lessing wurde 1729 in Kamenz geboren und verbrachte hier seine Kindheit.
- Das 1802 in Lauchstädt erbaute Kurtheater mit originaler Bühnenmaschinerie zeugt vom Wirken Goethes.
- Zum Abschluss *die* Lutherstadt Wittenberg, die Wiege der Reformation. An die Tür der Schlosskirche nagelte der Reformator der Überlieferung nach seine berühmten Thesen. In ihrem Inneren befindet sich sein Grab. Wittenberg war auch die Wirkungsstätte von Luthers Freund und Weggefährten Lucas Cranach, der das berühmte Portrait Luthers malte. (Informationen zitiert nach http://www.strasse-der-deutschen-sprache.de)

Analphabetismus in Deutschland

Nach einer Studie der Universität Hamburg haben 14,5 % der erwerbstätigen Bevölkerung in Deutschland Lese- und Schreib probleme. D. h., jeder Siebte oder nahezu siebeneinhalb Millionen in Deutschland lebende Menschen sind funktionale Analphabeten. Das Problem betrifft dabei vorrangig Männer; 40 % der Betroffenen sind Frauen. Weltweit dagegen verhält sich dies umgekehrt: Zwei Drittel der Analphabeten sind Frauen und Mädchen. Dabei sind ältere Menschen durchgehend stärker betroffen als jüngere – nur ein Fünftel sind unter 30. Oftmals haben funktionale Analphabeten einen niedrigen oder gar keinen Schulabschluss und entstammen Familien mit niedrigem Bildungsniveau. Erwerbstätigkeit sagt dabei allerdings wenig über Lese- und Schreibkompetenz aus, ca. 60 % der funktionalen Analphabeten arbeiten.

Interessant ist überdies, dass bei etwa 13 Mio. Personen oder 26 % der arbeitenden Bevölkerung fehlerhaftes Schreiben selbst bei leichten Wörtern auftritt. Die Flut der »Fehler« in der Schreibung, wie das Titelbild dieses Buchs es als krasses Beispiel zeigt, nimmt ständig zu. Sie nimmt indes nicht nur wegen Analphabetismus zu, sondern wegen der neuen Art zu schreiben, die schnell, korrekturlos, gedankenlos, nur auf schnelle Übertragung bzw. schnelle Übermittlung des Gedachten oder des zu Kommunizierenden aus ist.

Ausblick

Man sagt, Sprache sei ein Abbild des Denkens. Sprache ist aber auch Kreativität, Flexibilität und darüber hinaus Abbild einer sich ständig verändernden sozialen Wirklichkeit. Betrachtet man die Entwicklung zum Beispiel der sozialen Medien, so gibt es auf dem deutschen Facebook heute die Möglichkeit in seinem Profil unter sechzig verschiedenen Arten von sexueller Orientierung auszuwählen und so sich selbst und sein Geschlecht darzustellen. Ein enormer Schritt, der vor allem auch Kreativität in der Begriffswahl bzw. in der Begriffsschaffung erforderte. *Männlich* und *weiblich* reichen schon lange nicht mehr aus, und so wurden für die Benennung des eigenen Geschlechts Begriffe und damit soziale Wirklichkeiten geprägt wie *weiblich-transsexuell, intersexuell, trans weiblich / männlich, transgender weiblich / männlich* und 54 weitere mehr. Die aktuelle deutsche soziale Wirklichkeit beweist damit ein Großmaß an Progressivität und Großzügigkeit, denn bestehende Normen werden zugunsten neuer Gegebenheiten verändert.

Sprache ist aber auch immer Abbild von Möglichkeiten und das in zweierlei Hinsicht: Einmal als »können«, d. h. als Beherrschen, als Vermögen, als in der Lage sein, fertigbringen und fähig sein und zum anderen als das Recht, die Macht oder die Begünstigung zu haben, etwas zu tun, etwas *inne*zuhaben. Insofern ist Sprache immer auch das Abbild sozialer Umstände wie Ausbildung, Herkunft und Umfeld: Sprache ist Abbild von Privilegien. Wenn die Schere immer weiter aufgeht zwischen denen, die »können« und denen, die »nicht können«, wird das Wort des Staatsratsvorsitzenden Walter Ulbrichts von 1970 auf andere Weise, als er es intendierte, wahr: Es geht jetzt nicht mehr um die Bildung zweier deutscher Nationalsprachen, sondern um zwei verschiedene soziale Varianten des Deutschen – von denen die eine privilegiert, korrekt und mit Status versehen ist und die andere (zumindest im Vergleich oder im Kräftemessen) nicht. Ebenso wie zwischen dem 16. und 18. Jh. der sächsische Dialekt Meißens als das beste, das feinste, das kultivierteste Deutsch galt, gilt heute z. B. eine Kontaktsprache wie Kiez-Deutsch als sozialer Marker nach unten. Mit ihr wird vielerorts der Niedergang von Deklination, Konjugation, Fällen, Wortschatz und Orthographie in Verbindung gebracht. Auf der einen Seite gilt es als ein im günstigsten Fall simplifiziertes Register des Deutschen – z. B. Baby-Talk oder Pet-Talk, also der sprachliche Umgang mit Kleinkindern und Haustieren, werden ebenso betrachtet –, auf der anderen Seite aber ist es innerhalb der Gruppen, die es verwenden, ein positiver Marker. Innerhalb dieser Gruppen öffnet es Türen, außerhalb macht es soziale Türen zu.

Sprache ist in ständiger Bewegung, sie wandelt sich wie die Menschen und ihre sozialen, wirtschaftlichen und kulturellen Umstände. Zum Beispiel noch einmal Sächsisch: Im ersten Jahrzehnt nach dem Mauerfall, schreibt Matthias Heine (2016), erlebte die »Sächsisch-Verachtung ihren Höhepunkt. Stefan Raab verdiente Millionen, indem er sich über eine Hausfrau lustig machte, die statt Maschendrahtzaun ›Moschendrodzoun‹« sagte. Ein paar hundert Jahre zuvor schrieb der Theologe und Philologe Christian Pudor (1635–1674): »Die Meisner haben vor anderen Nationen den Preiß wegen der zierlichen Mundart, dahero man ihre Worte, weil sie rein und deutlich, sicherlich gebrauchen darff. Hergegen muss man der Schweitzer, der Schlesier, der Pommern und anderer Nationen Mundart meiden.« (Zit. nach Werner Besch: Luther und die deutsche Sprache. 500 Jahre deutsche Sprachgeschichte im Lichte der neueren Forschung. Berlin 2014.) Pudor ging es nicht nur um Prestige, es ging um ästhetische Werte und vor allem auch um »Richtigkeit«, immerhin entstammt dieses Zitat seinem Buch »Der Teutschen Sprache Grundrichtigkeit« von 1672. Zwar ist »Richtigkeit« relativ, wie oben am Beispiel der sich öffnenden oder sich schließenden Türen gezeigt, aber gleichzeitig ist sie auch absolut. Diese abermalige Zweiteilung macht ja die Komplexität – oder sollte man sagen: Vertracktheit – von Sprache gerade aus. Daraus folgend bewertet Heike Wiese (2006) Kiez-Deutsch im Verhältnis zum Standarddeutsch »nicht als lediglich grammatisch defizitär«, es weist, wie sie weiter schreibt, »eine sprachliche Produktivität auf, die sich nicht nur an der Integration nicht-nativer lexikalischer Elemente und der Entstehung neuer Partikeln, also auf lexikalischer Seite zeigt, sondern ebenso im grammatischen System.« Mit anderen Worten: Jede Art von Sprechen unterliegt Regeln! Jede Sprache hat eine Grammatik! Egal welchen Status Sächsisch vor einigen hundert Jahren genoss, heute gilt es als der unbeliebteste deutsche Dialekt. Kiez-Deutsch wiederum mag sich im Kiez eines gewissen Ansehens erfreuen, außerhalb davon jedoch bekommen seine Sprecher*Innen im Regelsystem des Deutschen die rote Karte. Dieser Text diskutiert nicht, ob das richtig oder falsch ist. Als Darstellung der Geschichte der deutschen Sprache, ihrer Entwicklung und ihres Wandels konstatiert er schlicht, dass es so ist.

Exkurs: Das Vaterunser

Beispiele der Wandlung des Deutschen an verschiedenen Versionen des »Vaterunser« vom Lateinischen bis zum heutigen Deutsch.

Lateinisch, Vulgata

Pater noster, qui es in caelis: sanctificetur nomen tuum; adveniat regnum tuum, fiat voluntas tua sicut in caelo et in terra. Panem nostrum cotidianum da nobis hodie; et dimite nobis debita nostra, sicut et nos dimitimus debitoribus nostris; et ne nos inducas in tentationem; sed libera nos a malo. Quia tuum est regnum, et potestas, et gloria in saecula. Amen!

Gotisch (Wulfila, 360)

Atta unsar þu in himinam * weihnai namo þein * qimai þiudinassus þeins * wairþai wilja þeins * swe in himina jah ana airþai * hlaif unsarana þana sinteinan gif uns himma daga * jah aflet uns þatei skulans sijaima * swaswe jah weis afletam þaim skulam unsaraim * jah ni briggais uns in fraistubnjai * ak lausei uns af þamma ubilin * unte þeina ist þiudangardi jah mahts jah wulþus in aiwins * Amen!

Altsächsisch (Heliant, 9. Jh.)

Fadar ûsa firiho barno, thu bist an them hôhon himila rîkea, geuuîhid sî thîn namo uuordo gehuuilico. Cuma thîn craftag rîki. Uuerða thîn uuilleo obar thesa uuerold alla, sô sama an erðo, sô thar uppa ist an them hôhon himilo rîkea. Gef ûs dago gehuuilikes râd, drohtin the gôdo, thîna hêlaga helpa, endi alât ûs, hebenes uuard, managoro mênsculdio, al sô uue ôðrum mannum dôan. Ne lât ûs farlêdean lêða uuihti sô forð an iro uuilleon, sô uui uuirðige sind, ac help ûs uuiðar allun ubilon dâdiun.

Althochdeutsch (St. Gallen, Alemannisch, 8. Jh.)

Fater unsar, thû pist in himile, uuihi namun dînan. qhueme rîhhi
dîn. uuerde uuillo diin, sô in himile sôsa in erdu. prooth unsar
emezîch kip uns hiutû. oblâz uns sculdî unsarô, so uuir oblâzem
uns sculdîkêm. enti ni unsih firleiti in khorunka. ûzzer lôsi unsih
fona ubile. Amen.

Althochdeutsch (Fulda, Ostfränkisch um 830)

Fater unser thû thâr bist in himile, si giheilagôt thîn namo, queme
thîn rîhhi, sî thîn uuillo, sô her in himile ist sô sî her in erdu; unsar
brôt tagalîhhaz gib uns hiutu, inti furlâz uns unsara sculdi, sô uuir
furlâzemês unsarên sculdigon; inti ni gileitêst unsih in costunga,
ûzouh arlôsi unsih fon ubile.

Althochdeutsch (Notker, Alemannisch um 1000)

Fater unser dû in himile bist. Dîn nâmo uuérde gehéîligôt. Dîn
rîche chome. Dîn uuillo gescéhe in erdo (fone menniscon) álsô in
hímele (fone angelis). Unser tágelicha brôt kíb uns hiûto. Unde
únsere sculde belâz uns, álsô óuh uuir belâzen unserên scúldîgen.
Unde in chórunga ne leîtest dû únsih. Núbe lôse unsih fóne úbele.
Amen.

Althochdeutsch (Freising, Bairisch)

Fater unsêr, dû pist in himilum, kawuuîhit sî namo dîn, piqhueme
rîhhi dîn, uuesa dîn uuillo, sama sô in himile est, sama in erdu.
pilipi unsraz emizzîgaz kip uns eogauuanna, enti flâz uns unsro
sculdi, sama sô uuir flâzzamês unsrêm scolôm, enti ni princ unsih
in chorunka, uzzan kaneri unsih fona allêm suntôn.

Mittelhochdeutsch (Reinmar von Zweter)

Got vater unser, dâ du bist // In dem himelrîche gewaltic alles des
dir ist, // geheiliget sô werde dîn nam, zuo müeze uns komen das
rîche dîn . // Dîn wille werde dem gelîch // Hie ûf der erde als in
den himeln, des gewer unsich, // nu gip uns unser tegelîch brôt
und swes wir dar nâch dürftic sîn. // Vergip uns allen sament unser
schulde, // alsô du wilt, daz wir durch dîne hulde // vergeben,
der wir ie genâmen // dekeinen schaden, swie grôz er sî: // vor

sünden kor sô mache uns vrî // und lœse uns ouch von allem
übele. // âmen.

Frühneuhochdeutsch (Luther, 1522)

Vnser vater ynn dem hymel. Deyn name sey heylig. Deyn reych
kome. Deyn wille gescheheauff erden wie ynn dem hymele. Vnser
teglich brott gib vnns heutt, vnd vergib vns vnsereschulde, wie wyr
vnsernn schuldigern vergeben, vnd fure vns nitt ynn versuchung,
sondernerlose vns von dem vbel, denn deyn ist das reych, vnd
die krafft, vnd die herlickeyt inewickeyt.

Frühneuhochdeutsch (Zwingli, 1524)

Unser vatter in den himlen. Din nam sye heilig. Din rych komme.
Din will geschech ufferden wie in dem himmel. Unser täglich
brot gib uns hüt, und vergib uns unsere schuld,wie wir unseren
schuldigern vergebend, und füer uns nit in versuochung, sunder
erlössuns von dem übel.

Neuhochdeutsch 1869

Unser Vater, der du bist im Himmel. Geheiliget werde dein Name.
Zu uns komme dein Reich. Dein Wille geschehe auf Erden, wie
im Himmel. Unser täglich Brod gib uns heute. Und vergib uns
unsere Schulden, wie wir unser Schuldigern vergeben. Und führe
uns nicht in Versuchung. Sondern erlöse uns von dem Übel. Denn
dein ist das Reich, und die Kraft, und die Herrlichkeit in Ewigkeit.
Amen.

Luxemburgisch

Eise Papp am Himmel, däin Numm sief gehellegt. Däi Räich soll
kommen däi Wëll soll geschéien wéi am Hilmmel sou op der
Äerd. Géf äis haut eist deeglecht Brout, verzei äis eis Schold wéi
mir och dene verzeien, déi an eiser Schold sin. Féier äis nët an
d'Versuchung, mä maach äis fräi vum Béisen. Amen!

Niederländisch

Onze Vader, die in de hemelen zijt, geheiligd zij uw naam, uw rijk kome. Uw wil geschiede, op aarde als in de hemel. Geef ons heden ons dagelijkse brood. En vergeef ons onze schulden, gelijk ook wij vergeven aan onze schuldenaren. En leid ons niet in bekoring, maar verlos ons van het kwade. Want van U is het Koningrijk en de kracht en de heerlijkheid in eeuwigheid. Amen!

Deutsch, Bairisch

Insa vådar im himö, ghàiligt soi werdn dài' nåm. Dài' ràich soi kema, dài' wuin soi gschegn, wia-r-im himö, aso àf dar eadn. Gib ins hàind insa täglis broud, und vargib ins insar schuid, wia-r-à mia dene vagebm, dé an ins schuidig wordn sàn. Und fiar ins nét in d vasuachung, sundan darles ins vom ibö.

Deutsch, Schwäbisch

Vatr unsr im Himml g'heiligt sei dain Nama, dai Reich komme, dai Willa g'schehe wia im Himml, so au uf Aerda, Unsr däglichs Brod gib eis heit und vrgib eis eisere Schulda wia au mir vrgeabat eisre Schuldigr und fiahr eis it in Vrsuchung sondrn erles eis vom Besa Denn s'dai isch s'Reich, d'Kraft und d'Harlichkait in Ewigkait. Amen.

Modernes Deutsch

Vater unser im Himmel, geheiligt werde Dein Name. Dein Reich komme. Dein Wille geschehe, wie im Himmel so auf Erden. Unser tägliches Brot gib uns heute. Und vergib uns unsere Schuld, wie auch wir vergeben unseren Schuldigern. Und führe uns nicht in Versuchung, sondern erlöse uns von dem Bösen. Denn dein ist das Reich und die Kraft und die Herrlichkeit in Ewigkeit. Amen!

Definitionen

Ablaut

Den systematischen Wechsel bestimmter Vokale in etymologisch zusammengehörigen Wörtern bezeichnet man seit 1819 nach Jacob Grimm (1785–1863) als Ablaut. Im Englischen nennt man dieses phonetisch-phonologische Phänomen *apophony*. Der Ablaut hat drei Stufen: Grund-, Dehn- und Schwundstufe. Es wird zwischen dem Wechsel langer und kurzer Vokale – geben, gab, gegeben – (quantitativen Ablaut) und der Abtönung im Wechsel von Vokalen gleicher Dauer – *singen, sang, gesungen* – (qualitativen Ablaut) unterschieden. Es gibt den Ablaut auch bei der Bildung von Substantiven wie geben – Gabe und für den Prozess der Wortbildung allgemein – oder *fahren: Fuhre, Fahrt, Furt, Gefährt*.

Analogie

Analogien in der Linguistik sind (auch regelübergreifende) Angleichungstendenzen, die Einheitlichkeit und Regelhaftigkeit in den Bereichen von Wortbildung, Deklination und Konjugation erzeugen. Sie sind eine Form sprachlicher Kreativität, eine Sichtbarmachung des Sprachwandels. Z. B. das deutsche Verb *backen*, das als starkes Verb die Präteritumform *buk* hat, aber in Analogie zu dem schwachen Verb *hacken* inzwischen über zwei Präteritumformen verfügt: *buk* und die schwache (und immer populärer werdende) Form *backte*.

Auslautverhärtung

Der Auslaut ist der letzte Vokal oder Konsonant der letzten Silbe eines Worts. Betroffen von dieser »Verhärtung« sind alle stimmhaften Verschluss- und Reibelaute wie b, d, g, v, z. So heißt es geben [gebən], aber gab [ga:p] oder sich aufregen [sich aufregen] aber reg [re:k] (dich nicht auf). Durch die Auslautverhärtung gibt es zudem keine phonetischen Unterschiede mehr zwischen den Worten Rad und Rat – beide werden [ra:t] gesprochen. Das Englische hat diese Entwicklung nicht mitgemacht, weshalb es Englisch lernenden deutschen Muttersprachlern häufig schwerfällt, in ihrer Aussprache zwischen dock [dock] (Hafenbecken) und dog [doːg] (Hund) oder had [hæd] (hatte) und hat [hæt] (Hut) zu unterscheiden.

Barbarismus

Barbarismen sind Verstöße gegen die richtige Form auf der Ebene einzelner Wörter. Oft ist damit die Verwendung eines falsch eingesetzten Fremdworts gemeint, das in die Rede fließt, um dem Redner mehr Prestige zu verleihen und seine Rede aufzuwerten. Das Ergebnis ist das Gegenteil. Es handelt sich hier meist um lateinische Wörter, die den Anstrich von Bildung erzeugen sollen, da Latein als Kirchensprache sowie Sprache der Wissenschaften und damit eher als Fach- denn als Fremdsprache gilt.

Diglossie

Von Diglossie (gr. *di* = zwei; *glossa* = Sprache) spricht man, wenn in einer Sprache zwei oder mehr Varianten existieren, von der eine höher bewertet ist als die andere und infolgedessen z. B. bei offiziellen Anlässen oder als Schriftsprache verwendet wird, während die andere entweder umgangssprachliche Verwendung findet oder innerhalb bestimmter Gruppen gesprochen wird (Dialektsprecher). Beide Sprachen sind situationsabhängig, überschneiden sich also nicht. Meist zeichnet sich eine von beiden durch größere grammatische Komplexität, einen größeren Wortschatz oder Prestigeaussprache aus. Eigentlich existiert Diglossie in jeder Sprachgemeinschaft, in der regionale Dialekte existieren. Deutlich erlebt man sie in der Schweiz.

Ellipse

Das griechische Wort *ellipsis* bedeutet Mangel. In der Sprache handelt es sich um eine Auslassung oder Aussparung von eigentlich notwendigen Teilen der Rede, die aber jeweils aus dem Kontext oder aus der Redesituation rekonstruierbar sind. Es gibt allerdings formelhafte Ausdrücke, die sich in den allgemeinen Sprachgebrauch so eingegliedert haben, dass bei ihnen nicht mehr erkennbar ist, dass es sich um Auslassungen handelt. So ist der Gruß »Guten Morgen« oder »Guten Abend« eigentlich nur der

Rest des ursprünglichen Satzes: »Ich wünsche (Ihnen/Dir) einen guten Morgen/Abend«. Wie sonst sollte sich die Endung des Adjektivs -en erklären? Wenn eine Mutter ihrem Spross zuruft: »Benimm dich!«, so fehlt hier bestimmt nicht »schlecht«, sondern wie es jeder, auch der Sprössling, versteht: »gut«. Der Satz »Die Hühner legen« will sagen, dass es Eier sind, die gelegt werden. In Amtssprachen oder weil so beabsichtigt, wird oft die Person weggelassen: »(Ich) Teile Ihnen mit, dass ...«, »Ich hörte (jemanden) Klavier spielen.« Besonders aber ist es die Sprache der Befehle und Kommandos, die sich der Auslassung und Verkürzung bedient: »Platz!« zum Hund, »Fresse!«, um jemanden zum Verstummen zu bringen.

Selbstverständlich sind Ellipsen nur dann möglich, wenn sie das Verstehen des Gesagten nicht gefährden, es sei denn, sie werden als Mittel der sprachlichen Manipulation durch Verwirrung oder Verdunklung (Obfuskation) eingesetzt, zum Beispiel, um zu lügen. Wenn also eine Reiseagentur eine Anzeige schaltet, in der steht: »Noch zwei Plätze frei!« (vgl. Falkenberg, 1982:136/7), obwohl es in Wirklichkeit weit mehr gibt. Der Satz ist auch grammatisch eine Ellipse, weil er kein Verb enthält. Die Vermutung liegt nahe, dass hier eine Ellipse verwand wurde, um dem Kaufanreiz Dringlichkeit zu verleihen. Sprachlich betrachtet handelt es sich um eine Lüge.

Abgesehen jedoch von seiner manipulativen Funktion, wird die Ellipse zur Spannungserzeugung im Vortrag oder Text eingesetzt.

Emphase

In der allgemeinen Rede ist Emphase eine Hervorhebung oder Verdeutlichung mit sprachlichen Mitteln wie Betonung und Stimmhebung oder nicht-sprachlichen wie Gestik und Mimik. Der Hörer oder Leser soll etwas verstehen, was nicht ausdrücklich gesagt wird oder von dem der Sprecher oder Autor will, dass es so und nicht anders verstanden wird. Aus dem Griechischen stammend ist diese Figur der antiken Rhetorik mit der Ironie verwandt und bedeutet Nachdruck. Z. B.: »Ein Mann steht vor dir« (Schiller). Natürlich ist der Sprecher ein Mann, aber die Wendung will sagen, ein (ganzer) Mann steht vor dir, also respektiere ihn.

Gleichzeitig transportiert dieser Ausruf alle Gemeinplätze, die in ein Bild von Mann und Frau in der jeweiligen Zeit passen.

Etymologie

Das Wort kommt aus dem Griechischen, bedeutet Herkunftslehre und bezeichnet den Teil der Sprachwissenschaft, der Herkunft und Entwicklung von Wörtern untersucht. Neben dem Ursprung eines Wortes wird weiterhin seine Wortbildungsgeschichte vor allem im Zusammenhang mit dem möglichen Bedeutungswandel untersucht, dem das Wort in seiner Entwicklungsgeschichte unterlegen hat. Im Rahmen der historisch-vergleichenden Sprachwissenschaft betrachtet man die Veränderungen unter den Aspekten der Lautgesetze.

Euphemismus

Andächtiges Schweigen nennen die Griechen einen sprachlichen Ausdruck, der verschweigt bzw. nicht nennt oder umbenennt, was unangenehm, verletzend oder auch ehrlich sein könnte. Meist sind es gesellschaftliche, ideologische oder religiöse Gründe, die Formen, die eine Sache beim Namen nennen würden, schönen und sie verhüllend oder verschleiernd darstellen. Es geht darum, bestimmte Tabus zu vermeiden. So sagt man *dahingehen, verscheiden, entschlafen, eingehen*, wenn man vom Sterben spricht. Den Tod führt man nicht gern mit seinem Namen im Mund. Man spricht ungern vom Schwitzen, wenn man auch *transpirieren* sagen kann – es klingt, mag sein, eleganter. Im Englischen spricht man von *athlete's foot*, statt es Fußpilz zu nennen. Auch das klingt weniger gefährlich, verleiht dem, der darunter leidet, sogar etwas Heroisches, weil Sportliches. Funktion des Euphemismus ist aber nicht nur Rücksichtnahme gegenüber anderen, es geht eben auch darum, etwas zu beschönigen oder so verschleiernd darzustellen, dass etwas Bösem der Mantel des Angenehmen, Notwendigen oder Kunstvollen umgehängt wird. Die Wahrheit lässt sich daher häufig nicht besser als mit einem Euphemismus verschweigen. So nannten die Nazis die Vernichtung von Millionen Menschen *Endlösung*. Aus dem politisch-militärischen Jargon kennen wir Ausdrücke wie *Peacemaker* für eine Atombombe, aus der Wirtschaft

Rationalisierung für den Abbau von Arbeitsplätzen, und die Menge der Beispiele aus der Werbung würde diesen Rahmen sprengen. Sozialpolitisch sind *Gastarbeiter, Lebensabschnittsgefährte* oder *Sozialpartnerschaft* beliebte Wörter, um die Wahrheiten beschönigend darzustellen. Auch grammatische Formen werden zur Kosmetik verwandt, so ist eine ältere Dame jünger als eine *alte Dame*, obwohl doch »älter« die Steigerungsform von »alt« ist, also die *ältere Dame* älter sein müsste. Auch Abkürzungen bzw. Formeln können als Euphemismen benutzt werden: *S-11* oder *9/11* für die Tragödie des World Trade Centers oder die Formel *Ground Zero* für die Ruinen dieses Gebäudes sind griffige Beispiele aus jüngerer Geschichte.

Historisch betrachtet verlieren die verhüllenden Ausdrücke im Lauf der Zeit oft ihre Funktion und nehmen die Bedeutung an, die sie ursprünglich beschönigen wollten. Das althochdeutsche *stinkan* war seinerzeit wertneutral und wurde für alle Arten von Gerüchen benutzt. Im Mittelhochdeutschen wurde es durch den beschönigenden Ausdruck *riechen* ersetzt, der in neuerer Zeit durch *duften* abgelöst wird. *Stinken* ist heute eindeutig negativ belegt. Euphemismen sind somit besondere Arten von Metaphern, sie sind tief verbunden mit Tabuwörtern jeder Art, die es gilt zu ersetzen.

Flexion

Im Deutschen ist Flexion die Beugung, Biegung oder Formenlehre der Wörter. Man unterscheidet zwischen Konjugation als Flexion der Verben (ich geh**e**, du geh**st**, er/sie/es geh**t**, wir geh**en**, ihr geht, sie geh**en**), der Deklination als Flexion der Substantive (der Mann, den Mann, des Mannes, dem Mann) und der Komparation (groß, größer, am größten). Im Deutschen kann die Flexion durch Abwandlung des Stamms geschehen (gehen, ging) oder durch die Anfügung bestimmter grammatischer Morpheme (s. Flexion der Verben).

Fremdwörter

Fremdwörter an sich sind keine Stilmittel, aber sie können in der Rede als Stilmittel eingesetzt werden. Eine mit Fremdwörtern überladene Rede zeichnet sich ebenso ab, wie eine Rede, die gänzlich auf Fremdwörter verzichtet. Oft ist es schwer, ohne sie auszukommen, denn bestimmte Fachwörter oder Wörter für neue Objekte bzw. Zustände stammen einfach aus anderen Sprachen. Die überladene Verwendung von Fremdwörtern macht Sprache dagegen unverständlich und kann somit gezielt zur Einschüchterung und auch zur Vortäuschung von Falschem dienen.

Auf das deutsche Vokabular von etwa 400 000 Wörtern entfallen rund 100 000 Fremdwörter, in privaten Briefen liegt ihr Anteil bei 5 %, in Zeitungsartikeln bei ca. 15 %. Es gab und gibt immer wieder Bewegungen, die Sprache »rein« zu halten, dann wird von einer »Fremdwortflut« gesprochen, die uns zu überschwemmen drohe und vor der man sich folglich schützen müsse.

Die Frage bleibt: Wie sollte heute unsere Sprache ohne Fremdwörter funktionieren? Bewahrer fordern, »gespreizte, ausgeleierte oder neu aufgetauchte Fremdwörter (Wolf Schneider 1993:62) aus der Sprache zu verbannen«.

Genus

Im Deutschen unterscheidet man bei Substantiven drei Genera oder grammatische Geschlechter: Maskulinum, Femininum und Neutrum. Diese Bezeichnungen, die sich am biologischen Geschlecht orientieren, haben nichts mit diesem zu tun. Die Zuweisungen sind vielmehr willkürlich. Außerdem gibt es in verschiedenen Sprachen nicht immer Übereinstimmungen, so ist *der Mond* in den romanischen Sprachen feminin: la luna (span.), la lune (frz.), *die Sonne* maskulin: el sol (span.), le soleil (frz). Durch die grammatisch nötige Übereinstimmung mit dem Substantiv (Kongruenz) übernehmen auch andere Wortarten wie Adjektive, Artikel und Pronomen diese Kategorien. Nicht alle Sprachen haben drei Genera, viele kommen mit zweien aus.

Germanistik

Die Germanistik war in ihrem Ursprung eigentlich die Wissenschaft von Wesen, Kultur, Eigenart und Geschichte der germanischen Völker sowie die Erforschung alter Rechts- und Geschichtsquellen. Im Laufe der Zeit verlagerte sich der Schwerpunkt auf die Untersuchung und Erforschung der germanischen Sprachen und Literaturen.

Grammatik

Im eigentlichen Sinn bedeutet Grammtik *Lehre von den Buchstaben* und war im Mittelalter die gesamte Stil- und Sprachlehre inklusive der Rhetorik. Heute versteht man darunter allgemein gefasst die systematische Beschreibung des Regelapparats einer natürlichen Sprache unter Berücksichtigung aller ihrer Aspekte wie Form, Funktion, Bedeutung, Sprachproduktion, Sprachverstehen und Interpretation.

Isoglosse

Als Isoglosse bezeichnet man im Deutschen eine Sprachgrenze – von griech. Glossa = Sprache. Sie ist eine Grenzlinie zwischen zwei Dialekten, die Unterschiede in der Verbreitung bestimmter Merkmale zeigen.

Kanzleisprache

Unter einer Kanzleisprache versteht man eine von verschiedenen Schreibdialekten verwendete gemeinsame und überregionale Sprachvariante, wie sie von einzelnen Kanzleien, wie z. B. der Prager Kanzlei Karls IV. (1316–78), verwendet wurde, die aber gleichzeitig im allgemeinen Gebrauch auf Prag und einige wenige böhmische Städte begrenzt blieb. Für die Entwicklung der deutschen Sprache spielen die verschiedenen Kanzleisprachen eine große Rolle, da das deutsche Sprachgebiet seit jeher durch eine Vielzahl von Dialekten extrem zersplittert ist.

Kasus

Der Kasus oder Fall bezeichnet die grammatische Kategorie deklinierbarer Wörter, die ihre Rolle und Funktion im Satz kennzeichnen. Im Deutschen gibt es heute noch vier Fälle jeweils in Singular und Plural: Nominativ, Genitiv, Dativ und Akkusativ.

Lautmalerei (Onomatopoesie)

Laut- oder Klangmalerei bezieht sich auf die Neubildung von Wörtern durch die Nachahmung der Natur. Wobei es sich nicht nur um akustische Phänomene, sondern auch um optische handelt. Die neu hervorgebrachten Laute sollen im Hörer den Sinneseindruck erzeugen, den sie beim Sprecher auslösten, als er das Wort formte. *Kuckuck, klatschen, summen,* sind drei Beispiele für solche lautmalerischen Wörter. Dabei kann dieselbe Klangerscheinung in verschiedenen Sprachen verschiedene Lautketten hervorbringen, denn auch Tiere sprechen verschiedene Sprachen. So ist der Ruf eines Hahns im Deutschen *kikeriki,* schwytzertütsch *güggerügü,* englisch *cock-a-doodle-do,* französisch *cocorico,* russisch *kukareku.* In diese Gruppe von Wörtern fallen imitierende Zwischenrufe oder Interjektionen: Lachen ist: *haha, hoho, hihi,* ein Aufprall: *klatsch, patsch, platsch,* Niesen: *hatschi,* Uhr: *ticktack,* Schießen: *peng, piffpaff* usw. Natürlich werden alle Tierstimmen nachgeahmt.

Man hat die Lautmalerei im Zusammenhang mit dem Ursprung der Sprachen immer wieder diskutiert, denn es besteht die Theorie, Sprache habe sich ursprünglich aus der Imitation der Natur gebildet. Dagegen spricht der relativ geringe Anteil lautmalerischer Wörter im Wortschatz der verschiedenen Sprachen, der Zusammenhang zwischen Zeichen und Bezeichnetem lässt sich nur schwer nachweisen. Im Großen und Ganzen handelt es sich um willkürliche Zuordnungen von Wörtern für Zustände oder Gegebenheiten in der Natur. In der Lautsymbolik wird dieser Zusammenhang in zahlreichen Experimenten untersucht. Es scheint innerhalb dieser Disziplin tatsächlich eine Ähnlichkeit zwischen Lauten und Sinneseindrücken zu geben, die über die Beispiele oben weit hinausgehen und universal eingeordnet werden können. So soll in einem Experiment von Köhler (1947) zwei willkürlichen Formen, die eine aus runden, die andere aus eckigen Linien bestehend, je ein Wort zugewiesen werden: *malume* oder *takete.* Die große Mehrheit von Sprechern verschiedener Sprachen wies *malume* der runden und *takete* der spitzen Form zu. Hier geht es darum, bestimmten Klassen von Konsonanten entsprechende Formen zuzuweisen. Untersuchungen mit Vokalen beschäftigen sich damit, welche mit groß und klein assoziiert werden; *mil* für einen kleinen Tisch und *mal* für einen großen verwendeten 80 % der getesteten Personen. Die auf solchen Untersuchungen basierende Hypothese besagt, dass es eine universelle internationale Lautsymbolik gibt, was auf den gemeinsamen Ursprung der Sprachen schließen lassen würde. Klangmalerei findet besonders in Comics aber auch in der Kindersprache und in der Sprache mit kleinen Kindern vielfältige Anwendung. Auch die Jugendsprache ist reich an lautmalerischen Wörtern. Ein Beispiel aus einer Schülerzeitung: »Die meisten Schüler nutzen die Pause, um *schmatz* etwas zu essen und einen kräftigen Schluck *gluck, rülps* zu sich zu nehmen« (zitiert nach Yvonne Ingler: Jugendsprache).

Lehnwort / Fremdwort

Nach Werner Betz (1965) unterscheidet man zwischen verschiedenen Arten der Entlehnung.

- *Fremdwort:* Wort, das in seiner fremdsprachlichen Originalbedeutung und -schreibung als lateinischer Ausdruck bleibt. Oft sind dies Fachbegriffe, die hauptsächlich in bestimmten Zusammenhängen vorkommen (Medizinische Fachsprache etc.).
- *Lehnwort:* das fremdsprachliche Wort wird der es aufnehmenden Sprache in Lautung, Schriftbild und Flexion angepasst, z. B. lat. *fenestra, Fenster;* lat. *vinum, Wein,* lat. *monasterium,* ahd. *munistiri,* Münster.
- *Lehnbildungen:* Nachbildungen fremder Wörter in der eigenen Sprache. Hierbei unterscheidet man je nach Grad zwischen:
  - <u>Lehnübersetzung:</u> Ergebnis einer exakten Glied-für-Glied-Übersetzung des fremdsprachlichen Ausdrucks, z. B. engl. *steam engine,* Dampfmaschine; lat. *dies lunae,* Montag; franz. *présence d'ésprit,* Geistesgegenwart.
  - <u>Lehnschöpfung:</u> formal relativ unabhängige Nachbildung in der eigenen Sprache, z. B. franz. *Milieu,* Umwelt; franz. *Cognac,* Weinbrand (der franz. Ausdruck wurde für deutsche Brandweine verboten – ähnlich verhält es sich in der EU mit Ausdrücken für *Champagner:* dt. Sekt, span. cava, ital. asti spumanti); griech. *Telefon,* Fernsprecher; griech. *Symbol,* Sinnbild.
  - <u>Lehnübertragung:</u> Im Gegensatz zur exakten Glied-für-Glied-Übersetzung gestattet sie einen freien Umgang mit dem Ausgangswort, das durch Annäherung übertragen wird: engl. *skyscraper,* Wolkenkratzer (eigentl. Himmelskratzer); lat. *patria,* Vaterland.

Lexem

Ein Lexem ist eine sprachliche Basiseinheit, die in verschiedenen grammatischen Formen Anwendung finden kann wie z. B. tauch- in tauche, tauchst, taucht, tauchen, Taucher oder als Teil anderer Lexeme: Taucheranzug, Tauchgang. Als ein Element des Wortschatzes ist es die kleinste semantische Einheit.

Lexikographie

Darunter versteht man die wissenschaftliche Beschäftigung mit dem Wortschatz, vorwiegend die Entwicklung von Lexika und Wörterbüchern.

Lingusitik

Als Sprachwissenschaft ist die Bezeichnung seit Ferdinand de Saussure (s. S. 28) gebräuchlich. Untersuchungsgegenstand dieser Disziplin ist die geschriebene und gesprochenene Sprache. Teilbereiche sind Morphologie, Syntax, Semantik und Phonetik. Während man sich traditionell mit der Entwicklung der Sprache unter historischen Aspekten beschäftigte, wird heute verstärkt Aufmerksamkeit einerseits auf Grammatiktheorie und Grammatikveränderungstherorie gelegt und andererseits in Parallel- oder Unterdisziplinen wie z. B. Psycholinguistik und Soziolinguistik auf die allgemeinen sozialen und psychologischen Aspekte der Sprache.

Metapher

Metaphern sind sprachliche Bilder, die auf einer Ähnlichkeitsbeziehung beruhen. Wörter oder Sätze werden durch andere ersetzt oder es findet ein Bedeutungstransfer statt, wenn zwei Gegenstände, zwei Inhalte oder Begriffe sich ähneln. So sagt man »Der Himmel weint« für *Es regnet*. Metaphern können in substantivischer, z. B. der Fuchsschwanz ist eine *Handsäge*, in adjektivischer, z. B. als *spitze* Bemerkung für »verletzende oder beleidigende Bemerkung«, und verbaler Form auftreten, z. B. *zügeln* für »sich zurückhalten«. Das griechische *metapherein* bedeutet »anderswohin tragen«. Aristoteles erklärte, man könne einen Gegenstand nicht nur mit einem Begriff benennen, sondern auch stets mit einem Bild. Es sei die Ähnlichkeit, die den Gegenstand im Bild erkennbar werden lasse.

Eine Metapher kann auch als eine Art verkürzter Vergleich betrachtet werden, dann entfällt das Vergleichswort »wie« und »ein Mann wie ein Baum« wird zu »er ist ein Baum«. Im Gegensatz zum Euphemismus wird aber kein Ausdruck mit einer obszönen oder unangenehmen Bedeutung durch einen der Situation oder den jeweiligen Taburegeln passenderen ersetzt. Es wird deutlich, dass sich Metaphern, als Stilmittel eingesetzt, perfekt zur Kostümierung der Wahrheit oder zur Verschiebung von Gewichtungen in der Bedeutung eignen. Die Frage ist, wann wird ein Satz oder ein Ausdruck metaphorisch? Er muss außerhalb seiner vorgeschriebenen Umgebung verwendet werden. An dem Beispiel *Der Himmel weint* sieht man das sehr deutlich. In seiner Anwendung verletzt die Metapher oft auch Regeln auf der Bedeutungsebene, denn das Verb »weinen« zum Beispiel schließt ein, dass, was weint, belebt und menschlich ist. Bäume können im strengen grammatischen und dort bedeutungs- also semantischen Sinn nicht weinen. Tiere ebenfalls nicht.

Die antike Figurenlehre nach Quintilian unterscheidet sprachliche oder metaphorische Übertragungen von Belebtem auf Belebtes: ein *Fuchs* ist ein listiger Mensch, *Esel* steht für einen dummen Menschen; von Leblosem auf Lebloses: *Flussbett*; von Leblosem auf Belebtes: *Wüstenschiff* für Kamel; und am häufigsten von Belebtem auf Unbelebtes: *Fuß des Berges*. Die heutige Theorie unterscheidet zwischen Veranschaulichung des Geistigen durch Sinnliches und Beseelung des Sinnlichen durch Geistiges (Wilpert 1964:490).

Wie entsteht eine Metapher? Metaphern sind historisch betrachtet immer eine Quelle für lexikalische Neubildungen. Konstruieren wir ein Beispiel: »Der Fernseher hat einen Erstickungsanfall«, sagt ein Kind, wenn das Gerät keinen einwandfreien Ton liefert. Die Erwachsenen lachen, loben vielleicht den Einfallsreichtum des Kindes, korrigieren es aber wahrscheinlich. Extraschlaue Eltern werden erklären, dass ein Fernseher, da er nicht atmen, auch nicht ersticken könne. Ebenso würde man verfahren, wenn ein Ausländer diesen Satz verwendete, auch hier würde milde korrigiert.

Benutzt ein Dichter den Satz in einem Gedicht, akzeptiert man ihn als Metapher. Was ist geschehen? Damit eine Form als Metapher akzeptiert und verstanden wird, muss sie entweder schon öfter gehört worden sein, sich also als Gewohnheit herausgebildet haben oder sie muss in einem bestimmten Kontext stehen. In unserem Beispiel in einem Gedicht, in dem man metaphorische Sprache erwartet. Auch die Werbung ist in der Lage einem Ausdruck, der anderweitig als Nonsens betrachtet würde, einen entsprechenden akzeptablen Rahmen zu bieten.

Wenn nun eine sprachliche Form durch die Kraft der Gewohnheit in den »normalen« Sprachgebrauch übernommen und von allen Sprechern einer Sprachgemeinschaft akzeptiert wurde, wird sie lexikalisiert, d. h. sie wird ins Wörterbuch der jeweiligen Sprache aufgenommen. Sie ist damit zu einer eigenen Einheit der Sprache geworden, die nun mit der Zeit ihrerseits wieder metaphorisiert, also durch einen bildhaften Ausdruck ersetzt werden kann. Es ist sogar möglich, dass sie mit dem ursprünglichen Wort selbst ausgetauscht wird, das sie einst ersetzte. Meist jedoch bleiben die beiden Formen nebeneinander stehen, z. B. »Fingerhut« für die Pflanze und das Nähwerkzeug. Die alte Bedeutung kann aber auch verdrängt werden: Kopf war die ursprüngliche Bedeutung für »gewölbte Schale« und wurde auf das »menschliche Haupt« übertragen. In *Pfeifenkopf* findet sich noch die alte Bedeutung. In vielen Fällen werden aber, wie schon erwähnt, ursprünglich metaphorische Bezeichnungen nicht mehr als solche verstanden, sondern haben eine eigene angenommen.

Modus

Grammatische Aussageweise eines Satzes, die die subjektive Position eines Sprechers ausdrückt. Modi sind Indikativ (Wirklichkeitsform), Konjunktiv (Möglichkeitsform), Imperativ (Befehlsform). Die subjektive/modale Einstellung des Sprechers wird nicht nur durch diese syntaktischen Formen dargestellt, sondern kann auch durch Modalverben (*wollen, können, mögen* etc.) und vor allem auch durch Satzadverbien (*möglicherweise, vermutlich, vielleicht* etc.) ausgedrückt werden.

Morphem

Ein Morphem ist die kleinste bedeutungstragende Einheit einer Sprache. In der Analyse wird einerseits das gesamte Morpheminventar einer Sprache beschrieben, andererseits die Kombinationsmöglichkeiten der verschiedenen Morpheme. Ein Morphem ist nicht mit einem Wort zu verwechseln. Beispiel: Das Wort (du) *machst* besteht aus dem lexikalischen Morphem [mach] und dem grammatischen Morphem [st], das Tempus, Modus sowie Person/Numerus der Flexion anzeigt – hier: Präsens, Indikativ, 2. Person/Singular; *machtest* ist erweitert um das grammatische Morphem -**te**-, das das *Präteritum* markiert.

Morphologie

In der Linguistik versteht man unter Morphologie die Lehre von den Formen. Goethe prägte den Ausdruck zur Beschreibung von Form und Struktur lebender Organismen. Die Linguistik übernahm den Ausdruck im 19. Jh. für die Untersuchung und Bestimmung von Flexion und Wortbildung.

Neologismus

Ein Neologismus ist ein sprachlich neu geprägter Ausdruck, eine Wortneuschöpfung, ein Wort oder eine Wendung zur Bezeichnung von Neuerungen in der Welt, z. B. in der Technik oder von veränderten Zuständen, bspw. in Politik, Kultur oder gesellschaftlichen Zusammenhängen. Es gibt eine Reihe von Möglichkeiten, in den Sprachen neue Wörter zu bilden: (a) auf der Basis vorhandener Formen- und Konstruktionsregeln: *Lauschangriff, entsorgen*; (b) durch Bedeutungsübertragung: *Bank* (Notenbank, Blutbank, Bank zum Sitzen), *Linse* (zum Essen, Photolinse, Kontaktlinse); (c) aus anderen Sprachen: *emailen, skannen, surfen, online gehen* (siehe auch »Fremdwörter« für die Funktion, Verwendung und Bewertung von Neologismen). Oft und besonders in konservativen Kreisen wird die Neubildung von Wörtern negativ bewertet. Entsprechend definiert v. Wilpert (1969:518) den Ausdruck so: »Sprachliche Neubildung, meist mit dem Nebensinn des Fehlerhaften, krampfhaft Gewagten, Überflüssigen.« Neue Wortschöpfungen durch ungewöhnliche Komposition gehören zu den weit verbreiteten

Stilmitteln und zu den lexikalischen Möglichkeiten des Deutschen, die allerdings auch, wie sich zu bestimmten Zeiten gezeigt hat, zu Zwecken der Manipulation und Verdunklung gebraucht werden können.

Numerus

Numerus ist die grammatische Ein- oder Mehrzahl, Singular oder Plural.

Optativ

Diese Form des Verbmodus (von lat. *optare*, wählen) war im Griechischen noch zum Ausdruck von erfüllbaren Wünschen aktiv und hatte ein eigenes vom Konjunktiv unabhängiges Formenschema (Paradigma). Der Optativ wird heute im Deutschen durch den Konjunktiv ausgedrückt: *Möget ihr eine gute Reise haben!*

Orthographie

Orthographie ist die Lehre von der richtigen Schreibung einer Sprache, die Rechtschreibung. Die historische Entwicklung ist oft dafür verantwortlich, dass heute Wörter vielmals nicht mehr so geschrieben werden, wie man sie spricht. Als markantes Beispiel sei der englische Vokalwechsel gegeben, der sich etwa zwischen dem 12. und 16. Jh. im Süden Englands vollzog. An ihm lässt sich die oft schwer nachvollziehbare Orthographie dieser Sprache erkennen, denn es wurde eine Schreibung beibehalten, die seit dem Wechsel deutlich von der Aussprache abweicht. Im Groben erlebte das Englische folgende Wechsel:

make /mæːk/ war ursprünglich /a/
feet /fiːt/ war ursprünglich /feːt/
time /tajm/ war ursprünglich /tiːm/
boot /buːt/ war ursprünglich /boːt/
mouse /maus/ war ursprünglich /mus/

Derselbe Laut wird also nicht in jeder Sprache gleich geschrieben. So im Niederländischen, dort schreibt man den deutschen Diphthong ›eu‹ mit ›ui‹ – so spricht man niederl. **huis** aus wie dt. **heute**. Bei der Findung einer gemeinsamen Orthographie war es also vor allem wichtig, für die oft sehr unterschiedliche Aussprache der Dialekte eine gemeinsame, für alle Dialekte verbindliche Schreibung zu finden.

Die vielen unterschiedlichen Schreibungen in den mönchischen Handschriften des Mittelalters geben uns heute Aufschluss über den Dialekt, den der jeweilige Schreiber (Mönch) sprach, woher er also kam. Dabei musste jemand, der im Kloster St. Gallen schrieb, nicht aus dem alemannischen Dialekt kommen, sondern konnte durchaus aus einer nördlichen Gegend stammen, wo man einen niederdeutschen Dialekt sprach – was weitere Verwirrung erzeugen kann. Oft wurde in den verschiedenen Klöstern darum eine für das jeweilige Kloster verbindliche Schreibung festgelegt, die aber auch nicht immer eingehalten oder kontrolliert wurde.

Paradigma

Unter Paradigma versteht man in der Linguistik einerseits die Gesamtmenge der Konjugations- und Deklinationsformen eines Wortes und ebenfalls die Flexionsformen für die jeweilige Deklination oder Konjugation. Andererseits meint der Begriff die vertikale Austauschebene von Ausdrücken derselben Wortgruppe z. B. zur Feststellung einer bestimmten Wortart in Zweifelsfällen. So kann in dem folgenden Satz jedes der drei Glieder ausgetauscht werden:
Maria sieht den Vogel.

Mit Maria stehen z. B. Hans, Thomas, Else in paradigmatischer Beziehung, wenn die Wortgruppe als *Vorname, weiblich oder männlich* definiert ist. Das Verb *sieht* kann durch andere Verben der Gruppe »Verben sinnlicher Wahrnehmung« ersetzt werden, z. B.: *hört, riecht* etc. *Vogel* kann durch ein anderes Tier ersetzt werden, das der Gruppe *Tier, maskulin* angehört, z. B.: *Fuchs, Hund* etc.

Im Gegensatz dazu gibt es das Syntagma als horizontal verlaufende Beziehung. Darin verlangt ein Wort in der Abfolge ein anderes Wort und kann mit bestimmten anderen keine (syntaktische) Beziehung eingehen. So könnte im Beispiel oben nach dem Verb *sieht* z. B. nicht das Substantiv *Zeit* stehen, denn die kann man nicht sehen.

Phonem

Ein Phonem ist die kleinste Lauteinheit der Sprache mit bedeutungsunterscheidender Funktion. Man ermittelt den Phonembestand einer Sprache durch die Bildung von sogenannten Minimalpaaren (zwei oder mehr Wörter oder Morpheme, die sich nur in einem Laut unterscheiden):

/w/ vs. /r/	Wille, Rille
/k/ vs. /g/	Kasse, Gasse

Phonetik

Die Phonetik oder Lautlehre untersucht die Gesamtheit der Merkmale von Lauten aller Sprachen unter Berücksichtigung des Artikulationsorts im Mund. Zur Darstellung der Laute entwickelte man das Internationale Phonetische Alphabet (IPA), auch Lautschrift genannt.

Phonologie

Die Phonologie ist die Lehre vom Funktionssystem der Phoneme. Aus der fast unendlichen Menge der Kombinationen verwendet die Wortbildung nur eine relativ begrenzte Menge von Phonemen, die von Sprache zu Sprache jeweils verschieden ist.

Historisches Präsens / praesens historicum

Durch Gebrauch der grammatischen Gegenwart soll das Gesagte näher herangeholt und damit greifbarer gemacht werden. Das Präsens wird, wie der Name sagt, vor allem auch in historischen Beschreibungen verwandt, wenn das Dargestellte seinen Rahmen verlassen soll: »Kolumbus sticht am 03.08.1492 mit drei Karavellen in See und erreicht auf der Suche nach dem Seeweg nach Indien am 12.10. die Bahamas und am 27.10. Kuba.«

Rekonstruktion

In der vergleichenden oder historischen Sprachwissenschaft ist die Rekonstruktion (auch Innere Rekonstruktion) ein Werkzeug, um aus bekanntem unbekanntes sprachliches Material herzuleiten und nachzuweisen. Die durch die verschiedenen Verfahren rekonstruierten Wörter werden durch einen Asterisk, einen kleinen

Stern *, gekennzeichnet. So *pótis, Indoeuropäisch bedeutet es Gebieter und Gatte, verweist also auch auf die patriarchalische Struktur der Gesellschaft und ist Vorläufer des Neuhochdeutschen Vater, engl. *father*, lat. *pater* etc. Rekonstruierte Sprachen werden im Englischen mit dem Präfix *Proto-*, im Deutschen mit *Ur-* versehen, z. B.: Urindoeuropäisch.

Rhetorische Frage

»Die rhetorische Frage ist, so sagt man, von ihrem Wesen her gar keine Frage, sie tut nur so«, schreibt Aaron Bodenheimer (1984:141). Es ist allerdings eine Frage, auf die keine Antwort erwartet wird. Da sie eigentlich nur eine Aussage oder Aufforderung enthält, dient sie eben nicht dazu, Informationen zu erfragen. Sokrates bediente sich ihrer, um dem Befragten seine Unwissenheit vorzuführen und ihn anschließend zum Wissen zu geleiten, Interrogatio nennt man sie auch in einem solchen Fall. Die Funktion der rhetorischen Frage ist jedoch nicht nur Erniedrigung, sie dient zur größeren Verdeutlichung und Belebung einer Rede und will zugleich zum Nachdenken anregen. Da die Frage eine andere Satzmelodie hat als eine Aussage, nämlich eine ansteigende, wird sie eingesetzt, um den Tonfall eines Vortrags aufzulockern. »Wer zählt die Namen, nennt die Völker, die gastlich hier zusammen kamen?« (Schiller). Gleichzeitig ist die rhetorische Frage eines der am meisten verwendeten Mittel, um Unwillen (*Bin ich denn dein Knecht?*), Wut (*Soll ich mich etwa nicht aufregen?*), Verwunderung (*Sind wir nicht Männer?*) oder Mitleid (*Tut sie dir nicht auch leid?*) zum Ausdruck zu bringen. Darüber hinaus hat dieser Fragetypus eine meinungsbildende Wirkung. Dabei ist er subtil, denn eine rhetorische Frage stellt vor, zwingt aber nicht auf. Dem Befragten lassen sie indes nur die Freiheit, mit Ja oder Nein zu antworten. Mehr Spielraum räumen sie nicht ein. Rhetorische Fragen machen also ganz im sokratischen Sinn mundtot, denn sie wollen überzeugen, nichts wissen. *Wie lange noch, Catalina, willst du unsere Geduld missbrauchen?*, leitet Cicero seine erste catalinarische Rede ein.

Schriftsprache

Unter der Schriftsprache versteht man seit dem 18. Jh. die schriftliche Form der überregionalen Standardsprache. Sie grenzt sich gegen die gesprochene Sprache in vielen Aspekten ab, vor allem in den dialektalen, die jeder Sprecher und jede Sprechergruppe verwendet. Im Gegensatz dazu versteht man unter Schreibsprache die regional begrenzte schriftliche Verwendung einer Sprache vor der Entstehung eines Standards.

Semantik

Als »Lehre von der Bedeutung« beschäftigt sich Semantik mit Analyse und Beschreibung der Bedeutung von Wörtern und Worten.

Sprache

Allgemein ist Sprache ein Verständigungssystem, ein auf mentalen Prozessen aufbauendes und gesellschaftlich bedingtes Mittel zum Austausch und zum Ausdruck von Gedanken, Empfindungen, Vorstellungen, Erfahrungen, Erkenntnissen und Informationen, das seinerseits einer historischen Entwicklung unterworfen ist. Menschliche Sprache steht im Gegensatz zu Tiersprachen oder künstlichen Sprachen, und ihre wohl hervorstechendsten Eigenschaften sind ihre Kreativität, die den Raum gibt, mit einem relativ beschränkten Zeicheninventar eine unendliche Menge sprachlicher Aussagen zu schaffen, ferner die Fähigkeit begrifflich zu abstrahieren und überdies die Möglichkeit, auf einer übergeordneten Ebene über sich selbst zu reflektieren und über sich selbst Aussagen zu machen.

Stabreim

Auch *Alliteration*; ist ein Reim mit einer Reihe von gleich anlautenden, betonten Wörtern:

Milch macht müde Männer munter.

Veni, vidi, vici.

Synonym

Ein Synonym bezeichnet ein sinnverwandtes Wort oder Wort von gleicher oder ähnlicher Bedeutung, z. B. für das Schimpfwort aus der Jugendsprache: Warmduscher. Synonyme sind: Softie, Bettsockenträger, Brustschwimmer, Festnetztelefonierer, Frühbucher, Gurtanleger, Handbuchleser, Sitzpinkler, Streichelzoobesucher, Strohsternbastler, Verfallsdatumsleser (aus eltern. de zur Jugendsprache). Ein Werk, wie das hier zitierte, nennt man Synonymwörterbuch. Man unterscheidet zwischen totaler und teilweiser Bedeutungsgleichheit, bei völliger und nur teilweiser Austauschbarkeit eines Ausdrucks. Als Stilmittel wird das Synonym eingesetzt, um Wiederholungen zu vermeiden und so den Stil zu verbessern. Werden mehrere Synonyme nacheinander gestellt, spricht man von Häufung:»Intelligenz, Klugheit und Weisheit zeichnen sie aus«.

Unter Synonymie versteht man die Anwendung bedeutungsgleicher Wörter zur Erzeugung einer Intensivierung: Unruhe, Zwiespalt und Gefahr. Die unmittelbare Verknüpfung zweier Synonyme bezeichnet man als »Hendiadyoin« (»Eins durch zwei« ist die wörtliche Übersetzung dieser Stilfigur, in der zwei gleichbedeutende Wörter zum Zwecke der Verstärkung eines Begriffs mit *und* verbunden werden. »Wir bieten *Hilfe und Beistand* an«, ist ein Beispiel; *bitten und flehen* oder *an Ort und Stelle* sind weitere.)

Syntax

In der Grammatik versteht man Syntax bzw. »Satzbau« als ein System von Regeln, die das Zusammenstellen verschiedener Elemente zu wohlgeformten Sätzen einer Sprache organisieren. Die Grundelemente sind Morpheme, Wörter oder Satzglieder.

synthetisch vs. analytisch

Dieses Gegensatzpaar für unterschiedlichen Sprachbau wurde 1818 von Wilhelm Schlegel eingeführt. Danach werden im synthetischen Sprachbau die syntaktischen Beziehungen im Satz durch (morphologische) Markierungen am Ende der Wörter gekennzeichnet, so bedeutet *sie singen* nicht nur »ein Lied vortragen«, sondern auch 3. Person, Plural, Präsens, Indikativ, Aktiv. Mittels des analytischen Sprachbaus werden syntaktische Beziehungen durch Hilfswörter wie Präpositionen oder Hilfsverben angezeigt, z. B. span. *el sombrero de madre*, dt. *Mutters Hut*; oder spanische Steigerung *mas bonito*, dt. *schöner*; oder sie werden durch die Wortstellung geregelt.

Tempus

Unter Tempus versteht man die grammatische Zeitform eines Verbs: Präsens, Präteritum, Perfekt, Plusquamperfekt, Futur, Futur II (vollendete Zukunft).

Wortarten

Zurückgehend auf die Unterteilung des Grammatikers Dionysios Thrax aus dem 1. Jh. v. Chr. spricht man meist von acht Wortarten: Verb (Tätigkeitswort), Nomen (Namen- oder Hauptwort), Adjektiv (Eigenschaftswort), Artikel (Geschlechtswort), Pronomen (Fürwort oder Stellvertreterwort), Präposition (Verhältniswort), Adverb (Umstandswort), Konjunktion (Bindewort).

Wortbildung

Die Wortbildung beschreibt und untersucht die Bildung komplexer Wörter einer Sprache. Die sprachlichen Verfahren zur Schaffung neuer Wörter, die der Wortschatz braucht, sind Ableitung (Derivation): ein Wort wird aus einem anderen abgeleitet, z. B. der Tag, täglich; Zusammensetzung (Komposition – wohl die häufigste Wortbildungsmethode): die Wand, die Lampe = die Wandlampe; Änderung der Wortart (Konversion): fischen aus Fisch.

Es gibt verschiedene sprachliche Einheiten, die zur Bildung neuer Wörter verwendet werden:

Wort (+ Flexion): der Tisch, das Bein des Tischs; (Wort + Wort = Zusammensetzung); der Tisch, das Bein = das Tischbein; mit Verb: schreiben + der Tisch = der Schreibtisch; mit Adjektiv: klein + der Wagen = der Kleinwagen; mit Adverb: rechts + der Ruck = der Rechtsruck; mit Präposition: aus + das Land = das Ausland; mit Numeral: dutzend + die Ware = Dutzendware; mit Pronomen: für + das Wort = das Fürwort.

Affixe: man unterscheidet zwischen verschiedenen Affixen:

- gebundene Präfixe (vorgestellt: *un-*, *be-* …) **Un**glück, **be**schreiben
- ungebundene Präfixe (vorgestellt: *unter-*, *über-* … meist Präpositionen) **unter**schreiben, **über**schreiben
- Suffixe (nachgestellt: *-bar*, *-lich*) schreib**bar**, glück**lich**
- Interfixe (eingefügt: *-joch-*) unter**joch**en; vielfach werden auch die Fugenelemente zu den Interfixen gezählt. Fugenelemente (*-e-*, *-en-*, *-er-*, *-es-*, *-s-*) fügt man hauptsächlich zur Erleichterung der Aussprache dort ein, wo die Wortbildungsgrenzen sind: Bund**e**skanzler, Licht**er**schein, Bestimmung**s**ort
- Zirkumfixe (umstellen: *ge-* … *-e*) **Ge**red**e**, **Ge**tu**e**

Zeichen

Ein Zeichen ist etwas, das für etwas anderes steht. Die Bedeutung mancher Zeichen ergibt sich aus einem kausalen Zusammenhang: Rauch als Zeichen für Feuer; Pilze oder Moose als Zeichen für Feuchtigkeit etc. Aber das ist nicht immer so, viele Zuweisungen sind völlig willkürlich. So sind Zahlen und Formeln ebenfalls Zeichen, beruhen aber auf Vereinbarungen, auf Absprachen und Festlegungen. Man spricht auch von sprachlichen Zeichen, z. B. Wörtern oder Lauten, die sich auf Objekte, Zusammenhänge oder Zustände in der Welt, wie sie jeder wahrnimmt, beziehen. Der Einschub »Wie sie jeder wahrnimmt« ist in diesem Zusammenhang wichtig, denn wie Sapir und Whorf in der von ihnen formulierten Hypothese zeigten, bestimmt die Umwelt und ihre Wahrnehmung den Wortschatz der Menschen. So haben Eskimos über vierzig Wörter für Schnee, während das Deutsche nur über einige wenige Ausdrücke dafür verfügt. Als die kompliziertesten Zeichen kann man Symbole verstehen.

Bibliographie

Arp, Hans: Wortträume und schwarze Sterne. Wiesbaden 1953.

Artmann, H. C.: med ana schwoazzn dintn. Salzburg 1986[10].

Augst, Gerhard: Untersuchungen zum Morpheminventar der deutschen Gegenwartssprache. Tübingen 1975.

Ball, Hugo: zit. nach: Michael Braun, Urs Alleman, Gerhard Deny et.al.: Hugo Ball: Der magische Bischof der Avantgarde. Heidelberg 2011.

Baumann, Barbara und Brigitte Oberle: Deutsche Literatur in Epochen. München 1985.

Behaghel, Otto: Deutsche Syntax: Eine geschichtliche Darstellung. (3 Bde.) 1923–32.

Benn, Gottfried: Sämtliche Gedichte. Stuttgart 2016[9].

Bergmann, Rolf, Peter Pauly, Michael Schlaefer: Einführung in die deutsche Sprachwissenschaft. Heidelberg 1981.

Besch, Werner: Luther und die deutsche Sprache. 500 Jahre deutsche Sprachgeschichte im Lichte der neueren Forschung. Berlin 2014.

Betz, Werner: Deutsch und Lateinisch. Die Lehnbildungen der althochdeutschen Benediktinerregel. Bonn 1965.

Blamires, Alcuin (Hg.).: Woman Defamed and Woman Defended: An Anthology of Medieval Texts. Oxford 1992.

Boas, Hans C.: The Life and Death of Texas German. Duke University Press, Durham 2009 (Publications of the American Dialect Society 95).

Bodenheimer, Aaron Ronald: Warum? Von der Obszönität des Fragens. Stuttgart 1984.

Bopp, Franz: Über das Konjugationssystem der Sanskritsprache in Vergleichung mit jenem der griechischen, lateinischen, persischen und germanischen Sprache. 1816.

Braune, Wilhelm (15. Aufl. bearbeitet von Ernst A. Ebbinghaus): Althochdeutsches Lesebuch. Tübingen 1969.

Brugmann, Karl: Kurze vergleichende Grammatik der indogermanischen Sprachen. 1904.

Bruhns, Annette: Bestien auf zwei Beinen. In: Norbert F. Pötzl und Johannes Saltzwedel (Hg.): Die Germanen: Geschichte und Mythos. München 2013.

Bußmann, Hadumod: Lexikon der Sprachwissenschaft. Stuttgart 1983.

Caesar, Julius: De bello Gallico. Textauswahl mit Wort- und Sacherläuterungen. Kommentiert von Hans J. Glücklich. Stuttgart 1986.

Chamberlain, Houston Stewart: Deutsches Wesen, ausgewählte Aufsätze. Leopold Classic Library. 2015.

Deutsche Akademie für Sprache und Dichtung und Union der deutschen Akademien der Wissenschaften (Hrsg.): Reichtum und Armut der deutschen Sprache. Erster Bericht zur Lage der deutschen Sprache. Berlin 2013.

Dietz, Friedrich: Grammatik der romanischen Sprachen. 1836–44.

Duden Ratgeber: Rechtschreibung und Grammatik: Der praktische Ratgeber zu den Grundlagen von Rechtschreibung und Grammatik. Bibliographisches Institut. Berlin 2013.

Genzmer, Herbert: Hören, Sprechen, Lesen, Schreiben – Unsere Grammatik. Wiesbaden 2016[2].

Genzmer, Herbert: Deutsche Sprache. Köln 2008.

Genzmer, Herbert: Rhetorik. Köln 2003.

Gerdes, Udo und Gerhard Spellerberg: Althochdeutsch, Mittelhochdeutsch. Grammatischer Grundkurs zur Einführung und Textlektüre. Königstein, Ts. 1983[5].

Göttert, Karl-Heinz: Abschied von Mutter Sprache. Deutsch in Zeiten der Globalisierung. Frankfurt a. M. 2013.

Göttert, Karl-Heinz: Deutsch. Biografie einer Sprache. Ullstein, Berlin 2010.

Grimm, Jacob: Deutsche Grammatik. 1819–34.

Grimm, Jacob: Geschichte der deutschen Sprache. 1845.

Grotlüschen, Anke; Riekmann, Wibke (2011): leo. – Level-One Studie. Presseheft. Universität Hamburg, Hamburg. Online verfügbar unter http://blogs.epb.uni-hamburg.de/leo/

Heeroma, Klaas: Niederländisch und Niederdeutsch. Kgl. Niederländische Botschaft, Bonn 1963.

Heine, Matthias: Als Sächsisch noch das »beste Deutsch« war. In: Die Welt 02.06.2016.

Heine, Matthias: Frankreich gibt Kampf gegen englische Wörter auf. In: Die Welt 17.03.2015.

Huelsenbeck, Richard: zit. n. Karl Riha (Hrsg.) DADA 113 Gedichte. Vorwort. http://www.planetlyrik.de/karl-riha-hrsg-dada-113-gedichte/2013/05/

Ingler, Yvonne: Jugendsprache. Redaktion LINSE (Linguistik-Server Essen); 1998. Universität Duisburg-Essen, Fakultät für Geisteswissenschaften – Germanistik/Linguistik

Jandl, Ernst: Der künstliche Baum. Neuwied 1970.

Jeffers, Robert J. und Ilse Lehiste: Principles and Methods for Historical Linguistics. Cambridge, Mass. 1980.

Jones, William: The Third Anniversary Discourse on the Hindus. Gehalten am 2. Februar, 1786. Works I, S. 19–34. In: Winfred P. Lehmann: A Reader in Nineteenth Century Historical Indo-European Linguistics. Indiana University Press 1968.

Klaus Herbers: In: Reisekultur. Bausinger, Hermann, Klaus Beyer und Gottfried Korff (Hrsg.): Reisekultur: Von der Pilgerfahrt zum modernen Tourismus. München, 1991, S. 23–30.

Klemperer, Victor. LTI. Notizbuch eines Philologen. Berlin 1947.

Knopp, Guido, Stefan Brauburger und Peter Arens: Die Deutschen: Vom Mittelalter bis zum 20. Jahrhundert. Gütersloh 2008.

König, Werner: dtv-Atlas zur deutschen Sprache. München 1983⁵.

Kraus, Karl: Die Sprache. Wien 1937.

Kufner, Herbert L.: The Grouping and Separation of the Germanic Languages. In: Towards a Grammar of Proto-Germanic. Frans van Coetsen und Herbert F. Kufner (Hrsg.). Tübingen 1972.

Kühnel, Jürgen: Grundkurs Historische Linguistik. Göppingen 1975.

Kurz, Heinrich: Geschichte der deutschen Literatur. Leipzig 1859.

Lehmann, Winfred P.: Historical Linguistics. New York/Chicago et al. 1973.

Leisewitz, Johann Anton: Briefe an seine Braut. Weimar 1906.

Lieberman, Philip: The Speech of Primates. The Hague 1972.

Lockwood, W. B.: An Informal History of the German Language. Cambridge 1965. Mannheim 2006.

Luther, Martin: Ein sendbrieff D. M. Lutthers. Von Dolmetzschen vnd Fürbit der heiligenn. 1530.

Luther, Martin: Werke, Tischreden, Bd. 1. Weimar 1912.

Marr, Nikolaj Jakowlewitsch: Die japhetitische Theorie. In: Kritik der marxistischen Sprachtheorie N. J. Marrs. Kronberg, Ts 1974.

McLuhan, Marshall and Quentin Fiore: The Medium is the Massage. London 1967.

Meillet, Antoine: Wie die Wörter ihre Bedeutung ändern. In: Gudula Dinser (Hrsg.). Zur Theorie der Sprachveränderung. Kronberg Ts 1974.

Morrison, Susan Signe: Frauen des Mittelalters: Künstlerinnen – Herrscherinnen – Denkerinnen. Wiesbaden 2017.

Morrison, Susan Signe: Women Pilgrims in the Late Medieval England: Private Piety as Public Performance. London 2000.

Moser, Hugo: Annalen der deutschen Sprache. Stuttgart 1961.

Müller, Lothar: Lasst die Schnörkel leben! In: Süddeutsche Zeitung, 07.12.2011.

Nedoma, Robert: Die Inschrift auf dem Helm B von Negau. Möglichkeiten und Grenzen der Deutung norditalienischer epigraphischer Denkmäler. Philologica Germanica 17, Wien 1995.

Platon: Gastmahl / Phaidros / Phaidon. Ins Deutsche übertragen von Rudolf Kassner. Wiesbaden (VMA) 1959, S. 142 f.

Plötz, Robert: In: Reisekultur. Bausinger, Hermann, Klaus Beyer und Gottfried Korff (Hrsg.): Reisekultur: Von der Pilgerfahrt zum modernen Tourismus. München 1991, S. 31–38.

Polenz, Peter von: Geschichte der deutschen Sprache. Berlin 1978[9].

Pötzl, Norbert F. und Saltzwedel, Johannes (Hg.): Die Germanen: Geschichte und Mythos. München 2013.

Rampas, Martina: Kuriose Sprachinsel. Man spricht Texas-Deutsch. Spiegel Online, April 2008.

Rosen, Klaus: Attila, Schrecken der Welt. München 2016.

Rummel, Philipp von: Habitus barbarus: Kleidung und Repräsentation spätantiker Eliten im 4. und 5. Jahrhundert. Berlin 2007.

Saussure, Ferdinand de: Cours de linguistique générale. Hrsg. von C. Bally and A. Sechehaye. 1916.

Schiller, Friedrich: Sämtliche Werke in einem Bande. Stuttgart und Tübingen 1840.

Schlegel, Friedrich: Über die Sprache und Weisheit der Inder. 1808.

Schleicher, August: Compendium der vergleichenden Grammatik der indogermanischen Sprachen. (2 Bde.) Weimar 1861/62.

Schlosser, Horst Dieter: Althochdeutsche Literatur. Frankfurt a. M. 1970.

Schneider, Wolf: Deutsch für junge Profis. Wie man gut und lebendig schreibt. Berlin 2010.

Schneider, Wolf: Deutsch für Profis. München 1994.

Seidel, Eugen und Ingeborg Seidel-Slotty: Sprachwandel im Dritten Reich. Halle (Saale) 1961.

Senn, Alfred: An Indroduction to Middle High German. New York 1937.

Siebs, Theodor: Deutsche Bühnenaussprache. Bonn 1920[12].

Simek, Rudolf: Lexikon der germanischen Mythologie, 2. Aufl. 1995.

Simon, Gerd: NS-Sprache aus der Innensicht. Der Linguist Manfred Pechau und der Massenmord in den Sümpfen bei Loknja. In: Ureland, Sture (Hrsg): Convergence und Divergence of European Languages. (Studies in Eurolinguistics 1). Berlin 2003, S. 277–303.

Sowinski, Bernhard: Germanistik I. Sprachwissenschaft. Köln/Wien 1970.

Sternberger, Dolf, Storz, Gerhard und Süskind, Wilhelm Emanuel: Aus dem Wörterbuch des Unmenschen. Hamburg 1957.

Stiberc, Andrea: Sauerkraut, Weltschmerz, Kindergarten und Co. Deutsche Wörter in der Welt. Herder, Freiburg/Basel/Wien 1999.

Stoltenberg, H. L.: Der eingedeutschte Wortschatz der Weisheitslehre. 1934.

Straßner, Erich: Ideologie – Sprache – Politik. Grundfragen ihres Zusammenhangs. Tübingen 1987.

Tacitus, Publius Cornelius: Germania. Köln 2010.

Thieme, Paul: Die Heimat der indogermanischen Gemeinsprache. Wiesbaden 1954.

Trubetzkoy, Nikolai Sergejewitsch: Studies in General Linguistics and Language Structure (Sound and Meaning: The Roman Jakobson Series in Linguistics and Poetics). Duke University Press 2001.

Volmert, Johannes: Politikerrede als kommunikatives Handlungsspiel. Ein integriertes Modell zur semantisch-pragmatischen Beschreibung öffentlicher Rede. München 1989.

Wackernagel, Wilhelm: Deutsches Lesebuch. Teil3, Band1. Basel 1851.

Walker Chambers, W. und John R. Wilkie: A Short History of the German Language. London / New York 1981.

Weinrich, Harald: Textgrammatik der deutschen Sprache. Mannheim 1993.

Wellerby, David, Judith, Ryan, Hans-Ulrich Gumbrecht et. al.: Eine neue Geschichte der deutschen Literatur. Berlin 2007.

Wiese, Heike: »Ich mach dich Messer«: Grammatische Produktivität. In: Kiez-Sprache. Linguistische Berichte 207:245–273. Hrsg. von Günther und Arnim von Stechow. Institut für deutsche Sprache, Mannheim 2006.

Wiese, Heike: Kiezdeutsch. Ein neuer Dialekt entsteht. München 2012.

Wilpert, Gero von: Sachwörterbuch der Literatur. Stuttgart 1969[5].

Whorf, Benjamin Lee: Sprache, Denken, Wirklichkeit. Beiträge zur Metalinguistik und Sprachphilosophie. Reinbek bei Hamburg 2008[25].

FSC
www.fsc.org
MIX
Papier aus ver-
antwortungsvollen
Quellen
FSC® C083411

Bibliografische Information der Deutschen Nationalbibliothek
Die Deutsche Nationalbibliothek verzeichnet diese Publikation in der Deutschen
Nationalbibliografie; detaillierte bibliografische Daten sind im Internet über
http://dnb.d-nb.de abrufbar.

© by marixverlag in der Verlagshaus Römerweg GmbH, Wiesbaden 2017
Covergestaltung: Karina Bertagnolli, Wiesbaden
Satz und Bearbeitung: Medienservice Feiß, Burgwitz
Karte auf S. 22/23: www.cartomedia-karlsruhe.de;
Karten auf S. 12/13, 64 und 131: Peter Palm, Berlin
Der Titel wurde in der Palatino Linotype gesetzt.
Gesamtherstellung: CPI books GmbH, Leck – Germany

ISBN: 978-3-7374-1047-2

www.verlagshaus-roemerweg.de